Barz

Reformpädagogik

Heiner Barz

Reformpädagogik

Innovative Impulse und kritische Aspekte

BELTZ

Prof. Dr. Heiner Barz leitet die Abteilung für Bildungsforschung und Bildungsmanagement an der Heinrich-Heine-Universität Düsseldorf.

Dieses Buch ist erhältlich als:
ISBN 978-3-407-25737-6 Print
ISBN 978-3-407-29476-0 E-Book (PDF)

Lektorat: Dr. Erik Zyber
Herstellung: Victoria Larson
Satz: paginamedia GmbH, Hemsbach
Druck: Beltz Grafische Betriebe, Bad Langensalza
Umschlaggestaltung: Michael Matl
Umschlagabbildung: © shutterstock Natata
Printed in Germany

Weitere Informationen zu unseren Autoren und Titeln finden Sie unter: www.beltz.de

Inhalt

Einleitung

Das Jahr 2010 markiert einen Einschnitt in der Geschichte der Reformpädagogik. In diesem Jahr wurden die Missbrauchsvorwürfe gegen den ehemaligen Leiter der Odenwaldschule, Gerold Becker, ein zweites Mal und diesmal so unüberhörbar artikuliert und publizistisch aufgegriffen, dass es die ganze Republik erschütterte. Vielleicht muss man für jüngere Leser noch einmal kurz erläutern, warum dieses Datum von vielen Beobachtern als Zäsur erlebt wurde. Man muss vorausschicken, dass die Reformpädagogik zwar einerseits einen bunten Strauß unterschiedlichster pädagogischer Konzepte umfasst. Andererseits finden sich gemeinsame Grundmotive, übergreifende Bezugspunkte in einem generell stark am Kind, an seiner Authentizität, seinem unmittelbaren Erfahrungsbezug orientierten Menschenbild. Eine gewisse Begeisterungsfähigkeit für das unverstellte, nicht entfremdete Menschsein, das Kindern und Heranwachsenden zugeschrieben wird und das es gegen die Zumutungen und Zurichtungen der Erwachsenenwelt wo immer möglich zu verteidigen gilt, gehört ebenfalls zum Selbstverständnis der Reformpädagogen.

Allerdings finden sich von Anfang an in der reformpädagogischen Bewegung nicht nur überzeugte Bildungserneuerer und enthusiastische Bekenner, sondern ebenso Kritiker und Mahner. Auch begleiten Skandale und Verirrungen die Reformpädagogik in allen Phasen ihrer inzwischen über hundertjährigen bewegten Geschichte. Angefangen beim Pädophilie-Prozess, der bereits 1921 dem prominenten Reformpädagogen und Gründer der Landerziehungsheime, Gustav Wyneken, gemacht wurde, über die aktive Verbindung, die die Montessori-Pädagogik in den 20er Jahren zeitweise mit dem italienischen Faschismus eingegangen war und die zähe Aufarbeitung der ideologischen Affinitäten zwischen dem deutschen Nationalsozialismus und den führenden Theoretikern der Reformpädagogik wie Hermann Nohl, Wilhelm Flitner oder Peter Petersen. Schon in den letzten Jahrzehnten des 20. Jahrhunderts folgte gleichsam Abgesang auf Abgesang. Die ideologische Überhöhung der Kindheit, ja die messianische Verklärung des Kindes wurden kritisch hinterfragt und in ihren metaphysischen Abgründen dechiffriert. Die dogmatisch gesetzten Grundannahmen wurden seziert und in ihren chiliastischen und antimodernen Motiven bloßgelegt. Aber die Lust der Wissenschaft an der Dekonstruktion ehemaliger Vordenker und pädagogischer Heroen fand doch eher wenig Eingang in die öffentliche Debatte, noch weniger ließen sich Eltern auf der Suche nach einer Alternative zum staatlichen Bildungsangebot davon beeindrucken. Und so expandierten die Waldorf- und Montessori-Schulen davon unbeeindruckt, erreichten die Waldkindergärten und Alternativschulkonzepte längst nicht mehr nur das grün-alternative Milieu der Universitätsstädte und der urbanen Ballungszentren.

Im Jahr 2010 war dann offenbar das öffentliche Bewusstsein für das Thema sexueller Missbrauch so weit sensibilisiert, dass die bereits im Jahr 1999 in einem großen Bericht in der Frankfurter Rundschau (FR vom 17.11.1999) thematisierten Vorwürfe gegen den ehemaligen Schulleiter Gerold Becker nicht mehr unter den Teppich gekehrt werden konnten. 1999 hatte es noch – außer dem FR-Bericht – keinerlei Resonanz auf den mutigen Schritt der Missbrauchsopfer gegeben, die sich in einem Brief zunächst an ihren ehemaligen Schulleiter und dann an die Presse gewandt hatten. Das unvorstellbare Geschehen, das sich hinter den Mauern des beschaulich gelegenen Landerziehungsheims in Oberhambach im Odenwald über viele Jahre hinweg unter der Leitung von Gerold Becker abspielte – mindestens zehn Lehrer hatten Hunderte von Schülern systematisch sexuell missbraucht –, hinterließ das zumindest in moralischer Hinsicht größte Fragezeichen an allen reformpädagogischen Ansprüchen. Denn alle Thesen vom kindgemäßen Lernen, von Bedürfnisorientierung, von altersgemäßem Unterricht, von einer auf Individualität und Selbsttätigkeit setzenden pädagogischen Grundhaltung zerfielen zu Staub vor dem nunmehr zutage getretenen Ausmaß sexueller Übergriffe und seelischer Grausamkeit.

Und Gerold Becker war nicht etwa nur ein beliebiger Schulleiter. Er war seit den 70er Jahren einer der bekanntesten Exponenten der Reformpädagogik. Er war viele Jahre als pädagogischer Autor, als Mitglied in zahllosen Gremien und Ausschüssen, die sich mit Anliegen der Bildungsreform befasst haben, als Redaktionsmitglied und Herausgeber der »Neuen Sammlung«, einer Vierteljahres-Zeitschrift für Erziehung und Gesellschaft, allen, die sich für die Weiterentwicklung des deutschen Bildungswesens interessierten, eine überaus präsente Figur. Als am 22. Oktober 1978 Astrid Lindgren mit dem Friedenspreis des Deutschen Buchhandels ausgezeichnet wurde, hielt Gerold Ummo Becker die Laudatio in der Frankfurter Paulskirche. Eine besondere Note bekam Beckers pädagogische Prominenz nicht zuletzt dadurch, dass ihn mit Hartmut von Hentig eine langjährige homosexuelle Partnerschaft verband. Hartmut von Hentig kann gleichsam als das Zentralgestirn aller deutschen Bildungsinnovationsanstrengungen im letzten halben Jahrhundert gelten. Er hat die Laborschule Bielefeld gegründet, er hat Dutzende von einflussreichen erziehungswissenschaftlichen Büchern verfasst. Und durch seine ebenso aristokratisch geprägte wie umfassend humanistisch gebildete Persönlichkeit konnte er junge pädagogische Erneuerer ebenso begeistern wie er in Gremien und Ministerien zu überzeugen wusste.

Der Skandal um die viel zu spät aufgedeckten Missbrauchsfälle an der Odenwaldschule wurde durch die Verwicklung von Hentigs noch einmal potenziert. Tangiert war Hartmut von Hentig nämlich nicht nur als Lebensgefährte Beckers – er war es auch insofern, als er die gegen Becker erhobenen Vorwürfe leugnete, bagatellisierte oder sogar gegen die Opfer selbst wendete. Allenfalls könne es sein, dass Becker von einzelnen Schülern verführt worden sei, wurde er von einem sichtlich berührten und um ein faires Urteil bemühten Tanjev Schultz in der Süddeutschen Zeitung (12.03.2010) zitiert. Und er blieb auch in späteren Einlassungen, z. B. in einem schriftlichen dpa-Interview anlässlich seines 90. Geburtstags, eher unbestimmt und verurteilte sexuellen Missbrauch zwar im Allgemeinen, ohne aber zum »Fall Becker« konkret Stellung zu beziehen. (vgl. news4teachers 2015). Auch der 2016 vorgelegte dritte Band seiner Lebenserinnerungen unter dem Titel »Noch immer Mein Leben« konnte die Kritiker nicht zufriedenstellen: zu wenig Mitgefühl für die Opfer, zu viel Schuldzuweisungen an die Medien, zu deutlich der Charakter als Rechtfertigungsschrift. Während sich eine Reihe von Freunden oder Weggefährten zum Teil auch öffentlich abwendete, sein angestammter Verlag sein Buch nicht mehr drucken wollte und ihm der Comenius-Preis im Nachhinein wieder entzogen wurde, bedeutete es für andere offenbar fast so etwas wie eine späte Genugtuung, dass der Pädagoge mit der höchsten Medienpräsenz, dem jahrzehntelang die größte Verehrung entgegengebracht wurde, nun so tief gefallen war.

Selfie mit Lichtgestalt

Ja, auch ich habe ihn bewundert: Hartmut von Hentig war jahrzehntelang eine Orientierungsfigur der deutschen Pädagogik. Ich erinnere mich noch gut, wie ich irgendwann in den späten 70ern zum ersten Mal einen Aufsatz von ihm las und vom so ganz anderen Ton beeindruckt war, der da angeschlagen wurde. Hier kaute einer nicht wie sonst im wissenschaftlichen Betrieb üblich Theorieansätze und Forschungsergebnisse aus zweiter oder dritter Hand wieder – hier dachte einer auf eigene Rechnung. Begeistert zitierte ich in meiner Dissertation 1992 seine »Abtrittsvorlesung« (Hentig wurde schon 1987 emeritiert), weil dort einer fröhlichen und neugierigen Wissenschaft das Wort geredet wurde. Mit Hentig konnte man sich prima absetzen von einer in Routinen erstarrten Wissenschaftsbetriebsamkeit, »die sich ausdehnt wie ein Fettfleck und das Erkenntnisfortschritt nennt«. Die von ihm gegründete Bielefelder Laborschule ist eine Art Wallfahrtsort für deutsche Pädagogen und sein Buch »Die Schule neu denken« zu so etwas wie dem Neuen Testament für viele Bildungsreformer geworden. Und dann das: Anfang 2010 wurde erneut, aber diesmal unüberhörbar bekannt, dass von Hentigs Lebensgefährte Gerold Becker als langjähriger Direktor der Odenwaldschule in Dutzenden von Fällen ihm anvertraute Internatsschüler sexuell missbraucht hatte. Von Hentig verstieg sich zu der Erklärung, dass allenfalls Becker der Verführte gewesen sein könne. Inzwischen ist Becker verstorben, der Ruf der Odenwaldschule ruiniert – und von Hentig dabei, sein Lebenswerk zu dementieren. Die bislang seltsamste Etappe war ein Aufsatz in der Literaturzeitschrift »Akzente«. Unter der Überschrift »Ist Bildung nützlich?« breitet Hartmut von Hentig, der im Aufsatz unter dem Pseudonym N. N. firmiert, einen eindrucksvollen Korb an Lesefrüchten aus – allesamt mit dem Tenor, wie viel Unrecht dem armen N. N. doch durch eine blindwütige Kampagne geschehe. Neben Rousseau, Jesus, Sokrates und vielen anderen zu Unrecht Verfolgten steht das Schicksal des verkannten Gerechten N. N., der sich vor der medialen Hexenjagd und einem aufgehetzten Pöbel gottlob in die Parallelwelt seiner Belesenheit flüchten kann. Deshalb, so sein Fazit, sei Bildung eben doch nützlich. Bildung wird hier zum idealen Verblendungszusammenhang. Statt des stilisierten Selbstmitleids hätten von Hentigs frühere Verehrer ein Wort des Mitgefühls oder wenigstens des Selbstzweifels von diesem ehedem so großen Pädagogen erwartet. Nun ist er peinlich. Und wir sind um eine Lichtgestalt ärmer.

Der bis zu seiner Emeritierung in Zürich lehrende Jürgen Oelkers dürfte, was Reputation und Medienpräsenz betrifft, einen inzwischen mit von Hentig ebenbürtigen Platz in der deutschsprachigen Erziehungswissenschaft einnehmen. Ihn als Gegenspieler zu bezeichnen, wäre vielleicht ein etwas schiefes Bild. Sicher indessen ist, dass Oelkers sich seit Jahren um eine ideologiekritische Entzauberung der reformpädagogischen

Bewegung und ihrer Protagonisten bemüht. Und Oelkers sieht nicht nur von Hentigs Lebenswerk als Makulatur an: »Er war der Pädagoge dieser Republik und ist schrecklich gescheitert: Hartmut von Hentig« (Bildunterschrift zum Porträtfoto von Hartmut von Hentig im Artikel von Jürgen Oelkers anlässlich von Hentigs 90. Geburtstag am 23.09.2015 in der Süddeutschen Zeitung). Jürgen Oelkers plädiert dafür, »die Fassungslosigkeit zu bewahren« (Miller/Oelkers 2014, S. 9), und betont, dass mit der Odenwaldschule die gesamte Reformpädagogik gewissermaßen ihren Sündenfall erlebt hätte und insgesamt gescheitert sei.

Zu zeigen, dass man das nicht so sehen muss, war eine Motivation für die vorliegende Einführung in die Reformpädagogik. Dem triumphalen »Ich habe es schon immer gesagt« im Hinblick auf die dunklen Abgründe gefeierter pädagogischer Konzepte stehen einige nüchterne Überlegungen gegenüber: Missbrauch passiert dort, wo eine große emotionale Nähe und ein strukturelles Machtgefälle zusammentreffen. Das ist zuallererst in Familien der Fall, weshalb auch die größte Zahl von Missbrauchsfällen in Familien zu beklagen ist. Auch Sportvereine waren zumindest früher – und katholische Heime und Ausbildungsinstitutionen für Kleriker waren bis in die jüngste Vergangenheit hinein Schauplatz von zahllosen Fällen sexueller und sonstiger gewalttätiger Übergriffe und seelischer Grausamkeiten. Ähnlich wie der Fall Odenwaldschule die deutsche Öffentlichkeit erschüttert hat, hat der Fall des extravaganten britischen Diskjockeys und BBC-Moderators Jimmy Savile die Gesellschaft Großbritanniens schockiert. Erst nach Saviles Tod 2011 gelangten Hunderte von Fällen an die Öffentlichkeit, in denen Savile vorgeworfen wurde, seine Position als Pop-Idol für sexuellen Missbrauch, vorwiegend an jungen Mädchen, ausgenutzt zu haben. Scotland Yard nannte ihn den »schlimmsten Sexualverbrecher in der Geschichte des Landes« (»Die Kollegen sahen weg«, In: Frankfurter Allgemeine Zeitung, 26. Februar 2016).[1] Ähnlich wie den Verantwortlichen der Odenwaldschule oder der katholischen Kirche wurde auch der BBC Untätigkeit und Vertuschung vorgeworfen. Sicher zu Recht.

Sicher ist es richtig, dass man über begünstigende Faktoren im Familienkonzept der Landerziehungsheime nachgedacht und Konsequenzen gezogen hat – nicht nur in der Odenwaldschule. Dass an den anderen ca. 30 Landerziehungsheimen keine ähnlichen Missbrauchsskandale gemeldet wurden, zeigt indessen, dass die Gleichung »überhöhte pädagogische Idealwelt« plus »familienähnliches Internat« ist gleich »systematischer sexueller Missbrauch« nicht viel mit der Wirklichkeit zu tun hat.

Während also ein nicht unerheblicher Teil der Erziehungswissenschaft sich mit Konzepten der Reformpädagogik, wenn überhaupt, dann nur noch in historisch-kritischer oder ideologiekritischer Absicht auseinandersetzt, plädiert diese Einführung dafür, den noch immer uneingelösten Anregungsreichtum der unter diesem Label zusammengefassten Ideen und Methoden auch für die Gegenwart und Zukunft zu erschließen.

---

1 www.faz.net/aktuell/gesellschaft/kriminalitaet/bbc-skandal-bericht-zu-sexualverbrecher-savile-14090896.html

Während Wissenschaft und Publizistik in weiten Teilen auf Abstand zu reformpädagogischen Ansätzen gegangen zu sein scheinen, vollzieht sich in der Praxis eine gegenteilige Bewegung. Je mehr man sich der konkreten Schulpraxis nähert, umso mehr wird »deutlich, welche Kraft die Ideen der Reformpädagogik haben und wie sehr sie heute gute Schulen gestalten« (Vorwort der Herausgeber in Fitzner/Kalb/Risse 2012, S. 9). Die Zahl der Schulen in freier Trägerschaft wächst seit Jahrzehnten unaufhörlich, mit ihr auch die Zahl der Schülerinnen und Schüler an nicht-staatlichen Schulen. Lag ihr Anteil an der Gesamtzahl aller Schüler in den ersten drei Nachkriegsjahrzehnten bei ca. 3 Prozent, stieg er bis zur Wende 1989 auf knapp 5 Prozent, um seither auf knapp 9 Prozent anzusteigen. Für die neuen Bundesländer ist nach der Wiedervereinigung ausgehend von einem sehr niederen Niveau (1992: 0,9 Prozent) ein beschleunigtes nachholendes Wachstum (2009: 7,5 Prozent) und damit eine Angleichung an westdeutsche Größenordnungen zu verzeichnen (vgl. Statistisches Bundesamt 2010, S. 60 ff.).

Bis auf den Hochschulbereich steht dem fortgesetzten deutlichen Wachstum des privaten Sektors für alle Bildungsstufen in den letzten Jahren ein Rückgang der Teilnehmerzahlen an staatlichen Einrichtungen gegenüber (Bildungsbericht 2014, S. 29). Von 1998/99 bis 2012/13 ist die Zahl der Schülerinnen und Schüler an privaten allgemeinbildenden Schulen um 37,6 Prozent gewachsen, an beruflichen Schulen um 44,1 Prozent, und auch die Zahl der Kinder in privaten Kindertageseinrichtungen stieg um immerhin 20,6 Prozent. Die Zahl der Studierenden an staatlichen Hochschulen ist im gleichen Zeitraum zwar ebenfalls gewachsen – nämlich um 32,7 Prozent –, die Zahl der Studierenden an privaten Hochschulen verzeichnet jedoch ein um ein Vielfaches größeres Wachstum, nämlich 288,4 Prozent. Auch für den Besuch privater Grundschulen wird ein starkes Wachstum berichtet (von 1995/96 bis 2008/09 eine Zunahme um 72,1 Prozent), allerdings ist der Besuch privater Einrichtungen im Primarbereich mit 3 Prozent nach wie vor am geringsten ausgeprägt (Statistisches Bundesamt 2014, S. 15). Für strukturschwache ländliche Regionen hält der deutsche Bildungsbericht (2014, S. 72) aber fest, dass die Rolle der freien Träger für eine infrastrukturelle Mindestversorgung gerade im Grundschulbereich durchaus beträchtlich ist.

Man weiß nicht genau, wie sich die Schülerzahlen an Schulen in freier Trägerschaft auf die unterschiedlichen Schultypen bzw. Schulkonzepte verteilen. Die amtliche Statistik weist nur für die Waldorfschulen eigene Zahlen aus. Traditionell nehmen katholische und evangelische Schulen das Gros der Schüler im nicht-staatlichen Schulwesen auf. Aber es spricht nichts dafür, dass das beeindruckende quantitative Wachstum an den Schulen mit reformpädagogischer Prägung vorbeigegangen ist. Neben die etablierten Reformkonzepte der Waldorf-, Montessori- und Jenaplan-Pädagogik und die diversen kleinen Schulexperimente, die aus der Kinderladenbewegung in den 70er Jahren entstanden und heute im Verband der Freien Alternativschulen zusammengeschlossen sind, sind in den vergangenen zehn bis 20 Jahren neue Player im Bildungsbereich getreten (siehe Kapitel 10).

Neben privaten Schulen im Unternehmensumkreis, die oft eindeutig das Elite-Klischee bedienen, hat es in den letzten Jahren auch inhaltlich hochinteressante und innovative neue Schulkonzepte gegeben, die das Spektrum freier Schulen in verschiedene Richtungen erweitern. Die vielfach dokumentierten Versäumnisse der deutschen Schulpolitik in puncto Integration von Migranten haben nach Art von Selbsthilfe-Initiativen dazu geführt, dass eine ganze Reihe von deutsch-türkischen Schulen entstanden ist. Die Schulinitiatoren berufen sich auf den türkischstämmigen Prediger Fethullah Gülen, der das Motto ausgegeben hat »Baut Schulen statt Moscheen«. Aus dem Umfeld der Waldorfbewegung ist die Idee der interkulturellen Waldorfschule entstanden, die versucht, den traditionellen bildungsbürgerlichen Bias der Schülerschaft zu durchbrechen, und verstärkt Familien mit Migrationshintergrund in sozial schwachen Stadtteilen ansprechen will. In Mannheim Neckarstadt arbeitet eine solche Schule – unterstützt von Sponsoren – schon etliche Jahre erfolgreich. Aber auch in anderen Städten wie Hamburg, Berlin, Dortmund, Landshut haben sich ähnliche Initiativen auf den Weg gemacht. Und auf der als sozialer Brennpunkt geltenden Elbinsel in Hamburg Wilhelmsburg gab es von 2014 bis 2016 ein viel beachtetes Experiment (vgl. Barz 2014), in dem die dortige interkulturelle Waldorfinitiative in Zusammenarbeit mit der Hamburger Schulbehörde ein neues Schulkonzept »mit waldorfpädagogischen Profilelementen« realisieren wollte. Auch wenn dieses Experiment inzwischen abgebrochen wurde, ohne dass für Außenstehende klar ersichtlich ist, ob es an gutem Willen fehlte oder ob letztlich doch strukturelle Hindernisse das Aus im Sommer 2016 bedeuteten – das Beispiel zeigt, dass die »alte« Reformpädagogik sich verändert und ihre Konzepte flexibel an veränderte gesellschaftliche Entwicklungen anzupassen versucht.

Gerade auch für die Waldorfpädagogik, der gerne der Vorwurf der »Ver-Steinerung«, das heißt des dogmatischen Festhaltens an den von Rudolf Steiner formulierten pädagogischen Konzepten gemacht wurde, kann man in den vergangenen Jahrzehnten eine bemerkenswerte Offenheit für Erweiterungen, Modifikationen, Neuanfänge feststellen. Die Verkürzung der ursprünglich achtjährigen Klassenlehrerzeit, die Bemühung um jahrgangsübergreifende Lerngruppen, der Versuch einer »Waldorfschule in staatlicher Trägerschaft« oder der gemeinsame Unterricht von behinderten und nicht-behinderten Schülerinnen und Schülern wären Stichworte dazu. Ähnlich lassen sich auch in der Montessori-Bewegung Bemühungen um Ergänzungen, um neue Schwerpunkte etwa im Bereich kultureller Bildung, zur sogenannten Kosmischen Erziehung (vorwiegend in der Grundschulpädagogik) oder in der Umsetzung in der Sekundarstufe (»Erdkinderplan«) beobachten. Und auch in der Peter-Petersen-Anhängerschaft – ein weiteres Erbe der klassischen Reformpädagogik in der deutschen Schulpraxis – hat inzwischen eine intensive Diskussion über den »Erfinder« der Jenaplan-Pädagogik und sein fragwürdiges Verhältnis zum Nationalsozialismus stattgefunden und zu einer Umbenennung einer Reihe von ehemaligen Peter-Petersen-Schulen geführt.

Zu einem regelrechten Mekka der neueren Schulreformbewegung hat sich der Campus der Evangelischen Schule Berlin Zentrum (ESBZ) entwickelt. Hier werden alte, etwa an Maria Montessori angelehnte, individualisierte Lernmethoden mit neuen Ideen der Umweltbildung, der sozialen Verantwortung und der Erlebnispädagogik verzahnt und mit vielgestaltigen Aktivitäten auch in der Lehrerbildung international vernetzt. Unter dem Label »Schulen im Aufbruch« sind mittlerweile Dutzende von Schulen und Hunderte von Lehrern aus vielen Ländern dabei, mit großem Enthusiasmus eine neue Lernkultur zu verwirklichen (vgl. Rasfeld 2018).

Reformpädagogik – verklärt und verteufelt und trotzdem aktuell

Begriff und Gegenstand der Reformpädagogik sind längst aller Eindeutigkeit beraubt. Reformpädagogik war einst als Epochenbegriff bekannt geworden für die Zeit vom Ende des 19. Jahrhunderts bis zur Machtergreifung des Nationalsozialismus. Einflussreiche pädagogische Theoretiker und weithin als Standardwerke geltende Bücher (Nohl 1935, Flitner/Kudritzki 1961/1967, Scheibe 1969, Röhrs 1980) hatten den Begriff in der Fachsprache der deutschen Pädagogenzunft verankert – bei Wolfgang Scheibe sogar direkt im Buchtitel auf die Jahre 1900 (in diesem Jahr erschien »Das Jahrhundert des Kindes« der Schwedin Ellen Key) bis 1932 bezogen. Wer von Reformpädagogik sprach, meinte seither die neuen pädagogischen Konzepte dieser Zeit und ihre Nachfolger, Nachahmer, Ausläufer bis in die Gegenwart. Dabei war immer deutlich, dass unter der Überschrift Reformpädagogik ein sehr vielfältiges, ja heterogenes Bündel von Konzepten zusammengefasst wurde. Konzepte, die sich mehr bürgerlich oder mehr sozialistisch ausrichteten, mehr auf das Individuum oder mehr auf die Gemeinschaft hin orientiert waren und sich auch vom Fächerkanon bzw. von der Bevorzugung einzelner Disziplinen (z. B. Kunst, Arbeit, Sport) her sehr unterschieden. Trotz der Vielfalt der Erneuerungsimpulse wurden immer wieder zentrale Grundmotive und Gemeinsamkeiten benannt (vgl. z. B. Skiera 2010, S. VII; Skiera 2013; Retter 2010, S. 80 ff.). Zu ihnen zählen sicher unstrittig:

- Eine mehr oder weniger stark explizierte, umfassende *Kulturkritik*. Das heißt eine Gegenwartsdiagnose, die eher Verfallstendenzen im gesellschaftlichen und insbesondere im kulturellen Leben in den Mittelpunkt rückt.
- Eine emphatische Betonung des Eigenrechts des Kindes, einer *Pädagogik vom Kinde* aus. Die neue Sicht des Kindes soll stärker als alle Lehrplanvorgaben oder gesellschaftlichen Erwartungen die Richtschnur des pädagogischen Handelns werden.
- Das *schöpferische Gestalten* liefert ein zentrales Paradigma, Kunst in den verschiedenen Sparten (z. B. Tanz, Theater, Kunsthandwerk) wird als Erziehungsmittel wichtig. Erziehen selbst wird zum künstlerischen Akt.
- Nicht einzelne Fertigkeiten und Facetten des Menschen, sondern der ganze Mensch soll Gegenstand der *ganzheitlichen Menschenbildung* werden. Insbesondere sollen Bildung und Erziehung aus ihrer Verengung auf die intellektuelle Dimension befreit werden und den Menschen als körperliches, emotionales und soziales Wesen ansprechen.
- Statt rigider Vorgaben von Inhalten, Methoden und Organisationsformen, die zur Not mit Zwang durchgesetzt werden, kommt dem Prinzip der aktiven *Selbsttätigkeit* in der natürlichen Lernfreude eine steuernde Funktion zu.
- Schule kann und soll mehr sein, als der Ort, an dem Wissen und Fähigkeiten vermittelt werden. Ein harmonisches, partnerschaftliches Konzept der *Schule als Le-*

bensraum soll durch bewusst gestaltete Räume, manchmal in besonderer Architektur unterstützt werden. Auch Feste und Feiern haben hier einen hohen Stellenwert.
- Den alten pädagogischen Konzepten, der alten Schule, der alten Lehrerrolle und dem bisherigen Bild des Kindes wird ein neues, oft geradezu religiös verklärtes neues Konzept entgegengestellt, das letztlich den *Neuen Menschen* hervorbringen bzw. ermöglichen soll.

Mit der kritischen Aufarbeitung der Grundannahmen, der genaueren Rekonstruktion des Schicksals der einzelnen Schulgründungen und der Durchleuchtung einzelner Biografien und der auf sie wirkenden geistigen Einflüsse setzte ab den 80er Jahren eine zunehmend kritische Rezeption ein. Der vielleicht einflussreichste Kritiker im akademischen Feld dürfte Jürgen Oelkers sein, der schon früh eine »kritische Dogmengeschichte« der Reformpädagogik (1989) vorgelegt hat und seither auf zahllosen Ebenen und Schauplätzen um den gleichsam lückenlosen Nachweis bemüht ist, dass Reformpädagogik nicht viel mehr als eine ideologisch verirrte Rhetorik mit suggestiver Sprache sei. Im Zuge seiner Dekonstruktionsbemühungen hat Oelkers Begriff und Sache der Reformpädagogik selbst zum Mythos erklärt, zur Fiktion, insofern eine künstliche Einheit reformpädagogischer Überzeugungen postuliert werde, der keine belegbare Realität entspreche. Zudem sei für die bildungshistorisch informierte Forschung eindeutig klar, dass alle Motive und Ideen der sogenannten Reformpädagogen keine Neuerfindungen des frühen 20. Jahrhunderts gewesen seien.

Dieser Verweis auf eine »Reformpädagogik vor der Reformpädagogik« wurde als »Trivialisierung der Reformpädagogik zum déjà vu« (Ullrich 1990) und damit als Gegenentwurf zur monumentalen weltumspannenden Erziehungserneuerungsepoche gekennzeichnet. Für das Narrativ der Monumentalisierung steht namentlich Hermann Röhrs (1915–2012), der langjährige Präsident und Ehrenpräsident des Weltbundes für Erneuerung der Erziehung (World Education Fellowship). Für Heiner Ullrich (1990), an dessen Überlegungen auch Ehrenhard Skiera (2010, S. 2 ff.) anschließt, liegt die Möglichkeit einer Rehabilitierung der Reformpädagogik als »Krisenbearbeitungsmuster« im Prozess der Modernisierung. Exemplarisch für diese sozialhistorische Perspektive steht Heinz-Elmar Tenorth (1992), der in den Reformanstrengungen einen notwendigen Reflex auf gesellschaftliche Veränderungstendenzen sieht – etwa Industrialisierung und Urbanisierung, den Ausbau der Bildungssysteme, Arbeiterbewegung, Frauenbewegung, Jugendbewegung.

Neben die angesprochenen vier Narrative *Monumentalisierung, Fiktionalisierung, Trivialisierung* und *Krisenbewältigungsmuster* muss – und diese Perspektive soll in dieser Einführung nicht zu kurz kommen – aber auch die *Aktualisierung* treten. Das heißt die Bemühung, die nach wie vor fruchtbaren Anregungsgehalte der vielfältigen klassischen wie der neuen reformpädagogischen Konzepte auf ihre heutige Relevanz zu prüfen. Und die Bedingungen zu beschreiben, die für eine konkrete Umsetzung in die Bildungspraxis geschaffen werden müssen. Dass Reformpädagogik in diesem Sinne nicht nur ein Gegenstand für Bildungshistoriker ist, sondern tatsächlich so etwas wie eine paedagogia perennis – als eine immerwährende Aufgabe, eine permanente Herausforderung für alle, die sich über Bildung und Erziehung Gedanken machen –, sollte sich eigentlich von selbst verstehen.

Friedrich Nietzsche hat sich bekanntlich in seinen unzeitgemäßen Betrachtungen mit dem Nutzen und Nachteil der Historie für das Leben beschäftigt und dabei eine monumentalische, eine antiquarische und eine kritische Geschichtsbetrachtung unterschieden. Das heißt, dass neben das verehrende und das bewahrende Motiv auch ein kritisches Moment treten muss. Für Nietzsche ist die kritische Perspektive für den Menschen als dem »Leidenden und der Befreiung Bedürftigen« von Bedeutung. Man muss Nietzsche vielleicht nicht darin folgen, dass schädliche, die Vitalität hemmende Erinnerungen vergessen werden sollten. Auch wäre zu diskutieren, was genau gemeint ist, wenn Nietzsche fordert, es müsse immer »eine Grenze im Verneinen« geben, damit das Leben nicht in Gefahr gerät. Dass indessen die Konstruktion der Vergangenheit nicht nur ein Akt wissenschaftlich-buchhalterischer Exaktheit ist, sondern ebenso ein schöpferischer Akt, der ins Reich der künstlerischen Gestaltung und damit in Gegenwart und Zukunft verweist, ist ein Hinweis, der vielleicht auch in der Debatte um die Reformpädagogik seine Berechtigung hat.

Seit Anfang des 20. Jahrhunderts zieht also eine internationale Erneuerungsbewegung, die als »Reformpädagogik« in die Geschichtsbücher Eingang gefunden hat, viel Aufmerksamkeit auf sich. Die Konzepte von Maria Montessori, Peter Petersen, Alexander S. Neill, von John Dewey und Janusz Korczak, von Rudolf Steiners Waldorfschulen und Hermann Lietz' Landerziehungsheimen – sie alle sind in der Zeit von der Jahrhundertwende bis zur Machtergreifung der Nationalsozialisten entstanden.

Die Konzepte der Reformpädagogik haben seither eine wechselhafte Geschichte durchlebt; sie wurden gefeiert, sie wurden verboten, sie wurden kritisiert, sie wurden totgesagt. Während sich – auch durch personale, zum Teil sogar familiäre Kontinuitäten (siehe z. B. Wilhelm und Andreas Flitner) bedingt – bis zum Ende der 90er Jahre des 20. Jahrhunderts noch eine breitere Forschungs- und Publikationstätigkeit zu den verschiedenen Strömungen dieser pädagogischen Erneuerungsbewegung fand, ist diese Kontinuität seither brüchig geworden.[2] Für diesen Bruch sind mindestens drei Ursachen zu nennen.

Einmal dürfte sich hier der Paradigmenwechsel der Erziehungswissenschaft hin zu Leistungsvergleichsmessungen und pädagogisch-psychologischen Fragestellungen bemerkbar machen; schon Thomas S. Kuhn (1996, amerik. Original: 1962) hatte darauf aufmerksam gemacht, dass für derartige Veränderungen in der Forschungskultur oft

2 Man muss allerdings ergänzen, dass es sich bei einem großen Teil der früheren »Forschung« aus heutiger Sicht eher um Forschung in Anführungszeichen handelt – insofern sie dem geisteswissenschaftlichen Paradigma verpflichtet war und sich oft auf Textinterpretation und Exegese, weniger vornehm ausgedrückt: auf Reformulierung und Rekapitulation beschränkte. Demgegenüber stellen die inzwischen immerhin punktuell vorliegenden empirischen Untersuchungen ebenso wie die ideologiekritischen Rekonstruktionsversuche allemal eine Verbesserung dar.

weniger das bessere Argument als vielmehr das Aussterben der Vertreter des früheren Paradigmas verantwortlich ist. Und so findet sich heute zwar noch immer ein durchaus beträchtliches Publikationsaufkommen; bei näherer Betrachtung stellt man jedoch schnell fest, dass es sich dabei meist um die Fortführung von wissenschaftlichen Interessen einer Kohorte von Erziehungswissenschaftlern handelt, die längst das Rentenalter erreicht haben (vgl. schon Retter 2010, S. 93). Natürlich ist es äußerst verdienstvoll, wenn ein Harald Ludwig (seit 2005 im Ruhestand) sich an die Mammutaufgabe einer auf 23 Bände angelegten Edition der Gesammelten Werke von Maria Montessori macht (von denen bis ins Jahr 2016 neun erschienen sind). Natürlich nötigt es Respekt ab, wenn Hein Retter (2004 emeritiert) unermüdlich zur Geschichte und Gegenwart der Pädagogik der Jena-Plan-Schulen und ihres umstrittenen Gründungsvaters Peter Petersen forscht. Auch Heiner Ullrich (geb. 1942), der international als einer der besten Kenner der Waldorfpädagogik gilt und nach wie vor eine rege Publikationstätigkeit als Steiner-Kritiker entfaltet, hat ein Alter erreicht, in dem die Berufspflichten längst zugunsten der inneren Berufung zurückgetreten sind. Gleiches gilt für die großen Antipoden der Reformpädagogik-Diskussion der letzten Jahrzehnte, nämlich den Bildungshistoriker Ulrich Herrmann (geb. 1939) und den Reformpädagogik-Kritiker Jürgen Oelkers (geb. 1947). Von den gefallenen einstigen Lichtgestalten Gerold Becker (1936–2010) und Hartmut von Hentig (geb. 1925) ganz zu schweigen.

Ein zweites Moment des Traditionsabbruchs dürfte in den zunehmend kritischen Perspektiven liegen, die in der historischen erziehungswissenschaftlichen Forschung – schon lange vor dem Skandal um die Odenwaldschule – richtungsweisend wurden. Ideologiekritik und Entmystifizierung, z. B. die Kritik des romantischen »reinen« Bildes der Kindheit (vgl. Ullrich 1999), sowie die notwendige Aufarbeitung des oft problematischen Verhältnisses zum nationalsozialistischen Erziehungsdenken (vgl. Ortmeyer 2009) brachten starke Einbußen für die Attraktivität der reformpädagogischen Gründungsfiguren mit sich.

Schließlich kommt drittens der seit 2010 öffentlich breit rezipierte Missbrauchsskandal an der Odenwaldschule hinzu, in dem manche schon eine Art Schlussstrich unter die reformpädagogischen Bildungserneuerungsbemühungen sehen. Tatsächlich haben nicht nur die unzweifelhaft dokumentierten, Jahrzehnte währenden Missbrauchsstrukturen eine massive Erschütterung vieler Gewissheiten bewirkt. Erschwerend hinzugekommen ist die offensichtliche Unfähigkeit zur Aufarbeitung, wie sie gerade bei früheren Lichtgestalten der Bildungsreform zu beobachten war.

Auf der anderen Seite scheinen – jenseits der kritischen fachwissenschaftlich-internen Aufarbeitung und jenseits des Imageschadens in der Öffentlichkeit – die Konzepte vieler reformpädagogischer Strömungen in den Praxisfeldern nach wie vor hohe Relevanz zu besitzen. Trotz oder gerade wegen ihrer Verwurzelung in einer Welt und Weltanschauung vor der digitalen Revolution. Und zwar international.[3] Zahlreiche Schul-

3 www.nytimes.com/2011/10/23/technology/at-waldorf-school-in-silicon-valley-technology-can-wait.html?_r=0

neugründungen etwa in China[4] beziehen sich auf Montessori- und Waldorfkonzepte. Auch im deutschsprachigen Raum werden nicht nur weiterhin regelmäßig neue Bildungseinrichtungen unter Bezugnahme auf reformpädagogische Ansätze gegründet. Eine neue Attraktivität erhalten etwa Montessori- und Waldorfeinrichtungen nicht zuletzt durch ihre seit Jahrzehnten vorexerzierten Inklusionskonzepte und neuerdings auch durch eine ganze Reihe von Gründungsinitiativen, die sich explizit den interkulturellen Herausforderungen der Gegenwart programmatisch stellen. Ein viel beachtetes Ergebnis dieser Bemühungen um eine Aktualisierung der Ursprungsideen ist die Freie Interkulturelle Waldorfschule, die in Mannheim Neckarstadt 2003 gegründet wurde (vgl. Brater/Hemmer-Schanze/Schmelzer 2009). Die bundesweit wahrgenommene private Quinoa Schule, die als Integrierte Sekundarschule seit Sommer 2014 in Berlin Wedding »Zukunft« und »Interkulturelles Lernen« als wichtige Schulfächer anbietet und sich insbesondere an sozial benachteiligte Jugendliche mit Migrationshintergrund wendet, wird von der Berliner Montessori-Stiftung getragen. Derartige Neugründungen zeigen, dass die Impulse der reformpädagogischen Aufbruchsbewegung noch immer lebendig sind. Sie zeigen auch, dass der gelegentlich formulierte Verdacht der »Versteinerung« in Richtung Waldorf oder der Verwässerung (»Montessori-Light«) in Richtung Montessori zwar vielleicht punktuell zutrifft – den Bewegungen insgesamt jedoch kann Dynamik, Innovationsgeist und Zukunftsrelevanz nicht ernsthaft abgesprochen werden.

Zweifellos also beinhalten die Konzepte der »klassischen Reformpädagogik« bis heute fruchtbare Anregungen. Gerade weil in der aktuellen Bildungsdiskussion Themen wie internationale Leistungsvergleiche (PISA), Bildungsstatistiken und Bildungsstandards dominieren, bleibt es eine Herausforderung für die Bildungsforschung, neben den Problemen und Schwächen reformpädagogischer Ansätze auch deren Innovationspotenzial und Anregungsgehalt weiter kritisch zu diskutieren. Die methodische Innovation, die Gestaltung des Schullebens, die Ermöglichung von sozialen und kulturellen Erfahrungen, die Förderung der individuellen Potenziale – diese für eine gelingende Pädagogik unverzichtbaren Elemente markieren in unterschiedlicher Ausprägung die nach wie vor fruchtbaren Kernbereiche der Reformpädagogik.

Seit zehn bis 15 Jahren ist zu beobachten, dass inzwischen auch aus einer ziemlich unerwarteten Richtung neue Player auf dem Bildungsmarkt in Erscheinung getreten sind, die sich vor allem an türkisch-muslimische Schülerinnen und Schüler richten und die zunächst als deutsch-türkische, inzwischen als Hizmet-Schulen bezeichnet werden. Die durch den islamischen Prediger Fethullah Gülen inspirierten Schulgründungen (vgl. Barz 2016) sind seit der Niederschlagung des Militärputsches in der Türkei am 16. Juli 2016 Gegenstand vielfältiger Berichterstattung (vgl. Barz 2017). Sozialwissenschaftliche Untersuchungen allerdings sind bislang Mangelware. Auch wenn man diese Schulinitiativen nicht umstandslos in die Tradition der Reformpädagogik einreihen kann, schon allein deshalb, weil es nicht ihrem Selbstverständnis

4 www.waldorftoday.com/2011/07/waldorf-is-booming-in-china/

entspricht, scheint ein Seitenblick auf sie im Kontext der vorliegenden Einführung sinnvoll.

Es wirkt fast ein bisschen paradox, dass in einer Zeit, in der längst die Parole vom »Schnee vom vergangenen Jahrhundert« (ohne Fragezeichen! Böhm u. a. 1994) ausgegeben wurde, der historisch-kritische und der bilanzierende Zugang durchaus stark vertreten sind. An Handbüchern zur Reformpädagogik jedenfalls herrscht kein Mangel.[5] Sie sind systematisch und historisch orientiert, sie rekonstruieren und dekonstruieren, sie erschließen den Forschungsstand. Aber erschließen sie auch die Wirklichkeit? Eine solche Frage zu stellen, zeugt vielleicht selbst schon von Wirklichkeitsverlust – denn inwieweit das zentrale Referenzsystem der Wissenschaft das ist, was der Alltagsverstand als Wirklichkeit anzuerkennen bereit wäre, ist eine nicht triviale Frage. Zumindest für etliche Wissenschaftsdiskurse und auch für groß angelegte Forschungsprogramme wird gelegentlich die Frage aufgeworfen, ob sie sich nicht in einer Art autopoietischer Selbstreferenz von Wirklichkeitsbezügen und Alltagsproblemen entfernt haben.

Der Anspruch der vorliegenden Einführung lässt sich demgegenüber durchaus als ausdrückliche Bezugnahme auf die pädagogische Praxis von Bildungseinrichtungen charakterisieren. Konkret lässt sich das an drei Aspekten festmachen: Einmal werden neben den klassischen Reformkonzepten auch jüngere pädagogische Initiativen vorgestellt, die sich von ihrer grundlegenden Intention her als Fortführung reformpädagogischer Ideen charakterisieren lassen. So kommen etwa auch die inklusive oder die interkulturelle Schule zur Sprache. Zum zweiten werden konkrete Beispiele aus der Schulpraxis beschrieben sowie empirische Forschungsergebnisse aufgegriffen, die Einblicke in heutige Lernsettings reformpädagogischer Schulen bieten. Drittens soll in dieser Einführung die lange gepflegte, fast schismatische Spaltung in den staatlichen und den privaten Schulsektor nicht fortgeschrieben, sondern im Gegenteil ein fruchtbares Ergänzungsverhältnis behauptet und befördert werden, für das vielleicht der Neologismus »Koopetition«, also Kooperation *und* Konkurrenz, die passende Beschreibung liefert. Nicht zuletzt soll damit unproduktiven und falschen Dichotomien nach dem Muster »private Reformschulen versus staatliche Reformverhinderung« oder auch »staatliche Chancengleichheit versus private Eliteschulen« entgegengewirkt werden. Die angesprochene Spaltung in Befürworter und Gegner des privaten Schul-

---

5 Zu den älteren von Röhrs (1986), Röhrs/Lenhart (1994), Seyfahrt-Stubenrauch/Skiera (2 Bände, 1996), Benner/Kemper (2001) kommt das groß angelegte problemgeschichtlich aufgebaute von Keim/Schwerdt (2 Bände, 2013) oder die zwar als Monografie erschienene Einführung von Skiera (2010), die aber zu Recht vielfach als Handbuch wahrgenommen wird. Gronert/Schraut (2016) bieten »Sicht-Weisen der Reformpädagogik«, die ebenfalls Rückblick- und Bilanzcharakter haben, denn es schreiben ausdrücklich nur »Personen, die ihr beruflich-dienstlich aktives Leben bereits abgeschlossen haben«. Neu hinzukommen das von Idel/Ullrich (2017) konzipierte »Handbuch Reformpädagogik« ebenso wie das »Handbuch Bildungsreform und Reformpädagogik« (Barz 2018). Von Gronert/Schraut (2017) wird außerdem ein »Handbuch verein(t)e Reformpädagogik« vorbereitet, in dem rund 50 Vereine und Initiativen aus dem reformpädagogischen Spektrum im deutschsprachigen Raum mit Selbstdarstellungen vertreten sein sollen.

betriebs in Deutschland findet sich ja nicht nur in Verwaltung, Rechtsprechung, Bildungspolitik und Praxisfeldern – sie findet sich ebenso in Erziehungswissenschaft und Bildungsforschung, wo sich die übergroße Mehrheit der Kolleginnen und Kollegen dem kritischen Blick auf private Initiativen und ökonomische Perspektiven verschrieben haben (vgl. das Kapitel über »Privatschulen am Pranger«).

Dass demgegenüber Erfahrungsaustausch und Zusammenarbeit – auch über Systemgrenzen hinweg – produktive Chancen bieten, lässt sich inzwischen vielfach belegen. Schöne Beispiele dafür bieten nicht nur die sogenannten »Communities of Practice« wie »Blick über den Zaun« oder »Schulen im Aufbruch«, in denen unterschiedliche Schulformen mit unterschiedlichster Trägerschaft kooperieren. Beispiele finden sich auch in den von Stiftungen geförderten oder landesweit aufgelegten Programmen zur Schulentwicklung oder in der Auslobung von Schulpreisen, in denen Vertreter privater und staatlicher Institutionen gemeinsam über die eingereichten Vorschläge beraten – und mal staatliche, mal private Schulen ausgezeichnet werden. Es gibt seit langem zahlreiche und durchaus eindrucksvolle Beispiele von Reformpädagogik an staatlichen Schulen. Schließlich stellt der sowohl an staatlichen wie an privaten Schulen mögliche sogenannte Schulversuch, also das experimentelle Ausprobieren neuer schulorganisatorischer Konzepte, Unterrichtsformen oder Lerninhalte, so etwas wie das schulrechtliche Bindeglied von Bildungsreform und Reformpädagogik dar. Mit dem Stichwort »Schulversuch/Versuchsschule« ist nicht zuletzt ein Bereich angesprochen, an dem die Einseitigkeiten des Mainstreams der Bildungsforschung der letzten beiden Jahrzehnte exemplarisch sichtbar werden: Wer nach wissenschaftlichen Quellen sucht, die sich mit diesem für Innovation und Reform zweifellos äußerst wichtigen Thema beschäftigen, findet durchaus Texte, Studien und Expertisen – allerdings alle aus den 70er und 80er Jahren! In den 90er Jahren bricht das Interesse jäh ab – und es braucht einen Staatssekretär außer Dienst, der sich im fortgeschrittenen Alter im Rahmen einer juristischen Dissertation des Themas (Winands 2014) annimmt.

Beansprucht diese Einführung also durchaus, neue Perspektiven zu eröffnen, so ist andererseits einzuräumen, dass im Vergleich zu manch früherem Überblickswerk auch engere Grenzen gezogen wurden, insofern sie eindeutig auf den Schwerpunkt allgemeinbildende Schule fokussiert ist und Bereiche wie Sozialpädagogik, Erwachsenenbildung oder Jugendarbeit nicht explizit dargestellt werden.

In der Diskussion über die Reformpädagogik, über die Berechtigung dieses Labels und über die Zukunftstauglichkeit ihrer Konzepte prallen anthropologische Grundüberzeugungen, Gesellschaftmodelle und Weltbilder – und vielleicht manchmal auch persönliche Eitelkeiten ihrer Protagonisten – nach wie vor mit großer Wucht aufeinander. Nach der Zäsur durch den Skandal an der Odenwaldschule im Jahr 2010, der auch mit der Insolvenz der Schule im Sommer 2015 und der Versteigerung des Schulinventars[6] im Sommer 2016 längst nicht abgeschlossen ist, eskalieren die Befindlich-

6 www.focus.de/regional/hessen/schulen-moebel-und-maschinen-der-odenwaldschule-werden-versteigert_id_5611724.html; http://rhein-rechtsanwaelte.de/content/aktuelles/

keiten offenbar auf allen Seiten. Vorläufige Höhepunkte einer wohl zumindest vom Umfang der bedruckten Buchseiten her beispiellosen Rechthaberei sind der letzte Band von Hentigs Autobiografie »Noch immer Mein Leben. Erinnerungen und Kommentare aus den Jahren 2005 bis 2015« auf 1 392 Seiten und Jürgen Oelkers Abrechnungen mit der Theorie der Reformpädagogik (»Eros und Herrschaft. Die dunklen Seiten der Reformpädagogik«, 2011, 340 Seiten)[7] und deren Personal (»Pädagogik, Elite, Missbrauch. Die ›Karriere‹ des Gerold Becker«, 2016) auf 608 Seiten.

Sogar Kollegen, die nicht besonders viel mit der reformpädagogischen Tradition verbindet, sehen inzwischen die Gefahr, dass von den einstigen pädagogischen Reformidolen »gar keiner mehr übrig bleibt«. Die Säulenheiligen früherer Jahrhunderte sind längst gestürzt. Dass Rousseau als Kinderhasser gilt, der seine eigenen Kinder ins Waisenhaus gesteckt hat, um sich ungestört seinen Studien zu widmen, lernt man heute schon in jedem Einführungsseminar.[8] Pestalozzi gilt inzwischen als romantischer Träumer, dessen praktisches Leben als Pädagoge als ein einziges Scheitern beschrieben wurde – nämlich am Geld, an der Pädagogik, an sich selbst (Osterwalder 1995). Auch über viele berühmte Namen der Reformpädagogik kann man inzwischen viel Unrühmliches lesen. Maria Montessori wurde als vermeintlich totalitäre schwarze Pädagogin entlarvt (z. B. Skiera 2010, S. 224 ff.; Skiera 2015), Peter Petersen eine große Nähe zum Nationalsozialismus attestiert (z. B. Ortmeyer 2009), Rudolf Steiner des Rassismus und Antisemitismus bezichtigt (z. B. Grandt 2008). Zuletzt wurde selbst der große amerikanische Demokratie-Pädagoge und Philosoph des Pragmatismus, John Dewey, als heimlicher Kolonialist in Verruf gebracht (Margonis 2009, Retter 2015, 2016).

Bei aller Berechtigung, kritische Vorbehalte gegenüber Verklärung, Legendenbildung und Heiligenverehrung zu formulieren und problematische Einsprengsel zeittypischer Einstellungsmuster auch im Denken bedeutender Pädagogen kritisch zu bewerten und fehlende Distanzierungen gegenüber gesellschaftlichem Unrecht aufzudecken – man wird bei allen derartigen Versuchen, mittels heute unstrittiger Maßstäbe, über Ansichten und Einstellungen längst vergangener Zeiten zu urteilen, immer aufpassen müssen, nicht in wohlfeiles Pharisäertum zu verfallen. Bei Themen wie Aufgaben und gesellschaftliche Rolle der Frau, Führungsanspruch der Erwachsenen und körperlicher Zwang in der Erziehung, Homosexualität, gleichberechtigte gesellschaftliche Teilhabe und Wahlrecht aller Gesellschaftsmitglieder, Bewertung nationaler, kultureller, religiöser oder rassischer Andersartigkeiten haben wir heute mühsam einen zumindest in den gesellschaftlich tonangebenden Schichten einigermaßen stabilen

---

7 Zu ergänzen wäre noch der gemeinsam mit Damian Miller herausgegebene Sammelband: »Reformpädagogik nach der Odenwaldschule – Wie weiter?« Weinheim: Beltz Juventa 2014, 358 Seiten.

8 Richtig ist, dass Rousseau in einem Brief von Kindern schreibt, die er ins Waisenhaus gebracht hätte. Es gibt aber auch die durchaus plausible These, dass Rousseau diese Geschichte nur erfunden hat, um nicht als impotent zu gelten.

Konsens erreicht. Von Menschen, die vor vielen Jahrzehnten für neue Ideen zu Bildung und Erziehung eintraten, zu erwarten, dass ihre Überzeugungen in jeder Hinsicht vor unseren heutigen Beurteilungskriterien als rundum tugendhaft zu bewerten sein müssten, wäre ahistorischer Unsinn.

Der kritische Blick sollte sich vor Selbstgerechtigkeit ebenso hüten, wie umgekehrt die Anhänger der großen Reformpädagogen auch die zeitgebundenen und aus heutiger Sicht problematischen Ansichten ihrer Idole nicht länger leugnen oder bagatellisieren sollten. In diesem Sinne wird man den Ansätzen einer kindorientierten, einer auf Selbsttätigkeit und Freiheit basierenden Pädagogik durchaus nicht nur eine historische Bedeutung zusprechen können, sondern eine ebenso große Zukunft wünschen dürfen.

Die historische Perspektive

Im Rückblick lassen sich verschiedene Phasen der Entwicklung des reformpädagogischen Ideenspektrums und der unterschiedlichen Verwirklichungsversuche identifizieren. Wolfgang Keim (2016) hat zuletzt »100 Jahre Reformpädagogik-Rezeption in Deutschland im Spannungsfeld von Konstruktion, De-Konstruktion und Re-Konstruktion« bilanziert. Hier finden sich viele Hinweise auf bislang wenig beachtete und teilweise zu unerwarteten Zeitpunkten bereits entstandene bildungshistorische Studien, die das vielschichtige und durchaus disparate Geflecht von Reformansätzen und weltanschaulichen Lagern im Detail sichtbar machen. Keims Perspektive bleibt indessen eine primär historisierende, die sich in erster Linie auf die »vergangene historische Epoche« richtet und die in der Gegenwart bestenfalls »Nachwirkungen« (Keim 2016, S. 62), aber eben keine aktuelle Relevanz identifizieren kann. Bereits Hermann Röhrs (1986), der sich übrigens einem deutlich gegenwarts- und zukunftsorientierten Forschungsansatz verpflichtet sah, hatte eine Periodisierung der Reformpädagogikgeschichte und -rezeption entwickelt, an die angelehnt sich die folgenden Phasen unterscheiden lassen, die hier jeweils mit beispielhaften Ereignissen bzw. Zitaten illustriert werden:

1. Phase (ab ca. 1890): Vor dem Hintergrund einer umfassenden Kultur- und Schulkritik entstehen erste Reformkonzepte.

1908: Gründung des »Bundes für Schulreform«

»der alle diejenigen organisieren wollte, ›die am Fortschritt der nationalen Bildungsarbeit in Schule und Haus lebhaft interessiert‹ waren, und der von 1910 bis 1914 sogar eine eigene Monatszeitschrift ›Der Säemann‹ herausgab – ihm gehörten u. a. Psychologen wie William Stern, Erziehungswissenschaftler wie Aloys Fischer, Georg Kerschensteiner und Ernst Meumann sowie bekannte Reformpädagogen wie Paul Geheeb, Alfred Lichtwark und Hugo Gaudig an« (Keim 2016, S. 40 f.).

2. Phase (ab ca. 1914): Die Reformmodelle konkretisieren sich und es kommt vermehrt zu Schulgründungen. Hinzu kommen ein zunehmender Austausch und eine Verständigung über Gemeinsamkeiten.

1919: Gründung des »Bundes entschiedener Schulreformer«

»Nach der Novemberrevolution wurden im Dezember 1918 vom preußischen Ministerium für ›Wissenschaft, Kultur und Volksbildung‹ [...] umwälzende kultur- und bildungspolitische Veränderungen ins Auge gefasst, die auch im Reformausschuss des Berliner Philologenvereins zu Diskussionen über die Gestaltung des zukünftigen Erziehungs- und Bildungswesens führten. Dabei zeigte sich bereits in den Weihnachtsferien 1918/19, dass die im Dienst belassene, kaisertreue Schulverwaltung und die konservative, teils reaktionäre Mehrheit im Philologenverein keine Veränderungen im Erziehungs- und Schulwesen zulassen wollten. [...] Nachdem bis zum Sommer 1919 die Arbeitsbedingungen für diese kleine Gruppe innerhalb des Philologenvereins wegen unvereinbarer Reformvorstellungen unerträglich geworden waren, spalteten sich zunächst 24 Pädagogen ab – unter ihnen Franz Hilker, Fritz Karsen, Siegfried Kawerau, Otto Koch, Theodor Lessing, Paul Oestreich, Elisabeth Rotten und Anna Siemsen. Bei einem Treffen am 18. September 1919 im Konferenzzimmer des Werner-Siemens-Realgymnasiums in Berlin-Schöneberg gründeten sie den ›Bund Entschiedener Schulreformer‹« (Wikipedia: https://de.wikipedia.org/wiki/Bund_Entschiedener_Schulreformer).

3. Phase (ab ca. 1924): Röhrs sieht diese Zeit vor allem geprägt von der Bemühung um Klärung und Selbstkritik. Auch finden sich verstärkt wissenschaftliche Versuche einer theoretischen Grundlegung.

Kurt Zeidler: Die Wiederentdeckung der Grenze (1925)

In einem schonungslos ehrlichen und ungeheuer lebensklugen Erfahrungsbericht hat Kurt Zeidler schon 1925 selbstkritisch auf die Emphase einer weltfremden Innerlichkeit zurückgeblickt, die in der Atmosphäre des pädagogischen Aufbruchs, in der Umkehrung aller bisherigen erzieherischen Leitideen bisweilen geradezu groteske Blüten trieb (vgl. auch Bast 1996).

»Mit dem einen Wort Emanzipation wird in der Tat das erste Stadium unserer Arbeit gekennzeichnet, das so viel Übermut und frohe Stürmerlaune in sich barg. Aus diesem Überschwang wird jene grandiose Verwechselung begreiflich, die überall damals geschah, wo ähnliche Versuche unternommen wurden, die Schule von Grund aus neu zu denken: Man meinte in dem Bekenntnis der ideellen Umkehr ein Allerweltsrezept für die tägliche Praxis in der Hand zu halten. Man glaubte nicht selten im Sinne der neuen Schule zu handeln, wenn man einfach den Spieß umkehrte: früher Zwang, heute Freiheit; früher der Absolutismus des Lehrers, heute das Selbstbestimmungsrecht der Schüler; früher vorbedachte Regelung aller Einzelheiten durch von außen festgesetzte Pläne und Vorschriften, heute restlose Ungebundenheit und die Herrschaft des Augenblicks. Heute wissen wir: das ist oberflächlich gesehen, und es ist unmöglich, die Schule auf eine so einfache Formel zu bringen. Die alte Schule wird nicht dadurch neu, daß man sie mit dem entgegengesetzten Vorzeichen versieht. Aber diese Klarheit ist uns nicht über Nacht gekommen« (Zeidler 1985, S. 21).

4. Phase (ab ca. 1934): Unter der nationalsozialistischen Herrschaft werden die Spielräume für eigenständige pädagogische Konzepte enger. Während ein Teil der Reformpädagogen in die Opposition und ins Exil geht, versuchen andere durch Taktieren, teilweise auch durch Paktieren das Überleben ihrer Schulmodelle zu sichern.

Peter Dudek: Reformpädagogik und Nationalsozialismus

»Ganz offensichtlich gab es – zumindest in der Vorkriegszeit – in der NS-Diktatur Nischen für die Kontinuität reformpädagogischer, kindgemäßer Schulpraxis. Das [...] prominenteste Beispiel liefert der sozialdemokratische Widerstandskämpfer Adolf Reichwein mit seiner einklassigen Dorfschule in Tiefensee in der Nähe Berlins [...], an der er von 1933 bis zum Frühjahr 1939 wirkte. Das Beispiel Reichweins war zwar in den fünfziger und sechziger Jahren bekannt, galt aber im Kontext der Diskontinuitätsthese als ein singulärer Fall. Im Zusammenhang mit Reichwein ist auch auf die Existenz weiterer reformpädagogischer Landschulen im Kontext nationalsozialistischer Landschulreform zu verweisen. [...] Aber auch im großstädtischen Bereich lassen sich reformpädagogisch inspirierte Schulversuche noch in den dreißiger Jahren feststellen, etwa in Frankfurt/M [...] oder in Hamburg [...], wo Schulversuche aus der Zeit der Weimarer Republik über Jahre zum Teil unter schwierigen Bedingungen fortgesetzt wurden. Das kann allerdings nicht zu dem Schluss führen, die Kultusadministrationen der NS-Diktatur hätten reformpädagogische Konzepte und Initiativen bewusst flächendeckend gefördert bzw. toleriert« (Dudek 2018, S. 59).

5. Phase (ab ca. 1945): Nach der Niederlage des Nationalsozialismus kommt es in den Nachkriegsjahren zur Wiedereröffnung vieler reformpädagogischer Schulen. Es setzt eine Phase der Konsolidierung ein.

Etablierung in der Nachkriegszeit am Beispiel der Waldorfschulen

»Von 1945 bis 1989 konsolidierte sich die Waldorfschulbewegung und wurde zu einem weit verbreiteten und gut gehüteten pädagogischen Modell. Es wurde von der Erziehungswissenschaft skeptisch bis ablehnend beäugt. In wenigen Staaten wie etwa in Deutschland, Holland und Skandinavien wurden die Freien Waldorfschulen als Schulen in freier Trägerschaft staatlich subventioniert. In den meisten Staaten finanzieren Eltern die Schulen. Und weil Kinder und Eltern strömten, wurden viele neue Kindergärten und Schulen gegründet, vor allem in Europa. Trotz der zum Teil prekären wirtschaftlichen Lage wuchs die Waldorfbewegung. 1985 bestanden schon 306 Schulen in 23 Ländern.

Die globale Ausbreitung bis in die hintersten Winkel der Erde erfolgte ab Mitte der 1980er Jahre bis heute. [...] Die Waldorfschulbewegung ist mit etwa 1100 Schulen und über 2000 Kindergärten zur größten freien Schulbewegung weltweit geworden« (Nana Göbel: Wie alles begann: Die Geschichte der Waldorfschule. In: www.waldorf-100.org/waldorfpaedagogik/geschichte/ (letzter Zugriff am 17.11.2017).

6. Phase (ab ca. 1970): Ausgelöst durch die Studentenbewegung und ihre antiautoritären Impulse suchen junge Eltern und Pädagogen nach neuen Wegen der Erziehung und Bildung. Eine »zweite Reformpädagogik« bringt neue Modelle (z. B. Hannover 1972: Glockseeschule; Bielefeld 1974: Laborschule) hervor; es entstehen zahllose Kinderläden und Alternativschulen.

Lutz van Dick erkundet sich selbst und die Alternativschulpädagogik

»Dieses Buch stellt einen Ausbruchsversuch dar: ich bin nicht bereit, mich damit abzufinden, daß es nicht auch menschlicher als bisher zugehen soll. Vor meinem jetzigen Sonderschullehrerstudium habe ich zwei Jahre als Jugendleiter in einer ehemaligen Berliner Flüchtlingssiedlung gearbeitet, später dann in einem Kinderheim. [...] Vier Jahre hatte ich nun Zeit auf Entdeckungsreisen zu gehen: Zuerst noch mehr innerhalb von mir selber, um meine Bedürfnisse klarer zu sehen. [...] In den letzten zwei Jahren dann auch räumlich: Wir besuchten verschiedene Alternativschulinitiativen im Ausland sowie in der Bundesrepublik und besprachen unsere Erfahrungen auch ständig mit anderen Lehrerstudenten in einer selbstorganisierten Veranstaltungsreihe sowie über einzelne Kontakte auch mit Lehrern in Regelschulen. Von dieser Entdeckungsreise handelt dieses Buch« (van Dick 1979, S. 13).

7. Phase (ab ca. 1990): Eine weit verbreitete Unzufriedenheit mit dem staatlichen Schulangebot führt zu einem regelrechten Privatschulboom. Gleichzeitig finden sich auch an Regelschulen vermehrt Bemühungen, reformpädagogische Methoden zu implementieren. In der erziehungswissenschaftlichen Diskussion wird der Ruf nach »Vergangenheitsbewältigung« und Ideologiekritik lauter.

Jürgen Oelkers: Die Legende der Landerziehungsheime

»Hinter der Legende der Landerziehungsheime steht der Gedanke der Rettung durch eine neue Erziehung, den Johann Gottlieb Fichte 1808 in den Reden an die deutsche Nation entwickelt hat. Auf dem Lande und in Internaten, also unbehelligt von den Erwachsenen, sollte eine neue Generation erzogen werden, die die Erneuerung der Gesellschaft besorgen würde. Die Idee des pädagogischen Moratoriums geht auf Rousseau zurück und wird am Ende des 19. Jahrhunderts in der Lebensreformbewegung wieder aufgegriffen. Internate, die wegen des inhärenten ›Pennalismus‹ – Übergriffe der Älteren auf die Jüngeren – stets anrüchig waren, wurden nunmehr zu Rettungsinseln stilisiert.

Wer sich auf die deutsche Reformpädagogik beruft, muss mit solchen missionarischen Tönen rechnen, begleitet von der Stilisierung pädagogischer Größe. Untersucht man dagegen die Praxis von Landerziehungsheimen, so erkennt man fehlbare Gestalten, subtile Herrschaftstechniken, harte innere Konflikte, ständige Wechsel in der Lehrerschaft, Finanznot und Lohndumping, heftige Auseinandersetzungen mit den Eltern und ein höchst unterschiedliches Echo bei den Schülern, man erkennt, kurz gesagt, eine riesige Lücke zwischen Anspruch und Wirklichkeit« (Oelkers 2010a).

8. Phase (ab ca. 2002): Nach dem sogenannten PISA-Schock (2001/2002) fokussiert sich die bildungspolitisch interessierte Öffentlichkeit auf Themen wie Chancengleichheit, Bildungsmonitoring und internationale Wettbewerbsfähigkeit. Reformpädagogische Ansätze geraten seit den Diskussionen um den zögerlich aufgedeckten Missbrauchsskandal an der einstigen reformpädagogischen Vorzeigeanstalt Odenwaldschule seit 2010 in die Defensive. Der Zustrom zu reformpädagogisch orientierten Schulen scheint ungebrochen.

Boom der Privatschulen: Wenn Eltern Schulen gründen

»Jede Woche eröffnet in Deutschland statistisch gesehen eine neue Privatschule. Geboren aus Frust über Pisa und aus Lust, etwas Neues auszuprobieren. Eltern wollen ihre Kinder, die jetzt ganztags lernen sollen, nicht länger in tristen Klassenräumen und bei manchmal unmotivierten Lehrern ihrem Schicksal überlassen. Permanenter Stundenausfall sorgt oft für zusätzlichen Ärger. Da übernehmen Mütter wie Väter sogar Hausmeister-, Sekretariats- und Putzarbeiten« (Handelsblatt vom 3. Februar 2007; online verfügbar unter: www.handelsblatt.com/politik/deutschland/boom-der-privatschulen-wenn-eltern-schulen-gruenden/2764918.html (letzter Zugriff am 17.11.2017).

Die internationale Perspektive

Schon die Lebenswege, die Wirkungsstätten und die in ihren Konzepten verschmolzenen Einflüsse westlicher wie östlicher Kulturtraditionen der zwei bis heute einflussreichsten pädagogischen Reformer zeigen eine für den Beginn des 20. Jahrhunderts bemerkenswert kosmopolitische Ausrichtung. Rudolf Steiner, geboren im damaligen Österreich-Ungarn, lebte prägende Jahre in Deutschland, um schließlich in der Schweiz das Hauptquartier seiner anthroposophischen Bewegung zu etablieren. Vortragsreisen führten ihn in durch weite Teile Europas. Seine Lehre verbindet abendländische mit orientalischer Spiritualität. Auch die Konzeption der kosmischen Erziehung bei Maria Montessori bezieht wesentliche Anleihen aus der indischen Mythologie mit ein. Maria Montessori entfaltete Zeit ihres Lebens eine intensive, verschiedene Kontinente umspannende Reisetätigkeit. Sie wohnte längere Zeit in Rom, Barcelona, Amsterdam, Adyar (Indien).

Generell kann man über die zahllosen Lehrer und Pädagogen, die sich damals einer Erneuerung der Erziehungsmethoden verschrieben hatten, sagen: In einer Zeit, die geprägt war von internationalem Wettrüsten, vom Kampf um nationale Einflusssphären und von einer ausgeprägten Propaganda gegen die potenziellen oder tatsächlichen Kriegsgegner, etablierten die Reformpädagogen einen internationalen Diskussionszusammenhang von beachtlicher Intensität. Von einzelnen Begegnungen und gegenseitigen Hospitationsbesuchen über Kongresszusammenkünfte bis zu ausgedehnten Vortragsreisen und Gastprofessuren in fernen Kontinenten reicht das Spektrum der international ausgerichteten Aktivitäten, die das große Interesse am geistigen Austausch belegen. Auf großen internationalen Tagungen wurden die Ideen der »Neuen Erziehung« diskutiert und Praxiserfahrungen systematisch analysiert (vgl. Röhrs 1994, S. 18).

Ein interessantes Beispiel für die konstitutive Bedeutung des »pädagogischen Internationalismus« bietet der Jena-Plan, also das von Peter Petersen als eine Art »Best of Progressive Education« konzipierte Schulprogramm, das in Anlehnung an die damals schon diskutierten Konzepte »Dalton-Plan« oder »Winnetka-Plan« ebenfalls nach der Stadt seiner Entstehung benannt wurde. Petersen versuchte damit aus den in den 20er Jahren bereits vorliegenden methodischen und schulorganisatorischen Konzepten eine neue Synthese zu formen. Gerade weil sich die erziehungswissenschaftlichen und bildungshistorischen Forschungen der letzten Jahre vor allem mit den inhaltlichen Affinitäten und den praktischen Verstrickungen zwischen der Person Peter Petersen und dem NS-Regime beschäftigt haben, sollte die ausgeprägte internationale Orientierung dieses Pädagogen nicht in Vergessenheit geraten.

Peter Petersen (26.6.1884–21.3.1952)

»Schon während seiner Gymnasiallehrerzeit machte sich Petersen einen Namen als Reformpädagoge. 1920 wurde ihm die Leitung der Lichtwarkschule in Hamburg, 1923 der Lehrstuhl für Pädagogik in Jena übertragen. Sein Bemühen um *Innere Schulreform und Neue Erziehung* (Weimar 1925) fand seinen Ausdruck in ausgedehnten Vortragsreisen, sogenannten Pädagogischen Wochen in Jena und über 200 Veröffentlichungen. Zum Ehrendoktor der Universität Athen ernannt und als Gastprofessor in den USA und in Chile kam ihm in der internationalen pädagogischen Reformdiskussion eine Schlüsselrolle zu.

Petersens Konzeption der Jenenser Universitäts-Übungs-Schule als sogenannter Lebensgemeinschaftsschule wurde nach der Tagung des Weltbundes für die Erneuerung der Erziehung 1927 in Locarno als ›Jena-Plan‹ weltberühmt: Spiel, Gespräch, Arbeit und Feier – für Petersen die Grundformen des Zusammenlebens – sollen als ›Urformen der Bildung‹ das Leben in der Schule prägen, das von einem Wochenarbeitsplan anstelle des ›Fetzenstundenplans‹ gegliedert wird. An die Stelle der starren Jahrgangsklassen treten ›Stammgruppen‹, die je drei Jahrgänge umfassen und in denen Schüler unterschiedlicher Begabung sich in flexibel organisierten Gruppen zusammenfinden. Das überkommene Zensurensystem samt seinem ›Sitzenbleiber-Elend‹ wird durch Selbst- und Mitschülerbeurteilungen sowie Berichte der Lehrer, die auf die Versetzung keinen Einfluß haben, ersetzt. Alles ist um die Schaffung eines ›erzieherisch-wirksamen Schullebens‹ zentriert, der Unterricht hat sich ihm ›immer als das Zweite‹ ein- und unterzuordnen.

Nach der Zwangsschließung seiner Modellschule in Jena 1950 wurden Petersens Ideen in der Bundesrepublik Deutschland und in Holland, wo es heute über 200 Jena-Plan-Schulen gibt, verwirklicht. Auch werden viele seiner Prinzipien (Koedukation, integrierte Gesamtschule, Gruppenarbeit, ›offener Unterricht‹, fächerübergreifende Blockstunden) heute allgemein aufgegriffen. Nicht zuletzt verdankt die sozialwissenschaftliche Neuorientierung der Pädagogik in den 60er Jahren Petersen entscheidende Impulse (*Die pädagogische Tatsachenforschung*. Zusammen mit Else Petersen. Paderborn 1965).

Der verklärenden Verehrung von Petersens Persönlichkeit durch einige seiner Schüler standen in den 80er Jahren heftige Angriffe wegen seines unklaren Verhaltens im NS-Staat gegenüber. In der Tat lassen Diktion und Inhalt einiger Schriften Petersens Affinitäten zur NS-Ideologie erkennen (*Bedeutung und Wert des Politisch-Soldatischen für den deutschen Lehrer.* In: Deutsches Bildungswesen 2, 1934, S. 1–17. *Führungslehre des Unterrichts.* Langensalza 1937. Neudruck Weinheim 1984).

Weitere Werke: *Allgemeine Erziehungswissenschaft.* Berlin 1924, ²1962. – *Die Neueuropäische Erziehungsbewegung.* Weimar 1926. – *Der Jena-Plan einer freien allgemeinen Volksschule.* Langensalza 1927. Unter dem Titel *Der kleine Jena-Plan.* Weinheim ⁶⁰1980« (Barz 1991).

Michael Knoll verdanken wir eine ganze Serie von äußerst spannenden und sehr instruktiven Rekonstruktionen der US-amerikanischen Konzepte der Reformpädagogik.[9] Auch über die USA-Besuche europäischer Berühmtheiten hat er unbekannte Details und unerwartete Enthüllungen zusammengetragen. Neben einer USA-Rundreise von Prinz Heinrich, dem Bruder des deutschen Kaisers Wilhelm II, die 1902 angeblich sogar bis in Deweys Laborschule in Chicago führte, ist eine Vortragsreise von Maria Montessori dokumentiert (www.mi-knoll.de/90301.html).

Dewey meets Montessori

»John Dewey, der amerikanische Philosoph, Psychologe und Leiter der Laborschule in Chicago, begegnete Maria Montessori, der italienischen Ärztin, Pädagogin und Gründerin der Casa dei Bambini, zum ersten (und einzigen) Mal im Dezember 1913. Damals besuchte die Dottoressa anläßlich einer Vortrags- und Werbereise für drei Wochen die Vereinigten Staaten, und auf der größten und wichtigsten Veranstaltung der ganzen Tour – sie fand vor ausverkauftem Hause in der Carnegie Hall, New York statt – sprach Dewey die Eingangs- und Schlußworte. Ob es zwischen den beiden über die Begrüßung hinaus zu einem längeren Gedankenaustausch kam, wissen wir nicht. Bekannt ist indes, daß sich Dewey nach dieser Begegnung intensiv mit dem Erziehungskonzept Montessoris auseinandersetzte und in dem gemeinsam mit seiner Tochter Evelyn geschriebenen Buch ›Schools of To-Morrow‹ (1915) die These vertrat, das von Montessori entwickelte didaktische Material vernachlässige die Kreativität des Kindes und die soziale Seite der Erziehung. Das Kind dürfe sich zwar sein Material frei wählen, aber was es damit zu tun habe, sei von vornherein festgelegt und weder auf die Kooperation mit anderen noch auf die eigene Lebenspraxis bezogen. Dewey gilt seitdem, zusammen mit seinem Schüler William Heard Kilpatrick, als einer der profiliertesten Kritiker von Montessori und der von ihr ins Leben gerufenen Bewegung.

9 Die Webpräsenz des ehemaligen Direktors des reformpädagogisch geprägten Landerziehungsheims Schloss-Schule Kirchberg/Jagst belegt einen unermüdlichen Forschereifer: www.mi-knoll.de/39994.html. Dank barrierefreiem Zugang kann jeder Interessierte an seinen amüsant aufbereiteten Erkenntnisfrüchten teilhaben. Besonders schön die Konfrontation der Mythen, mit denen etwa die Projektmethode von ihren Urhebern narrativ aufgewertet wurde, mit den sehr ernüchternden, aber historisch belegten Tatsachen: Ellsworth Collings – Das »Typhusprojekt« als Fiktion (www.mi-knoll.de/63522.html).

Nun hat sich ein Brief gefunden, der die bisherige Interpretation ergänzt und modifiziert. Er enthält zwei neue Erkenntnisse: 1. daß Dewey sich schon vor der Veranstaltung in der Carnegie Hall ausführlich mit Montessori befaßt hat, und 2. daß Dewey Montessoris Erziehungsvorstellungen weniger stark abgelehnt und verurteilt hat, als vielfach angenommen wird. Dieser Brief vom 3. Juli 1913 ist, auch in den Vereinigten Staaten, noch nicht bekannt und veröffentlicht. [...] Im vorliegenden Brief machte Dewey deutlich, daß er Kilpatricks Kritik und Urteil teilte, soweit es die Ablehnung der Theorie der formalen Bildung und die Mißbilligung eines Unterrichts betraf, der die kreativen Kräfte und die lebenspraktischen Erfahrungen der Kinder vernachlässigte. [...] Gleichwohl ließ Dewey es sich nicht nehmen, seinerseits scharfe Kritik an Kilpatrick zu üben und klar herauszustellen, daß Montessori kein Relikt des vorigen Jahrhunderts war, sondern daß sie zu den wichtigen Reformpädagogen der Gegenwart gehörte« (Knoll 1996).*

* Der Auszug wird hier ohne die Fußnoten wiedergegeben, die im Original zu finden sind.

Als ein Forum des internationalen Austauschs wurde 1921 die »New Education Fellowship« in Calais gegründet. Sie gab die Zeitschrift »The New Era« heraus, an der zeitweilig auch Alexander S. Neill als Herausgeber mitwirkte. 1931 wurde als deutsche Sektion der »Weltbund für Erneuerung der Erziehung« (WEE) gegründet. Die internationalen Tagungen entwickelten in den 20er Jahren eine enorme Anziehungskraft und versammelten Angehörige vieler unterschiedlicher Nationen. Im Jahr 1930 gab es Vertreter und teilweise Sektionen in 37 Ländern auf allen Kontinenten. Allein ins dänische Helsingør 1929 kamen 2000 Teilnehmer aus 43 Ländern (vgl. Horn 2017).

Das gesellschaftliche Umfeld der historischen Reformpädagogik

Es ist sicher nicht von der Hand zu weisen, dass viele Motive und Ideen der Reformpädagogik tatsächlich keine originellen Schöpfungen aus der Zeit Anfang des 20. Jahrhunderts sind. Und so ist die These der »Reformpädagogik vor der Reformpädagogik« durchaus berechtigt. Wer an Comenius (1592–1670) und seinen Leitsatz »omnes omnia omnino« denkt, der sich schon für den Bildungszugang aller gesellschaftlichen Stände und für die Anschaulichkeit und Vielfalt der Vermittlungswege stark machte, oder natürlich an Jean-Jacques Rousseau und seine negative Erziehung, die Erfahrungen ermöglichen statt Moral lehren soll, der findet jede Menge wiederkehrende Motive. Diese beiden Namen stehen hier stellvertretend für Dutzende weitere, die sich in der pädagogischen Ideengeschichte mühelos finden. Ehrenhard Skiera und Michael Seyfarth-Stubenrauch haben einschlägige historische Traditionslinien bereits 1996 gut belegt (vgl. auch Matthes/Schütze 2018).

Was sich wie eine Zusammenfassung von Grundannahmen der klassischen Reformpädagogik liest, hat Adolf Diesterweg schon deutlich früher, nämlich 1852, mit Stoßrichtung gegen den kirchlichen Einfluss im Bildungswesen formuliert: »Die alte Schule lehrte Worte und Begriffe; die neue Schule lehrt anschauliches Erkennen. Die alte Schule übte das Wortgedächtnis; die neue Schule denkt auf Entwicklung des ganzen Menschen. Die alte Schule war eine Lernschule; die neue Schule ist eine Schule der That. Die alte Schule stellt die Lerngegenstände nebeneinander; die neue Schule verknüpft organisch-genetisch« (Diesterweg, nach Skiera 1996).

Nichtsdestotrotz dürfte die Dichte und Breite sowie die internationale Vernetzung der Pädagogen und Erziehungstheoretiker, die im ersten Drittel des 20. Jahrhunderts an neuen Konzepten arbeiteten, es nicht nur aus Gründen der Konvention rechtfertigen, die Bezeichnung »Reformpädagogik« weiterhin zu gebrauchen.

Eine Gesellschaft im Umbruch: Wachstum, Beschleunigung, Verunsicherung

> »Eins, zwei, drei! Im Sauseschritt, läuft die Zeit, wir laufen mit.«
>
> *Wilhelm Busch*

Sucht man nach Gründen dafür, warum die Ideen einer pädagogischen Erneuerung gerade in den Jahrzehnten des ausgehenden 19. Jahrhunderts gleichsam in der Luft lagen, dann stößt man darauf, dass diese Zeit von enormen sozialen und wirtschaftlichen Umbrüchen gekennzeichnet, das Lebensgefühl gleichzeitig von Dynamik und

Verunsicherung geprägt war. Einschneidende Veränderungen lassen sich schon an einigen wenigen Statistiken ablesen, die etwa das hohe Tempo der Industrialisierung und der Urbanisierung verdeutlichen. Auch die Bevölkerung nimmt schnell zu, damit einher geht eine Verjüngung. Umfasst die Zahl der Einwohner des Deutschen Reichs 1871 41 Millionen (76 Einwohner pro km^2), sind es 1890 schon 49 Millionen (91 Einwohner pro km^2) und 1910 65 Millionen (120 Einwohner pro km^2) Menschen. Vor allem die Städte wachsen enorm.

Voraussetzung und Folge dieser Entwicklung ist der sich gleichzeitig vollziehende Aufbau und Ausbau von Wissenschaft und Technik, von Verkehrswegen und Kommunikation. Dem Wachstum der Bevölkerung korrespondiert ein ebenso steiles Wachstum der Industrieproduktion, wobei sich ähnliche Entwicklungen auch in anderen Industrieländern vollziehen. So zeichnet sich bei den damaligen Großmächten in der Steigerung der Roheisenproduktion bereits die militärische Aufrüstung der Landstreitkräfte und vor allem des Flottenbaus ab.

Der große Kulturhistoriker Egon Friedell hat in seiner »Kulturgeschichte der Neuzeit« (erschienen 1927–1931) unübertreffliche Schilderungen dieser Zeit des Umbruchs geliefert:

> »Eine der wesentlichsten Veränderungen im äußeren Gestus des Zeitalters ist das Heraufkommen eines neuen Tempos: eilfertige Kleinbahnen, Großomnibusse, Tramways, anfangs mit Pferden oder Dampf, bald auch elektrisch betrieben, beherrschen das Stadtbild; Blitzzüge, von Jahr zu Jahr verbesserte Telephone, täglich wachsende Telegraphenanlagen besorgen den Fernverkehr. Dieses ebenso komplizierte wie zentralisierte Kommunikationssystem verleiht dem Menschen nicht bloß eine erhöhte Beschleunigung, sondern auch Allgegenwart: seine Stimme, seine Schrift, sein Leib durchmißt jede Entfernung, sein Stenogramm, seine Kamera fixiert jeden kürzesten Eindruck. Er ist überall und infolgedessen nirgends, umspannt die ganze Wirklichkeit, aber in Form von totem Wirklichkeitsersatz. Ein erschütterndes Symbol dieses Seelenzustandes ist der Untergang der ›Titanic‹, des größten Luxusschiffes der Welt, das bei seiner ersten Ausfahrt den Schnelligkeitsrekord schlägt, aber um den Preis des Todes. Ins Humorhafte gewendet erscheint dasselbe Motiv in Jules Vernes ›Reise um die Erde‹; Phileas Fogg, dessen Leben sich bisher mit mathematischer Gleichmäßigkeit zwischen Club und Home abgespielt hat, rast um den Planeten, um zu beweisen, daß dies mit ebenso mathematischer Zuverlässigkeit in genau achtzig Tagen möglich ist: seine Romantik besteht in Eisenbahnstörungen, versäumten Schiffsanschlüssen und deren geistesgegenwärtiger Überwindung. Und noch ehe das Jahrhundert Abschied nimmt, erzeugt es die zwei größten Veränderer der äußeren Realität, die die neueren Zeiten erblickt haben: das Automobil und den Kinematographen« (Friedell 1979, S. 1351 f.).

In einer oft aufgegriffenen Charakteristik (vgl. z. B. Skiera 2010, S. 50 ff.) bezüglich der Entstehungsbedingungen der reformpädagogischen Bewegung sprechen Berg und Herrmann (1991) immer wieder von den inneren Widersprüchen, von denen die damalige Gesellschaft durchzogen war:

»In der wilhelminischen Ära stehen nebeneinander der Antimodernismus *und* die Hinwendung zur Moderne, kaiserliche Kunstpolitik *und* Secessionen, Militarismus *und* Friedensbewegung, Technikbegeisterung *und* Wissenschaftskritik, Weltläufigkeit *und* bornierter Nationalismus, volkstümelige Sehnsucht in die Vergangenheit *und* Avantgarde, Frauenemanzipation *und* Minderheitendiskriminierung, Faszination der Großstadt *und* Sehnsucht nach ›Natur‹, ästhetisches Raffinement *und* Sehnsucht nach dem ›Echten‹, nihilistischer Relativismus *und* Sehnsucht nach dem ›Wahren‹, Irreligiosität *und* Suche nach ›letzten Wahrheiten‹, Spießbürgerlichkeit *und* Libertinage, Autoritätsfixierung *und* Anarchismus. Es gab keine noch so extreme Position oder Weltanschauung, die nicht noch eine zusätzliche ideologische Verschärfung mit sich führte. Die Kultur des späten Kaiserreichs war charakterisiert durch Gegensätze und unüberbrückbare Widersprüche. Darin liegt ihre Faszination für uns begründet, sei es im Hinblick auf die unglaubliche geistige und künstlerische Produktivität und den wissenschaftlichen und technischen Erfindungsreichtum der Epoche zwischen 1885 und 1914, sei es angesichts ihres Weges in einen Untergang, der bis 1945 noch weitere Katastrophen nach sich zog« (Berg/Herrmann 1991, S. 22).

Zuletzt hat der Historiker Philipp Blom ein wegen seiner Anschaulichkeit zu Recht viel gelobtes Gesellschaftspanorama der Zeit vor dem Ersten Weltkrieg geliefert.[10] Unter dem Titel »Der taumelnde Kontinent« porträtiert er darin eine Epoche, in der viele Gewissheiten ins Wanken gerieten – und Triumph und Niedergang, wie etwa symbolisch im Untergang der Titanic 1912 verdichtet, sehr nahe beieinanderlagen. Der Klappentext fasst es prägnant zusammen:

»Es war eine atemlose Zeit. Freud erforschte die dunklen Seiten der Seele. Die Physik entdeckte das Geheimnis der Atome. Frauen forderten das Wahlrecht. Und der europäische Adel verabschiedete sich von der öffentlichen Bühne. In den rund 15 Jahren zwischen der Weltausstellung von 1900 und dem Beginn des Ersten Weltkriegs durchlebte Europa einen Taumel, der Alltag, Kunst, Wissenschaft und Politik erfasste. Das moderne Europa entstand: Und niemand ahnte, dass der Erste Weltkrieg seine Errungenschaften erst einmal zunichtemachen sollte.«

Das späte 19. Jahrhundert war nicht nur die Zeit großer Auswanderungswellen, einer Militarisierung in materieller und ideeller Hinsicht sowie des Kolonialismus, in den sich Deutschland als späte Nation auch noch einschalten wollte. Es war zudem eine Zeit starker Emanzipationsbestrebungen und wirkmächtiger sozialer Bewegungen – namentlich der Arbeiterbewegung, der Frauenbewegung und der Jugendbewegung. Insbesondere die Ideale der Jugendbewegung mit ihrer Suche nach dem echten, authentischen Lebensgefühl, der Betonung von Gemeinschaftserfahrungen und der Hinwendung zu Landleben, Wandern und Volkskultur (»Zupfgeigenhansel«) waren für viele pädagogische Reformer eine wichtige Richtschnur.

---

10 Eine eindrucksvolle dreiteilige Filmdokumentation zu »Der taumelnde Kontinent« mit dem Historiker Philipp Blom konnte man auf 3SAT (und immer noch auf YouTube) sehen.

Kulturkritik

Die klassischen Gesamtdarstellungen der Reformpädagogik beginnen in der Regel mit der Ende des 19. Jahrhunderts vor allem von Nietzsche, de Lagarde und Langbehn formulierten Kritik an der damaligen Gesellschaft (vgl. Röhrs 1980, Scheibe 2010, Skiera 2010). Ausgangspunkt dieser Kritik war das Missverhältnis zwischen der aufblühenden äußeren Welt (enormer wirtschaftlicher Aufschwung Deutschlands, lange Friedensperiode) und der empfundenen inneren, kulturellen Verarmung des Menschen: »Dem materiellen Aufschwung entsprach ein kultureller Niedergang. [...] Der Profit, die Äußerlichkeiten eines tonangebenden ›Lebensstandards‹ wurden zu Götzen, die wirkliche sittliche Maßstäbe, echte menschliche Erlebnisse und Bezüge und nicht zuletzt auch innere Religiosität immer mehr verdrängten« (Klönne 1957, S. 4).

In den Schriften von Nietzsche, de Lagarde und Langbehn wird vor allem das Bildungswesen für den kulturellen Verfall verantwortlich gemacht. Nietzsche beklagt das Übermaß an historischer Bildung, das die Deutschen mit sich herumschleppten. Das Resultat davon, dass die Schüler mit unzähligen, toten Begriffen aus der Vergangenheit aufgefüllt würden, seien »schwache Persönlichkeiten« und »wandelnde Enzyklopädien«. Diese »Bildungsphilister« seien zwar gelehrt, aber völlig lebensfremd und lebensuntauglich, da sie von wirklicher Empfindung und Erfahrung durch die einseitige Dominanz des Intellekts abgeschnitten seien. Nietzsche findet leidenschaftliche Worte für seine Diagnose: »O wer erzählt uns die ganze Geschichte der Narcotica! – Es ist beinahe die Geschichte der ›Bildung‹, der sogenannten höheren Bildung!« (Nietzsche 1988, S. 444).

Neben der einseitigen Intellektualisierung gerät die zunehmende und früh einsetzende Spezialisierung in die Kritik. Der Mensch, der auf einem Spezialgebiet zwar geschult sei, in anderen Bereichen aber verkümmere, wird zum Krüppel: »›Was ist die Aufgabe alles höheren Schulwesens?‹ Aus dem Menschen eine Maschine zu machen [...]. ›Wer ist der vollkommene Mensch?‹ Der Staats-Beamte« (Nietzsche 1988a, S. 129).

Ähnlich schrille Töne schlägt Paul de Lagarde in seinen »Deutschen Schriften« (1878) an. Auch er vermisst den Tatmenschen mit echten Idealen, geißelt die Verwissenschaftlichung, die Lebensfremdheit und die historische Orientierung der Bildung der Deutschen. Die Schule kratze von allen Tellern die Reste der Vergangenheit zusammen und mute der Jugend zu, »wie ein Lumpensammler in diesem Kehricht nach dem zu suchen, was sie brauchen kann« (nach Schwenk 1974, S. 488). »Drei Dinge sind der Ertrag unserer Bildung: schlechte Augen, gähnender Ekel vor allem, was war, und die Unfähigkeit zur Zukunft« (nach Röhrs 1980, S. 36).

Als dritter »geistiger Wegbereiter« der späteren Reformpädagogen gilt Julius Langbehn mit seinem Buch »Rembrandt als Erzieher« (1889). Schon der erste Satz dieses epochemachenden Buches (es erreichte bis 1925 nicht weniger als 66 Auflagen!) lautet: »Es ist nachgerade zu einem öffentlichen Geheimnis geworden, daß das geistige Leben des deutschen Volkes sich gegenwärtig in einem Zustand des langsamen, einige meinen auch des rapiden Verfalls befindet« (Langbehn 1966, S. 7). In Rembrandt sieht Langbehn das Vorbild für echtes, schöpferisches Menschentum, in der Kunst das Mittel, aus den Deutschen wieder lebendige Menschen zu machen und damit eine »echt germanische Entwicklung« (!) einzuleiten. Über die moderne Bildung sagt er, sie sei »wissenschaftlich und will wissenschaftlich sein; aber je wissenschaftlicher sie wird, desto unschöpferischer wird sie.« Kunst (im Gegensatz zur Wissenschaft) und Gefühl (im Gegensatz zum Verstand) sollen in der Erziehung die Hauptrolle spielen: »Stellt man den Begriff der Kunst, der logisch an die Spitze des menschlichen Lebens gehört, auch real an die Spitze desselben, so ist die Aufgabe einer wahrhaften Bildung gelöst« (Langbehn 1966, S. 7).

Die von Nietzsche, de Lagarde und Langbehn polemisch vorgetragene Kritik lässt sich so zusammenfassen:

- Das kulturelle Leben verfällt.
- Im Bildungswesen wird sowohl die Ursache dieses Verfalls als auch der Hebel zur Erneuerung gesehen.
- Das damalige Bildungssystem wird als zu intellektualistisch, zu spezialisiert, als an Vergangenes und damit an Totes gebunden gekennzeichnet.
- Die geforderte neue ganzheitliche, umfassende, »echte« Menschenerziehung soll am Lebendigen, an Kunst, am Deutschtum orientiert sein. Der Massenmensch soll von starken Individuen abgelöst werden. An die Stelle passiver Gelehrtheit soll die aktive, willensstarke, im Gefühl verankerte Tatkraft treten, die schöpferisch Neues schaffen kann.

Die praktische Verwirklichung dieses theoretischen Programms war das Anliegen der pädagogischen Reformprojekte, die nicht nur in Deutschland, sondern international in den ersten drei Jahrzehnten des 20. Jahrhunderts in großer Zahl entstanden sind. Ob man an John Dewey in den USA, an Anton Semjonowitsch Makarenko in der UDSSR, an Maria Montessori in Italien, an Célestin Freinet in Frankreich, an Alexander Sutherland Neill in England oder an den Österreicher Rudolf Steiner denkt, der in Deutschland seine erste Schule konzipierte und in der Schweiz den Hauptsitz seiner Bewegung installierte – die Ideen einer Erneuerung der Gesellschaft durch Bildung und die Ausarbeitung neuer Bildungskonzepte waren ein internationales Programm. Ein Programm, dem jeweils auch ein weltanschauliches Sendungsbewusstsein zugrunde lag, insofern die pädagogischen Bemühungen letztlich auch immer mit gesellschaftspolitischen Zielen verknüpft waren. Man wollte nicht nur diese oder jene Erziehungsmethode einführen, dieses oder jenes Bildungsziel erneuern – man wollte nicht weniger als den Boden bereiten für einen neuen Menschen und eine neue Gesellschaft.

Lebensreform und Jugendbewegung

Nicht zufällig findet sich parallel zu den Bestrebungen für eine neue Pädagogik in der Zeit des Übergangs vom 19. zum 20. Jahrhundert eine breite gesellschaftliche Neuorientierung, die ihren Höhepunkt in der sogenannten Lebensreformbewegung Anfang des 20. Jahrhunderts erreicht. Die Reformpädagogik kann dementsprechend auch als Teil dieser zivilisationskritischen und auf eine umfassende Erneuerung der Alltagskultur zielenden Bewegung eingeordnet werden. Wenn heute Gesundheitsbildung immer seltener auf Krankheitsvermeidung reduziert wird, dann nähern sich diesbezügliche Reformprogramme in gewisser Hinsicht auch wieder an die historischen Ursprünge der Reformpädagogik an. Die vielschichtige Lebensreformbewegung soll deshalb hier wenigstens stichwortartig skizziert werden.

Ende des 19. Jahrhunderts beginnt sich eine neue Sicht auf Ernährung, Bekleidung, Körperlichkeit und Lebensführung durchzusetzen. Man verlangt nach naturbelassenen statt industriell produzierten Lebensmitteln, propagiert eine nicht zivilisatorisch-degenerierte Ernährung, und Genussmittel wie Tabak oder Alkohol geraten in Verruf. Kleidung soll nicht mehr einschnüren und vor allem Eindruck machen – Kleidung soll bequem und aus Naturmaterial sein. Der Reifrock (»Krinoline«), ein durch Reifen aus Holz, Fischbein oder Federstahl gespreizter Unterrock, gerät in die Kritik – nicht zuletzt, weil es zahlreiche tödliche Unfälle gab, wenn die ausladenden Röcke z. B. Feuer fingen und sich die Frauen ohne fremde Hilfe nicht aus ihnen befreien konnten. Ärzte warnen vor Organdeformationen infolge der Schnürbrust (»Korsett«), und allerlei oft sackartige »Reformkleider« werden entwickelt.

In der parallel entstehenden Freikörperkultur (FKK) verzichtet man gleich ganz auf Kleidung und zelebriert »Lichtbäder«. 1906 gibt es in Deutschland 105 sogenannte Luftbäder. Auch Vollwertkost und Vegetarismus gewinnen in dieser Zeit an Einfluss. Der Schweizer Arzt und Ernährungsreformer Bircher-Benner entwickelt eine Rohkost-Diät, deren berühmtester Bestandteil das »Birchermüesli« ist. Im Jahr 1900 öffnet in Wuppertal-Barmen das erste Reformhaus (»Reformhaus Jungbrunnen«); 1909 gründen 18 Unternehmer die »Vereinigung Deutscher Reformhausbesitzer«. Die Naturheilkunde nimmt einen ungeheuren Aufschwung – auch durch Rückgriff auf ältere Verfahren wie Homöopathie oder Kneipp-Kuren. Die Rückkehr zu einer naturgemäßen Lebensweise, die Weckung der Selbstheilungskräfte des Körpers und der Einsatz natürlicher Heilmittel wie Wasser, Wärme und Luft gewinnen als Therapieverfahren viele Anhänger. 1883 wird der »Deutsche Verein für Naturheilkunde und für volksverständliche Gesundheitspflege« gegründet.

Die Lebensreformbewegung findet auch Ausdruck auf architektonischem Gebiet, indem neue Siedlungsformen und neue Formensprachen (Jugendstil, Bauhaus) entwickelt werden. Den Künsten in allen Sparten und insbesondere auch neuen Formen des Ausdruckstanzes (nicht zuletzt der Eurythmie) kommt eine besondere Bedeutung zu. In Künstlerkolonien wie Worpswede (ab 1889) oder Monte Verita (ab

1900) entstehen zugleich neue soziale Experimente wie auch Wallfahrtsorte. Spirituelle und esoterische Lehren werden neu kreiert oder – bevorzugt aus Indien – importiert.

Insgesamt werden diese Strömungen als Gegenbewegung gegen den beschleunigten gesellschaftlichen Wandel, den technischen Fortschritt und das wirtschaftliche Wachstum interpretiert. Der Verlust an Naturbezug in den schnell wachsenden Städten und die rasante Industrialisierung lassen ein Entfremdungsgefühl und eine Zivilisationskritik entstehen, die das Rousseausche »Zurück zur Natur« besonders attraktiv machen. Dem vorherrschenden Fortschrittsnarrativ wird ein Verfallsnarrativ entgegengestellt, das – oft religiös überhöht – Rettung nur in der Rückwendung zum vermeintlich Ursprünglichen erwarten lässt.

Auch wenn sich insgesamt die Thematisierung von Gesundheit im schulischen Kontext im Laufe der Jahre deutlich verändert hat, finden bis heute populäre Lebens- und Ernährungsweisen in dieser Zeit ihren Ursprung. Gerade ein umfassendes Gesundheitsbildungskonzept führt zweifellos mitten hinein in die alten und neuen Konzepte einer Reformpädagogik als Lebensreform. Wobei ein wichtiger Unterschied sicher darin liegt, dass heutige Bemühungen um eine gesundheitsförderliche Schule sich meist weniger an religiös überhöhte Heilserwartungen knüpfen, sondern sich eher pragmatisch an einem Raster von Handlungsfeldern orientieren.

Es wundert nur mäßig, dass auch die Beziehung der Jugendbewegung zur Reformpädagogik, die lange Zeit als personell wie ideell stark verknüpft galt, inzwischen einer Neubewertung unterzogen wurde. Winfried Mogge (2013, S. 216) jedenfalls vertritt die These, dass es nur vereinzelte Berührungspunkte gegeben habe, aus denen erst im Nachhinein eine nähere Verwandtschaft konstruiert wurde. Auch wird von heutigen Historikern Wert gelegt darauf, dass es *die* Jugendbewegung nicht als einheitliche Formation gab, sondern dass sich eine bunte Vielzahl unterschiedlicher Strömungen damals aufmachte, für die junge Generation einen gesellschaftlichen Gestaltungsanspruch anzumelden. Mindestens unterscheiden kann man die bürgerlichen, die proletarischen und die konfessionellen Jugendbewegungen. Ein gemeinsames Merkmal der verschiedenen Richtungen war das Selbstverständnis als Erziehungsgemeinschaft, die Gesellungsformen Bund oder Gruppe, in denen man ein weitgehend von Erwachseneneinflüssen freies Gemeinschaftserlebnis suchte. Als bekanntester Verband kann der 1901 in Berlin Steglitz gegründete »Wandervogel, Ausschuß für Schülerfahrten e.V.« gelten, der so etwas wie die Keimzelle der von verschiedenen jugendbewegten Organisationen als Dachverband gegründeten »Freideutschen Jugend« war.

»Ihr Wandervögel in der Luft,
im Ätherglanz, im Sonnenduft,
in blauen Himmelswellen,
euch grüß' ich als Gesellen!
Ein Wandervogel bin ich auch,
mich trägt ein frischer Lebenshauch,
und meines Sanges Gabe
ist meine liebste Habe.«

Otto Roquette (1824–1896)

Die engste konkret nachweisbare Verbindung gingen Jugendbewegung und Reformpädagogik wohl in der umstrittenen Person Gustav Wynekens ein. Die von Wyneken mitgegründete »Schulgemeinde« Wickersdorf bei Saalfeld im Thüringer Wald wurde zum Leitbild der Vorstellungen von Gemeinschaftserziehung und zeitweise eine Art Wallfahrtsort für Jugendbewegte, Studenten und Junglehrer. Schülermitbestimmung in Fragen des Unterrichts und des Schullebens verband sich mit einem anspruchsvollen intellektuellen und musischen Programm unter Einbeziehung handwerklicher und landwirtschaftlicher Arbeit, Sport und Schwimmen. Lebensreformerische Kleidung und Ernährung sowie Abstinenzgebote bezüglich Tabak und Alkohol dienten einem hohen Ideal »überindividuellen Bewusstseins«. »Wickersdorf bedeutete für Wyneken mehr als eine Schule. Für ihn war es ein geistiger Organismus, ein neuer Typ geistigen Gesamtlebens, das strukturiert war durch das Treueverhältnis zwischen Führer und Gefolge, Meister und Jünger« (vgl. Mogge 2013, S. 229).

Bei der großen Zusammenkunft der Jugendverbände der Freideutschen Jugend, im Jahr 1913 am Hohen Meißner aus Anlass des 100. Jahrestags der Völkerschlacht bei Leipzig, hielt Wyneken die Festrede. Wobei diese öffentliche Kundgebung eher als pazifistische Gegenveranstaltung zur damaligen Einweihung des Völkerschlachtdenkmals bei Leipzig angesetzt war, wo etwa der eher nationalistisch eingestellte Hermann Lietz feierte. Die berühmt gewordene gemeinsame Erklärung, die als »Meißnerformel« in die Geschichtsbücher einging, zeugt von großem Selbstbewusstsein, aktivem Gestaltungswillen und einem missionarischen Geist, mit dem die Jugend eine neue, bessere Gesellschaft aufbauen will: »Die Freideutsche Jugend will aus eigener Bestimmung, vor eigener Verantwortung, mit innerer Wahrhaftigkeit ihr Leben gestalten. Für diese innere Freiheit tritt sie unter allen Umständen geschlossen ein. Zur gegenseitigen Verständigung werden Freideutsche Jugendtage abgehalten. Alle gemeinsamen Veranstaltungen der Freideutschen Jugend sind alkohol- und nikotinfrei« (Mogge 2013, S. 234).

1) New Education Fellowship: Die Reformpädagogik als internationale soziale Bewegung. Internationale Tagung des Weltbundes für die Erneuerung der Erziehung, 1925 in Heidelberg

2) Lebensreform um 1900: Zurück zur Natur? Ackerbau in der vegetarischen Siedlung Monte Verità, 1907

3) Kunsterziehungsbewegung: Plakat des Künstlers Fidus zur Berliner Ausstellung »Die Kunst im Leben des Kindes«, 1901

Kunsterziehungsbewegung

Die pädagogische Erneuerungsbewegung zu Beginn des 20. Jahrhunderts wollte der »intellektualistischen« Buchschule eine lebendige »Pädagogik vom Kinde aus« entgegensetzen. Die Reformpädagogen propagierten natürliches Wachsenlassen, authentische Erfahrung und gemeinschaftliches Handeln – anstelle von toter Gelehrsamkeit und trockenem Bildungsphilistertum. Eine der wichtigsten, bis heute nachwirkenden Strömungen war die sogenannte Kunsterziehungsbewegung, die einen besonderen Schwerpunkt auf freies künstlerisches Schaffen legte. Kunst sollte der Mittelpunkt der Pädagogik aber auch insofern sein, als der Lehrer und Erzieher sein Tun als künstlerisches verstehen sollte. Wie der Bildhauer aus einer Idee eine Plastik erschafft, so braucht auch der Pädagoge einen Leitgedanken, dem er in seiner Begegnung mit Kindern und Heranwachsenden folgt. Und wie der Bildhauer auf die Beschaffenheit des Materials Rücksicht nehmen muss – Holz verhält sich anders als Stein, Granit anders als Sandstein etc. – und im ständigen Wechsel zwischen Formen und Beobachten, Planen und Ausführen sein Werk erschafft, so soll auch der Lehrer vor allem ein aufmerksamer Beobachter sein, ständig bereit, auf erwartete und unerwartete Reaktionen der Schüler neu zu reagieren. Wie der Künstler sein Material und sein Werkzeug kennen muss und wissen muss, wann welches zum Einsatz kommt, so muss der Lehrer über sein methodisches und didaktisches Handwerkszeug souverän verfügen.

Nicht nur die Pädagogen, die sich für eine Reform des Unterrichts in Bildender Kunst oder Darstellendem Spiel einsetzten, werden in diesem Sinne zur Kunsterziehungsbewegung gerechnet. Die hohe Bedeutung, die dem künstlerischen Empfinden und Gestalten in allen Lebensbereichen und insbesondere auch in Erziehungs- und Bildungsprozessen zugesprochen wurde, kann als eine Gemeinsamkeit der allermeisten reformpädagogischen Ansätze verstanden werden. Kunst hatte dementsprechend vor allem drei Funktionen: Kunst selbst galt als wichtiges Erziehungsmittel, künstlerisches Gestalten sollte in allen Unterrichtsteilen als integrales Prinzip gelten, und schließlich sollte der Lehrer das Erziehen selbst als künstlerische Aufgabe verstehen. Somit bildete Kunst ein Gegengewicht zu der als zu dominant empfundenen wissenschaftlich-technischen Zivilisation.

Schon Langbehn (s. o.) sah in der Kunst das Erziehungsmittel schlechthin. In der Kunsterziehungsbewegung, die Röhrs (1980, S. 73–91) in drei Phasen untergliedert, wird dieser Gedanke vor allem in der zweiten Phase betont. Die erste Phase war noch entscheidend bestimmt durch Alfred Lichtwark, den Leiter der Hamburger Kunsthalle. Als »Erziehung zur Kunst« lässt sich sein Hauptanliegen charakterisieren, das motiviert war nicht nur aus kulturkritischen, sondern auch aus wirtschaftlichen Erwägungen: Er wollte den Niedergang des deutschen Kunsthandwerks aufhalten, das er z. B. gegenüber dem englischen stark ins Hintertreffen geraten wähnte. Nicht auswendig gelernte Beurteilungsmaßstäbe, sondern tiefes Nachempfinden von Kunstwerken sollte der Kunstunterricht vermitteln: »Unsere Kinder sollen nicht über Kunst schwatzen, sondern Kunst sehen und genießen lernen« (Lange 1902).

Die zweite Phase war gekennzeichnet durch die Reform der musischen Fächer im Hinblick auf weniger schablonenhaftes Üben, mehr Eigeninitiative und vor allem im Hinblick auf das »Selbertun«. Auf dem Höhepunkt dieser Phase fanden die drei Kunsterziehungstage statt, die 1901 in Dresden »Bildende Kunst«, 1903 in Weimar »Sprache und Dichtung« und 1905 in Hamburg »Musik und Gymnastik« als Mittelpunkt hatten. Die leitenden Gedanken dieser Phase wurden von Gustav Hartlaub, dem Verfasser des programmatischen Buches »Der Genius im Kinde« (1922), in einem Rückblick so charakterisiert: »Erziehung durch Kunst war ihr hohes Ziel. Indem man die formalen Werte eines Kunstwerks, die Kraft seines Aufbaus, die Zucht seiner Gestaltung, die Geschlossenheit seiner Mittel nacherlebte, wollte man selbst als Charakter, als Mensch in der Fülle seiner Eigenschaften und Tätigkeiten sich die Kraft zur Selbstgestaltung, zur inneren Harmonie heranbilden. Das Erleben des Kunstwerks sollte den Menschen befähigen, selbst in der Summe seiner Lebensäußerungen zum Kunstwerk zu werden, schön und gut im Sinne des griechischen Vollkommenheitsideals zu sein« (nach Lorenzen 1966, S. 67 f.).

Die dritte Phase der Kunsterziehungsbewegung schließlich sieht Röhrs bestimmt durch die Tendenz, »daß die Kunst im Unterricht keine Disziplin mehr sein solle, sondern ein Prinzip« (1980, S. 83). Heinrich Wolgast, einer der Kunstverfechter, formulierte diese Absicht so: »Es handelt sich auch nicht darum, eine bisher brachliegende Ecke des pädagogischen Gebietes nachträglich unter Kultur zu nehmen, sondern wir wollen den ganzen Acker umpflügen« (nach Lorenzen 1966, S. 17).

Das Motiv der »Erziehung als Kunst« ist vielleicht von den Waldorfpädagogen am intensivsten aufgegriffen worden – es findet sich aber bei vielen der damaligen Schulreformer. Schon 1904 schrieb beispielsweise der Bremer Lehrer Heinrich Scharrelmann: »Hat man vergessen, daß unsere ganze Berufsarbeit ihrem Wesen nach Kunst ist? Daß wir auch ohne Pinsel und Zeichenblatt täglich und stündlich künstlerischen Aufgaben gegenüberstehen?« (nach Lorenzen 1966, S. 82).

Wenn man danach fragt, was heute aus den skizzierten Ideen geworden ist, fällt die Antwort zwiespältig aus. Auch für viele der heutigen pädagogischen Reformer stehen Theaterspielen, künstlerische Projekte oder Tanzworkshops weiterhin ganz oben auf der Liste der pädagogisch wertvollen Aktivitäten. Das gilt nicht nur für die Waldorfschulen, die vielleicht das am stärksten ausgeprägte künstlerisch-musische Profil aufweisen. Es gilt genauso für viele Montessori-Schulen, für Schulen in der Jena-Plan- oder der Sudbury-Tradition.

Für die Regelschulen freilich ist in diesem Punkt fast so etwas wie eine pädagogische Antinomie, manche meinen auch eine bildungspolitische Schizophrenie zu konstatieren. Denn auf der einen Seite ist die Verzweckung der künstlerischen Unterrichtsbestandteile, ihre Funktionalisierung im Sinne einer immer stärker auf PISA-kompatible Kernbereiche ausgerichteten Leistungsorientierung festzustellen. Auf der anderen Seite haben Projekte kultureller Bildung im außerschulischen Bereich, im Nachmittagsbereich der Ganztagsschulen und manchmal auch als Gegengewicht im Regelunterricht in den letzten zehn, fünfzehn Jahren eine enorme Konjunktur. Doch der Reihe nach.

Die neue Bezugnahme auf den Kompetenzbegriff anstelle des Bildungsbegriffs, auf die Bildungsforschung und Bildungspolitik seit PISA stolz sind, wird gemeinhin als Wende hin zu praxisnahen, umsetzungsorientierten Fähigkeiten dargestellt. Nicht länger sollen totes Wissen und schablonenhaftes Anwenden auswendig gelernter Formeln vermittelt und getestet werden, sondern alltagsnahe Problemlösekompetenzen. So die Theorie. Was das konkret bedeutet, hat Tabea Raidt (2010, S. 125 ff.) am Beispiel einer detaillierten Analyse der Lehrplanvorgaben zu Musik in der Grundschule nachgezeichnet. Der eingehende Vergleich der baden-württembergischen Bildungspläne von 1994 und 2004 zeigt nicht nur die Veränderungen im »Wording«. Der Vergleich zeigt auch, dass die jüngeren Fortschritte der Bildungspolitik in Sachen Qualitätssicherung, Orientierung an Effizienz und anwendungsbezogenen Kompetenzmodellen durchaus janusköpfig sind. Ihnen steht jedenfalls ein Verlust an kultureller Einwurzelung und an identitätsstiftender materialer Bildung gegenüber. Im genannten Beispiel zum Thema »Musik in der Grundschule« bot der ältere Bildungsplan aus dem Jahr 1994 im Vergleich zu dem des Jahres 2004 noch deutlich konkretere Hinweise: »Er enthält den Umgang mit und das Einüben von Liedern, Regeln und Inhalten des Musizierens, musikalische Begriffe und Zeichen, Verläufe und Strukturen von Musikstücken, Stimmbildung und die Fähigkeit zum musikalischen Hören. [...] Im Gegensatz zum Bildungsplan 2004 enthält der Bildungsplan 1994 auch das Wecken von ›Freude an musikalischer Tätigkeit‹ [...]. Zwar enthält der Bildungsplan 2004 auch die ›Freude‹, doch in einer eher funktionalisierenden Form: die Schüler/-innen sollen ›aus praktischem musikalischem und künstlerischem Tun Freude und Zuversicht in die eigene Leistungsfähigkeit entwickeln‹« (Raidt 2010, S. 126).

Musikalische Bildung, Musik hören und verstehen oder sogar Musik selber machen wird im neuen Lehrplan auf das Mittel zum Zweck der allgemeinen Leistungssteigerung verkürzt. Hinzu kommt, dass heute auch in Grundschulen oft schon mehr Zeit auf Texte über Mozarts Lebensdaten oder seine wichtigsten Werke verwendet wird als auf das gemeinsame Singen und Musizieren.

Der angesprochene Gegentrend zeigt sich in zahlreichen außercurricularen Projekten der kulturellen Bildung auch an Schulen und erreichte mit dem vor allem im Bildungsbürgertum sehr gut aufgenommenen dokumentarischen Kinofilm »Rhythm is it« von 2004 einen ersten symbolischen Höhepunkt. In ihm spielten der Stardirigent der Berliner Philharmoniker, Sir Simon Rattle, und ein inzwischen ebenfalls ziemlich berühmter Tanzpädagoge und Choreograf, Royston Maldoom, wichtige Rollen. Der Film begleitet ein Projekt mit 250 Kindern und Jugendlichen (vorwiegend von Berliner »Problemschulen«) aus 25 Nationen, die unter Maldooms Anleitung die Aufführung von Igor Stravinskys Ballett »Le sacre du printemps« in nur sechs Wochen einstudieren und erfolgreich zur Aufführung mit den Berliner Philharmonikern bringen.

Tanz in allen Stilrichtungen von Hiphop bis Jazzdance, Kooperationen mit Museen und Literaturbüros, Rhythmus, Instrumentalmusik und Gesang, Bildhauerei und Comic-Zeichnen, Videoclips und Blogproduktion haben seither einen enormen Aufschwung in der Jugendarbeit und auch in schulischen Angeboten erlebt. Oft gefördert von Stiftungen, aber auch von Kommunen und Landesregierungen, hat das Tätigkeitsfeld »Kulturelle Bildung«, früher vielleicht die Domäne einiger weniger Museumspädagogen, dramatische Steigerungsraten erfahren.

»Wer viel Theater spielt, wird gut in Mathematik« (Enja Riegel). »You can change your life in a dance class« (Royston Maldoom). Mit derartiger Programmatik versuchen Anhänger der kulturellen Bildung eine Brücke zu bauen, um ihr Anliegen PISA-konform zu formulieren. Um somit in Zeiten, in denen die Quartilsabstände von Kompetenzstufen, Employability und Soft Skills die Rhetorik der Bildungsdebatten dominieren, darauf hinzuweisen, dass das Musische, Künstlerische, Kunsthandwerkliche doch nicht ganz aus der Schule verschwinden dürfe. Elemente praxisorientierter kultureller Bildung, zum Beispiel musische Fächer wie Tanz oder Gesang, fristeten an den Schulen oft ein Schattendasein. Heute werden Aspekte der kulturellen Bildung verstärkt diskutiert – auch als eine mögliche Antwort auf die deutschen PISA-Ergebnisse, wie selbst die Kultusministerkonferenz einräumt: »Auf Bildungsseite hat der PISA-Schock dazu geführt, Standards zu überdenken und neue Wege der Förderung von Kreativität und Zukunftsfähigkeit zu suchen. Hier muss sich die kulturelle Kinder- und Jugendbildung einbringen. Sie verfügt über wertvolle Potenziale, Kreativität und zukunftsfähige Kompetenzen zu vermitteln« (KMK 2007).

Tanz- und Gesangsprojekte mit Jugendlichen in der Schule werden weniger als Selbstzweck, sondern verstärkt als Mittel zur Persönlichkeitsbildung gesehen. Nicht zuletzt wird mit musischen Schulfächern die Hoffnung verbunden, dass sie zu einer allgemeinen Verbesserung der schulischen Leistungen beitragen. Bisher gibt es aber erst wenige empirische Studien zur Wirksamkeit von musischen und kulturellen Projekten mit schulpädagogischem Hintergrund. Brauchen wir kulturelle Bildung in der Schule als Bestandteil eines umfassenden Bildungsverständnisses? Kann Gesangs- und Instrumentalunterricht gemäß der viel diskutierten These »Mozart macht schlau« als Mittel zur Ausbildung von Schlüsselqualifikationen dienen?

Die Landerziehungsheime

Für die Geschichte und Gegenwart der Reformpädagogik kommt den Landerziehungsheimen fast so etwas wie eine Schlüsselrolle zu. Denn sie stehen mit den ersten Schulgründungen noch in den letzten Jahren des 19. Jahrhunderts – also circa ein Jahrzehnt vor Montessoris erstem Kinderhaus – nicht nur zeitlich am Anfang. Sie stellen mit dem umfassenden Anspruch und der alle Lebensbereiche auch jenseits des Unterrichts tangierenden Einflussmöglichkeit auf den kompletten Tagesablauf auch das dichteste pädagogische Setting dar. Gleichzeitig waren gerade die Landerziehungsheime immer wieder starker Kritik ausgesetzt, die sich am paramilitärischen Geist, an der deutschnationalen Ausrichtung, an den autokratischen Führungsfiguren oder – und hier spannt sich der Bogen von den Anfängen bis zur Gegenwart – an der strukturellen Begünstigung von sexuellem Missbrauch in den familienähnlichen Formen des engen Zusammenlebens von Heranwachsenden und ihren Erziehern und Lehrern festmachte. In der Folge des größten Missbrauchsskandals an einem der bekanntesten deutschen Landerziehungsheime, der Odenwaldschule, wurde denn auch seit 2010 öfter schon das Ende, mindestens aber die endgültige Entzauberung der Reformpädagogik verkündet. In der Tat bedeutete dieser Skandal, in dem gleich zwei der einflussreichsten Wortführer der deutschen Reformpädagogik zentrale Rollen spielten, nämlich Gerold Becker als Täter in der Funktion des langjährigen Schulleiters und dessen Lebensgefährte Hartmut von Hentig als Gründer einer anderen reformpädagogischen Vorzeigeanstalt, der Laborschule Bielefeld, eine massive Erschütterung für das Selbstverständnis, aber auch für die öffentliche Reputation aller reformpädagogisch Ambitionierten. Fakt ist, dass die Odenwaldschule im Jahr 2015 ihren Schulbetrieb eingestellt hat. Die Vereinigung Deutscher Landerziehungsheime, deren Vorstandsvorsitzender Gerold Becker von 1986 bis 1999 war, hat sich aufgelöst, und die verbliebenen Schulen haben sich 2012 als »Die Internate Vereinigung e.V.« reorganisiert.

Auch jenseits der alles überschattenden Diskussionen über den jahrzehntelangen Missbrauch an der Odenwaldschule und den anhaltenden Streit um die geeignete Form, die adäquaten Maßnahmen zu seiner Aufarbeitung, haben Internate heute ein ambivalentes Image. Das Leben in einer Gruppe Gleichaltriger, mit denen man eben nicht nur die Schulvormittage, sondern den ganzen Tag gemeinsam verbringt, hat ebenso faszinierende Seiten, wie die oft strengen Regeln, deren Einhaltung theoretisch 24 Stunden kontrolliert wird, eine gefängnis- oder mindestens kasernenartige Anmutung mit sich bringen. Dementsprechend gibt es beides: eine schwärmerische Sehnsucht nach dem Leben im Internat und das Internat als gefürchtete Endstation für Kinder und Jugendliche, die sich den elterlichen Erziehungsversuchen dauerhaft widersetzen. Sprichwörtlich formuliert als: »Wenn du nicht brav bist, musst du ins Internat«, was eher der deutschen Sicht auf das Internat entspricht. Und: »Wenn du nicht brav bist, darfst du nicht ins Internat«, was man gerne als die englische Sichtweise apostrophiert.

Auch für die Unterhaltungsbranche ist das Internatsleben ein griffiger Topos: Vom dauerhaften Erfolg des Kinderbuch- und Hörspiel-Klassikers »Hanni und Nanni« – basierend auf dem englischen Original »St. Clare's« von Enid Blyton aus den 1940er Jahren – bis zur Fernsehserie »Schloss Einstein« (KiKA, seit 1998), die inzwischen bei 20 Staffeln bzw. bei bald tausend Folgen angekommen ist und sich offenbar immer noch großer Beliebtheit erfreut, zeigen sich Generationen von Heranwachsenden vom Format des Internatslebens als einer Art Gesellschaft en miniature angezogen. Auch ins Reality-TV haben es die Landerziehungsheime immer wieder geschafft. Im Februar und März 2017 etwa lief ein kleines Porträt der Hermann-Lietz-Schule Spiekeroog (»Das Inselinternat«, ZDF, fünf Folgen). Ebenfalls fünf Folgen waren 2005 dem wohl berühmtesten deutschen Landerziehungsheim, der Schule Schloss Salem gewidmet (»Das Internat Schloss Salem«, ARTE).

Die Gründer und ihre Ideen

Am Ursprung der deutschen Landerziehungsheimidee steht eine Reise des Pädagogen Hermann Lietz (1868–1919) nach England in den Jahren 1896/97. Lietz, der Theologie, Philosophie und Deutsch studiert, über Auguste Comte promoviert und die Staatsprüfung für das höhere Lehramt in Jena abgelegt hatte, sammelte seine ersten praktischen Lehrerfahrungen an der Universitätsübungsschule bei Wilhelm Rein, ebenfalls in Jena. Im Bestreben, der als trocken und intellektualistisch, als lebensfern und auf Vergangenes fokussierten Paukschule eine neue Form der Erziehung unter Einbeziehung von Handwerklichem, Gemeinschaftsorientierung und Selbsterziehung entgegenzusetzen, hatte er sich für die neuen Methoden begeistert, die Cecil Reddie in seiner 1889 gegründeten *New School Abbotsholme* umzusetzen versuchte: einfache, gesunde Lebensweise, viel körperliche Betätigung und ein hohes Gemeinschaftsideal. Die Erfahrungen seines Aufenthalts bei Reddie in England standen Pate in seiner programmatischen Schrift »Emlohstobba« (Anagramm von Abbotsholme), einer Abrechnung mit der alten Pädagogik und einem Plädoyer für eine Schule, die das Leben und die Tatkraft lehrt. Seine neuen pädagogischen Ideale versuchte Lietz in seinem am 28. April 1898 in Ilsenburg am Harz eröffneten ersten deutschen Landerziehungsheim, der »Pulvermühle«, in die Praxis umzusetzen. Der Anfang war bescheiden mit sieben Jungen, einigen wenigen Lehrern und einer Hausdame. Aber es folgten bald weitere Gründungen: in Haubinda in Thüringen 1901 für die Mittelstufe (Ilsenburg wurde fortan der Unterstufe zugewiesen), in Bieberstein in der Rhön 1904 für die Oberstufe und schließlich 1914 das Landwaisenheim Grovesmühle bei Veckenstedt am Harz. Lietz starb 1919 in Haubinda, nachdem er zunächst als Kriegsfreiwilliger gedient hatte und 1917 an Anämie erkrankte. 1920 wurde, dem testamentarisch verfügten Willen von Lietz entsprechend, die Stiftung Deutsche Landerziehungsheime ins Leben gerufen. Weitere Gründungen folgten: 1923 Ettersburg bei Weimar, 1924 Buchenau, 1928 Spiekeroog und 1941 Hohenwerda/Rhön.

Die Stiftung Deutsche Landerziehungsheime verwaltet bis heute (Stand 2017) die drei Lietz-Internate Haubinda, Bieberstein, Hohenwerda. Schulträger der Hermann-Lietz-Schule Spiekeroog ist die Hermann-Lietz-Schule gGmbH. Stark von Lietz beeinflusst ist auch eine ganze Reihe weiterer Internatsgründungen, von denen die wichtigsten sein dürften:

- Die *Freie Schulgemeinde Wickersdorf* bei Saalfeld im Thüringer Wald (1906), zunächst unter der Leitung des später wegen Pädophilie angeklagten Gustav Wyneken (1875–1964), gemeinsam mit anderen Pädagogen, die ehemals in Lietz-Heimen gearbeitet hatten, darunter auch Paul Geheeb.
- Paul und Edith Geheeb trennten sich wegen grundlegender pädagogischer Differenzen von Wyneken und gründeten die *Odenwaldschule Oberhambach* bei Heppenheim (1910). Nach der Emigration in die Schweiz gründeten die Geheebs 1934 die École d'Humanité, die seit 1946 in Goldern im Berner Oberland ihren endgültigen Standort gefunden hat.
- Die *Schule Schloss Salem*, 1920 von Kurt Hahn und Reichskanzler Prinz Max von Baden in dessen Besitz am Bodensee gegründet. Es folgte die Gründung mehrerer Zweig- und Schwesterschulen in Hermannsberg, Spetzgart, Hohenfels und Birklehof in Hinterzarten bei Freiburg. Nachdem Hahn als Jude von den Nazis zwischenzeitlich verhaftet worden war, übersiedelte er 1933 nach Großbritannien, wo er noch im November 1933 nach dem Vorbild Salems die Internatsschule *Gordonstoun* in Schottland gründete und 1941 die erste *Outward Bound School* (Kurzschule) in Aberdovey in Wales eröffnete.

Die schon im Gründungsaufruf von Hermann Lietz 1898 formulierten Zielsetzungen und praktischen Maßnahmen zeigen eine symptomatische Mischung aus nationalen und lebensgemeinschaftlichen Elementen sowie eine romantisch überhöhte Wertschätzung für die pädagogisch wertvollen Erträge der Beschäftigung mit Natur, Sport, Kunst und Handwerk. Auch finden sich die Betonung des freundschaftlichen Umgangs zwischen Erziehern und Zöglingen und der Bezug auf Lernfreude und Selbsttätigkeit. Insofern die hier formulierten Erziehungsgrundsätze »als repräsentativ für das Denken in weiten Kreisen reformpädagogisch gesinnter Erzieher um die Wende zum 20. Jahrhundert angesehen werden« (Skiera 2010, S. 174) können, erscheint es sinnvoll, sie in einem längeren Auszug wiederzugeben:

> »Ich eröffne am 26. April d. J. ein Deutsches Landerziehungsheim auf dem Landgut ›Pulvermühle‹ an der Ilse bei Ilsenburg im Harz für Knaben vom 9. Lebensjahre an. In diesem will ich zusammen mit gleichgesinnten Mitarbeitern treu das Ziel verfolgen, die mir anvertrauten Kinder zu harmonischen, selbständigen Charakteren zu erziehen; zu deutschen Jünglingen, die an Leib und Seele gesund und stark, die praktisch, wissenschaftlich und künstlerisch tüchtig sind, die klar und scharf denken, warm empfinden, stark wollen.

Ich gedenke dies Ziel zu erreichen durch Anwendung folgender Mittel:

1. Durch Verlegung der Erziehung aus der Stadt heraus, auf das gesunde und schöne Schullandgut mit Busch und Wiesen, Garten und Feld, Fluß und Teich, geräumigen, hellen, luftigen Wohn- und Schulräumen. Das Ilsetal mit seinen herrlichen Waldungen und seiner großartigen Gebirgslandschaft ist eine der schönsten und gesundesten Gegenden Deutschlands.
2. Durch Zusammenleben, -spielen, -arbeiten von Zöglingen und Erziehern als jüngeren und älteren Freunden, wobei letztere vor allem durch ihre vorbildliche starke Persönlichkeit, durch ihre begeisterte Hingabe für den Erzieherberuf, durch ihre Liebe zur Jugend sittlich-religiös einwirken.
3. Durch streng hygienische Lebensweise im Erziehungsheim, im Essen und Trinken (kein Alkohol, keine stark gewürzten Speisen, reichlicher Genuß von Gemüse, Obst, Milch, Eiern, Fischen usw.); ferner in der Abwechslung zwischen wissenschaftlicher und körperlicher Arbeit einerseits, und Erholung in Kunstübung und Spiel andererseits; in zweckdienlicher, allmählicher Abhärtung usw.
   Durch tägliche Körperübungen, wie Wandern, Laufen, Spielen, Schwimmen, Rudern, Turnen u. ä.: morgens nach dem Aufstehen, in den Pausen, an einem Teil jedes Nachmittages, an einem wöchentlichen Freinachmittage und an den Sonntagnachmittagen. Täglich ungefähr 2 Stunden.
4. Durch tägliche praktische, körperliche Beschäftigungen, die den Kindern Freude machen, ihrer Kraft entsprechen, sie geistig anregen und gesundheitlich fördern; als da sind Arbeiten im Garten oder Wald, auf Feld oder Wiese, in Werkstätte oder auf [dem] Bauplatz; wie Graben, Pflanzen, Begießen, Heu-Zusammenbringen, Tischlern, Bauen u. a. – Täglich ungefähr 2 Stunden nachmittags.
   Durch tägliche Kunstübung: Zeichnen nach der Natur (3 Stunden wöchentlich), Singen (1/2 Stunde täglich), Instrumentalmusikübung möglichst aller (ca. 1 Stunde täglich nach den Mahlzeiten); planmäßige Anleitung zum Verständnis von Werken der Kunst; Schul-Konzerte und -Theater. – Täglich ungefähr 2 Stunden, hauptsächlich abends.
5. Durch besondere Veranstaltungen zur Pflege des sittlich-religiösen und vaterländischen Sinnes, wie tägliche Morgen- und Abendandachten, religiöse Einwirkung bei feierlichen Gelegenheiten (Wanderungen im Wald, unterm Sternenhimmel), Feier von Gedenktagen, Betonung des Religiös-Sittlichen in allen Unterrichtsfächern, besonders in Naturwissenschaft und Geschichte, Pflege der Poesie und Kunst (s. o.).
6. Durch einen den Gesetzen der Erziehungskunst und -wissenschaft entsprechenden wissenschaftlichen Unterricht. Bei diesem wird streng psychologisch verfahren, das Interesse des Zöglings stets benutzt, von der praktischen Übung (in Garten, Werkstätten, vergl. Naturgeschichte, Geometrie) und der Anschauung von Bildern, Modellen, Karten usw. ausgegangen. Es wird so verfahren, daß der Zögling selbsttätig und freudig am Unterricht teilnimmt, daß Gesinnung in ihm geweckt wird, daß er scharf beobachten, denken, beurteilen, vergleichen lernt und einen Wissensstoff erwirbt und gut anzuwenden vermag, wie ihn das moderne und nationale Leben fordert. – Täglich ungefähr 5 Stunden; morgens und spätnachmittags« (aus: Hermann Lietz: Der Gründungsaufruf von 1898, zitiert nach Dietrich 1967, S. 15 f.).

In der Tat finden sich hier viele der wichtigen Motive und Stichworte, die auch für spätere reformpädagogische Konzepte so etwas wie den roten Faden bilden:

- *Ganzheitlichkeit*: Betonung der körperlichen Tätigkeiten in Handwerk, Sport, Kunst, Musik
- *Erziehungskunst*: So wird später die zentrale Zeitschrift der Waldorfpädagogik hei ßen.
- *Selbsttätigkeit und Lernfreude* statt Zwang, Leistungsdruck und Angst vor Misserfolg
- *Kindgemäße, altersgemäße Themen und Tätigkeiten*: Die »pädagogische Bewegung vom Kinde aus« wird später zum Sammelbegriff (Dietrich 1982).
- *Kunsterziehung*: Die »Kunsterziehungsbewegung« wird später eine bedeutende Säule der Reformpädagogik.
- *Betonung der religiösen und ethischen Dimensionen* in allen Unterrichtsfächern: Montessori wird später eine »kosmische Erziehung« mit analoger Intention konzipieren (s. o.).
- *Gemeinschaftsbildung*: In den Lebensgemeinschaftsschulen der Weimarer Republik kommen später (trotz der eher sozialistischen Vorzeichen) ähnliche Motive zur Geltung.
- *Familienähnliche Vertrauensbeziehungen*: Hingabe des Erziehers an seine Berufung als Freund der Schüler
- *Führungsanspruch der Älteren*: Das patriarchalische Prinzip war damals auch im familiären Kontext noch weitgehend gültig.
- *Askese, Abstinenz, Abhärtung*: Der Leib soll für die höheren Ideale in den Dienst genommen werden.
- *Betonung vaterländischer, deutschnationaler Identifikationen*, die sich auch später in unterschiedlicher Ausprägung bei vielen Konzepten finden.

Die hier genannten programmatischen Aspekte bilden sozusagen den Ausgangspunkt der reformpädagogischen Intentionen, die immer mehr sein wollten als nur eine methodische Erneuerung des Unterrichts. Freilich finden sich nicht alle Aspekte in allen späteren Strömungen in gleicher Intensität – und manche Prinzipien wurden sogar bewusst modifiziert (s. u.). Auch hat sich – angefangen bei den deutschnationalen Tendenzen – gegen manche der genannten Prinzipien die ideologiekritische Rekonstruktion der jüngeren bildungsgeschichtlichen Forschung vehement gewendet. Die »Pädagogik vom Kinde aus« wurde als »Mythologie der Kindheit« angegriffen, die Idee der Gemeinschaftsbildung wurde als »Gemeinschaftsmythos« dekonstruiert, die ganzheitliche Bemühung um bewusste Einbeziehung des Körpers und der Gefühle wurde als antiintellektualistischer Affekt unter Verdacht gestellt (vgl. Oelkers 1989, Ullrich 1999).

Exkurs: Der Offizier als ideale Verkörperung des »Deutschen der Zukunft« (Lichtwark 1901)

Dass die intensive Bezugnahme auf das Deutschnationale sowie auf das Militärische indessen keine Besonderheit der Landerziehungsheimkonzepte war, sondern einer weithin geteilten Grundstimmung entsprach, wird deutlich, wenn man sich etwa die Überlegungen näher ansieht, die der bedeutendste Theoretiker der Kunsterziehungsbewegung, Alfred Lichtwark, auf dem ersten Kunsterziehungstag 1901 in Dresden vorgetragen hat. In dem später unter der Überschrift »Der Deutsche der Zukunft« (1901) publizierten Beitrag stellt er den Typus des deutschen Offiziers geradezu als den Idealtypus des Menschen schlechthin vor:

»Das ist die Ausbildung des Körpers, die Erziehung des Willens und die drakonisch durchgeführte formale Erzogenheit, die sich beim höchsten Typus, wie ihn der erste Kaiser darstellte, nicht bloß auf die äußere Haltung, sondern auch auf die Bildung des Herzens erstreckt, auf der die Fähigkeit beruht, in jedem Augenblick Herr seiner selbst zu sein und Worte und Taten des Takts zu finden. Wie beim englischen Gentleman sind es beim deutschen Offizier der Art Kaiser Wilhelms I. wesentlich auch ästhetische Elemente, die ihn von anderen Ständen unterscheiden.

In dieser seiner höchsten Entwickelung, in der er nun Vorbild geworden ist, haben wir im deutschen Offizier den einzigen deutschen Mannestypus, an den allseitige Anforderungen gestellt werden. Professor und Lehrer können bei besonderer Begabung und Leistungsfähigkeit sehr einseitig entwickelt sein, vom höchsten Typus des Offiziers darf man sagen, daß er selbst bei der äußersten Intelligenz und Bildung des Geistes nicht denkbar ist, wenn der Körper nicht tauglich ist, der Charakter, die formale Bildung zu wünschen übrig lassen« (Lichtwark 1901, zitiert nach dem Nachdruck von 1995, S. 110).

Die oft beschworene ganzheitliche Ausbildung von Kopf, Herz und Hand konnte also durchaus nicht nur individuell nützlich, sondern auch funktional im Sinne der militärisch-imperialistischen Strebungen im wilhelminischen Kaiserreich sein.

In seinen Lebenserinnerungen beschreibt Lietz nicht nur eindringlich seine eigenen Schulerfahrungen, die ihn dazu brachten, ein neues pädagogisches Konzept zu entwickeln, nicht nur seine Intentionen und Methoden, sondern auch ganz konkret den Tagesablauf der »Ilsenburger Rotmützen« (Bezeichnung nach der für diese Altersstufe typischen Kopfbedeckung). Daraus wird hier die Beschreibung der Abendstunden eines normalen Internatstages wiedergegeben, weil darin erneut Programm und Geist des gesamten Unternehmens mit seiner Verbindung von asketisch-naturnahen Elementen und den die Gemütskräfte aktivierenden deutschnationalen Erzählstoffen deutlich wird:

»Um 6 Uhr 45 spätestens wären wir dann alle bei der Abendmahlzeit versammelt. Soweit das Wetter es irgend gestattet, fanden alle Mahlzeiten draußen im Garten unter den Zweigen der hohen Espen statt.

Etwa eine Stunde später trifft man uns wieder unter den Zweigen einer hohen Fichte auf einer Wiese am Ilseufer, bei schlechtem Wetter im ›blauen Zimmer‹ oder in der ›Kapelle‹ oben im Haupthaus. Des Tages Arbeit ist zu ende, der Abend hereingebrochen. Oft schon zogen Mond und Sterne oder feine Nebel auf der Wiese herauf. Alle sind am Boden gelagert. Ein Abendlied wird gesungen. Und dann wird vom Leiter des Heims etwas erzählt oder vorgelesen, das schönste von deutscher Dichtung, deutschen Märchen, Erzählungen, Lebensbeschreibungen, aus dem reichen Schatz alles dessen, in dem deutsches Herz und Gemüt und deutsches Wesen zum Ausdruck kommen, soweit es dem Alter und dem Verständnis der Kinder angemessen war. Es sollte der stille Abschluß des Tages die erhebende Feierstunde nach aller Mühe und Arbeit sein. Für viele wurden diese stillen Abendstunden zu den schönsten Erlebnissen des Heimlebens, an die sie noch Jahre danach zurückdachten« (aus: Hermann Lietz: Lebenserinnerungen (4./5. Auflage), Weimar 1935, zitiert nach: Dietrich 1967, S. 23 f.).

Gründungen nach Lietzschem Vorbild, aber mit eigenem Profil

Im In- und Ausland haben sich viele Schulreformer von Lietz' Landerziehungsheimidee inspirieren lassen und ähnliche Einrichtungen gegründet (vgl. Lischewski/Fengler 2018). Eine besondere Erwähnung finden vor allem Wickersdorf, die Odenwaldschule und die Schule Schloss Salem, weil hier jeweils neue Akzente gesetzt wurden. Die 1906 gegründete »Freie Schulgemeinde« Wickersdorf ist stark geprägt vom Geist der Jugendbewegung und somit von der Vorstellung des Eigenwerts und der jeweils eigenen »Jugendkultur«, die es zu respektieren und zu entfalten gelte. Die Generationenunterschiede wurden hier stärker im Sinne einer Gleichrangigkeit insofern verstanden, als der Jugend ein eigener Entfaltungsspielraum zugewiesen werden sollte und ihr teilweise sogar eine Vorreiterfunktion zukam. Wyneken, der geistige Vater dieses Jugendzentrismus, formulierte dementsprechend radikale Kritikpunkte an der alten, von der älteren Generation beherrschten Schule, die vor allem dem Kampf der Älteren gegen die Jugend diene. Diesem »technisch-geistigen Apparat«, der vor allem die Versklavung und Dressur der jungen Generation, die Einübung in Konventionen und oberflächliches Wissen bezwecke, sollte eine ganz aus dem jugendlichen Lebensgefühl selbst heraus entwickelte »Freie Schulgemeinde« entgegengestellt werden. Im pathetischen Originalton Wynekens liest sich das so: »Dem Leben zu einer neuen Selbstentfaltung zu verhelfen, das ist der Sinn der Freien Schulgemeinde. Diese neue Selbstentfaltung des Lebens heißt Jugend« (G. W.: Wickersdorf, zitiert nach Reble 1992, S. 555).

Praktisch bedeutete die Idee der Gleichberechtigung der Jugend, dass die Schüler tatsächlich mitentscheiden sollten, während ihnen in den Lietzschen Heimen eine eher beratende Funktion zukam. Obwohl die Idee der echten, sich selbst erziehenden

Schulgemeinde aus Lehrern und Schülern, in der die Älteren sich mehr als Helfer und Kameraden verstehen sollten, in der Praxis wahrscheinlich kaum die propagierte Gleichberechtigung herstellen konnte, dürften die damit eingeführte Gleichstellung von Erziehern und Zöglingen und das Thema Schülermitbestimmung damit prinzipiell auf die Agenda gesetzt worden sein. In einem Zusammenleben, das generell eher am Organischen und Gemeinschaftlichen orientiert war, zugleich aber ein positives Verständnis von Führerpersönlichkeiten einschloss, waren vielfältige Spannungen unausweichlich. Jedenfalls kam es nach und nach zu immer neuen Abspaltungen von Lehrern, die teilweise samt Gruppen von Schülern Wickersdorf verließen, um anderswo eigene Landerziehungsheime aufzumachen (Martin Luserke gründete 1925 die »Schule am Meer« auf der Nordseeinsel Juist; zu Paul Geheeb s. u.). Am schwerwiegendsten war sicher der Umstand, dass Wyneken wegen des Vorwurfs des sexuellen Missbrauchs von zwei Schülern 1920 die Schule verlassen musste und 1921 zu einem Jahr Haft verurteilt wurde. Wyneken kam danach zurück, musste Wickersdorf aber nach einem erneuten Missbrauchsvorwurf 1931 endgültig verlassen. Dudek (2012) hat den Fall Wyneken als »Missbrauch der Autorität« analysiert und zumindest starke Indizien dafür zusammengetragen, dass die von Wyneken eingeräumte, auch körperliche Nähe zu einem zwölfjährigen und einem 17-jährigen Jungen, die er »in völliger Nacktheit umarmt und geküßt« habe, doch in Analogie zu den Missbrauchsfällen der Odenwaldschule gesehen werden muss.

Nachdem Paul Geheeb zunächst Mitarbeiter von Lietz, dann Mitbegründer von Wickersdorf war, eröffnete er 1910 in Oberhambach bei Heppenheim die Odenwaldschule. Die jüngere bildungshistorische Forschung hat den großen Anteil betont, den seine Frau Edith nicht nur durch die finanziellen Mittel hatte, die ihr Vater, der Fabrikant Max Cassirer, in die Schule einbrachte. Während »Gottvater Paulus«, wie Paul Geheeb seiner spirituell-religiösen Ideen wegen gerne genannt wurde, ins Träumerische tendierte, organisierte die eher realistische Edith Geheeb die praktisch-organisatorischen Belange des Internatsbetriebs. Aus der Tradition der Landerziehungsheime wurde das Familienprinzip übernommen, indem sechs bis acht Mädchen und Jungen verschiedenen Alters mit einem von ihnen selbst frei gewählten »Familienoberhaupt« zusammenlebten (Ullrich 2018). Als besondere Errungenschaften, die das Konzept der Odenwaldschule von Beginn an auszeichneten, wird immer wieder auf drei Elemente Bezug genommen (vgl. Lischewski/Fengler 2018):

- *Konsequente Koedukation*: Während schon die Lietzschulen zeitweise Mädchen aufgenommen hatten und auch in Wickersdorf erste Ansätze einer gemeinsamen Erziehung von Jungen und Mädchen zu finden sind, realisierte die Odenwaldschule sowohl einen gemeinsamen Unterricht als auch die gemeinsame Erziehung – wobei die Geschlechter »nur nach Zimmern getrennt« waren. Dass dabei die Zielvorstellung des »möglichst vollkommenen Mannes« bzw. der »möglichst vollkommenen Frau«, die gerade durch die intensive Auseinandersetzung mit dem anderen Geschlecht verwirklicht werden solle, aus heutiger Sicht durchaus problematische Aspekte beinhaltet, wenn etwa ausdrücklich die Geschlechterstereotype der »männlichen Ritterlichkeit« und der »weiblichen Mütterlichkeit« Pate standen, ist kaum verwunderlich (vgl. Kleinau 2018). Immerhin zeigen sich Frauen in zeitgenössischen Berichten begeistert von der dort gelebten Koedukation, in der Jungen und Mädchen tatsächlich gleiche Rechte und Pflichten zukamen. Und auch die »bemerkenswerte Aufmerksamkeit« findet Erwähnung, die dort den weiblichen Lehrerinnen entgegengebracht worden sei.

- *Schulgemeinde*: Mehrheitsbeschlüsse der Vollversammlung, die aus Lehrern und Schülern besteht und in der nicht mehr der Schulleiter, sondern gewählte ältere Mitschülerinnen oder Mitschüler den Vorsitz führen, gelten bindend für alle. Alle Schüler, auch die jüngeren, haben dasselbe Stimmrecht wie die Erwachsenen, und auch die Schulleitung wird durch ihre Beschlüsse zu Regeln oder Strafen gebunden. Die Schulgemeinde beschließt über sämtliche Regeln, Gesetze und Verhaltensvorschriften sowie über alle tagesaktuellen Vorkommnisse, Ereignisse und Planungen. Obwohl die Odenwaldschule somit eine »Schule ohne Direktor« war, spricht Elisabeth Badry von einer »Demokratie mit ausgesprochen aristokratischen Zügen. [...] Geheeb selbst besaß, trotz oder wegen seiner sich bewußt zurückhaltenden Art, eine unvergleichliche Autorität« (Badry 1991, S. 165).
- *Ersetzung der Jahrgangsklassen durch ein Kurssystem*: Gemäß dem Leitsatz »Werde, der du bist«, den Geheeb vom griechischen Dichter Pindar übernahm, hatten in der Odenwaldschule die Ideen der Individualität und der Persönlichkeitsentwicklung einen hohen Stellenwert. Innerhalb des Kurssystems konnten die Schüler nach ihren Neigungen und Fähigkeiten frei wählen, um sich dann ca. einen Monat einem Thema zu widmen. Die Lernerträge und Ergebnisse konnten abschließend in der »Kursschlußschulgemeinde« vorgestellt werden (vgl. Lischewski/Fengler 2018).

In späteren Jahren kam als pädagogische Besonderheit der Odenwaldschule noch das integrierte Angebot einer Berufsausbildung hinzu, also die programmatische und praktische Verbindung von Allgemeinbildung und Berufsbildung. Vier Ausbildungsgänge konnten parallel zum Abitur durchlaufen und abgeschlossen werden: Schlosser- und Schreinerhandwerk sowie der Abschluss als staatlich geprüfter Chemisch-Technischer oder Informationstechnischer Assistent.

Auch Kurt Hahn (1886–1974) orientierte sich mit seinen Internatsgründungen am Vorbild der Landerziehungsheime Lietzscher Prägung, insofern auch in Salem am Bodensee und in den später entstandenen Zweigschulen der Geist von Askese und Abhärtung, das Naturerlebnis und das Gemeinschaftsleben wichtige Koordinaten im Selbstverständnis bildeten. Sportliche Aktivitäten und die Übernahme sozialer Dienste stellten und stellen einen besonderen Schwerpunkt in diesem wohl berühmtesten deutschen Internat dar. Hahn, dessen Schulgründung im Jahr 1920 durch die materiellen Ressourcen des Reichskanzlers Prinz Max von Baden möglich wurde, dem Hahn zuvor als Berater gedient hatte, musste 1933 emigrieren und gründete nach Salemer Muster 1933 die Schule Gordonstoun in Schottland. Eine zentrale Rolle kommt Hahn auch für die Entwicklung der Erlebnispädagogik zu, insofern seine ab 1941 entstandenen Outward Bound Schools (Kurzschulen) eine Verbindung sportlicher, sozialer und persönlichkeitsbildender Aspekte auf Zeit darstellen. Dort wurde Hahns Satz »The destiny of character is shaped outside the classroom« (nach Schwarz 1967), der so etwas wie das Motto seiner pädagogischen Grundsätze darstellt, radikal verwirklicht. Für einige Wochen absolvieren Jugendliche eine Ausbildung z. B. im Küstenwachdienst oder in der Bergrettung und stehen dann jedes Wochenende in Alarmbereitschaft für Rettungseinsätze. Mit diesem Konzept wollte Hahn das jugendliche Bedürfnis nach Abenteuer und Bewährung in Ernstfallszenarien aufgreifen, sie körperlich trainieren und ihre Initiativkraft stärken. Und gleichzeitig in überschaubaren Projekten zu sorgfältigem Planen und Arbeiten erziehen sowie nicht zuletzt durch den Dienst am Nächsten dem »Seelentod« entgegenwirken.

Salem und Birklehof haben trotz ihres weltweiten Renommees immer wieder Krisen durchlaufen, auch wegen finanzieller Engpässe. Zuletzt beschwor im Februar 2016 die Zeitschrift »Cicero« den »Niedergang einer Eliteschule«, die sich gleichwohl organisatorisch neu und effizienter aufgestellt hat und hofft, damit zukunftstauglich zu sein. Auch dem Gründer Kurt Hahn wurden von verschiedenen Seiten Defizite angelastet, so etwa die Verneinung von Demokratie und Mitbestimmung durch die Verbindung von »natürlicher Hierarchie« und »verabsolutierter Gemeinschaft« oder eine vornehmlich negative Sicht auf die erwachende Sexualität im Jugendalter (»gefährlicher Geschlechtstrieb«). Man wird Hahn wie auch allen anderen pädagogischen Erneuerern aber sicher nur gerecht, wenn man die Zeitgebundenheit *und* das Innovationspotenzial ihrer Entwürfe berücksichtigt. Insofern mag die folgende kritische Würdigung, die Michael Knoll über Hahn verfasst hat, als durchaus exemplarisch gelten, wenn er in Anknüpfung an die zahlreichen Einwände schreibt:

> »Einige dieser Kritikpunkte sind nicht aus der Luft gegriffen. Tatsächlich gibt es von Hahn Äußerungen, etwa über ›ethischen Imperialismus‹, über ›ehrenhafte Nationalsozialisten‹, ›dumme Demokraten‹ und ›minderwertige Lehrer‹, die irritieren können, aber sie verlieren im Kontext gelesen an Brisanz und Bedeutung und entstammen dem Glauben, daß selbst das anscheinend Böse sich noch zum Guten wenden läßt. Ohne Zweifel überschätzte Hahn den charakterformenden Wert des Sports und unterschätzte den sozialen Druck zu Anpassung und Unterordnung, dem seine Schüler in Salem und Gordonstoun ausgesetzt waren. Er verkannte zum Teil, wie notwendig Einsicht für die moralische Erziehung, wie wichtig Unterricht für die intellektuelle Bildung sein kann. Geschlechtlichkeit und Pubertät erschienen ihm allzu oft als eine Bedrohung, vor denen Jungen und Mädchen bewahrt und geschützt werden müssen. [...] Hahns Erlebnispädagogik läßt die Jugendlichen Erfahrungen machen, die zu den in der Lern- und Wissensschule vernachlässigten Grundbedürfnissen gehören, und sie bietet ihnen Möglichkeiten des sozialen Lernens für und an der Gesellschaft, die große Attraktivität und Entfaltungskraft besitzen. Bei Projektarbeit, Expedition und Rettungsdienst können die Jugendlichen ihre Intelligenz und Phantasie unter Beweis stellen und in abenteuerlichen, mitunter gefährlichen Situationen hautnah erleben, daß sie gebraucht werden und daß die Grenzen ihrer Lern- und Leistungsfähigkeit viel weiter gesteckt sind, als andere denken und sie selbst glauben.[...] Mit seinen Schulen und Programmen, die heute mehr denn je in alle Welt hinausstrahlen, hat er einen unverzichtbaren Beitrag zur Friedens- und Sozialerziehung, aber auch zur modernen Jugend-, Heim- und Freizeitpädagogik geleistet. Als kreativer Erzieher und genialer Organisator gehört Kurt Hahn zu den ganz großen Pädagogen des 20. Jahrhunderts« (Knoll 2001).

Aufstieg und tragischer Fall: Die Odenwaldschule

Noch 2003 konnte man in der von Tenorth herausgegebenen neuen Sammlung von »Klassikern der Pädagogik« eine geradezu hymnische Laudatio auf die Odenwaldschule lesen. Dass diese Schule in den 20er Jahren international als »geglückteste Ausprägung des Typus des deutschen Landerziehungsheims« galt, wurde hier dokumentiert (Näf 2003, S. 93):

> »Die konsequent und gegen massive Widerstände durchgeführte Koedukation, die durch das Kurssystem ermöglichte Übernahme von Verantwortung für das eigene Lernen, die offene Handhabung der Schülermitbestimmung im Rahmen der Schulgemeinde und anderer Gremien sowie Geheebs all diesen Einrichtungen zugrundliegendes Vertrauen auf den ›gesunden Sinn‹ der Jugend und der Ernst, mit dem er diese Jugend betrachtete, hätten die Odenwaldschule, so stellte Herders Lexikon der Pädagogik 1930 fest, vielleicht zum ›umfassendsten und kühnsten Schulversuch Deutschlands, ja vielleicht ganz Europas‹ gemacht« (Näf 2003, S. 93 f.).

Nicht nur die praktischen schulorganisatorischen Maßnahmen, auch der ganz neue Geist, geradezu ein »Paradigmenwechsel in der Pädagogik«, den man in Geheebs Reden und Aufsätzen finde, seien Ausdruck einer oft übersehenen Radikalität des Neuansatzes. Geheeb sprach von »Abrüstung im Lager der Erwachsenen« und davon, dass er den Begriff Erziehung am liebsten überhaupt nicht mehr gebrauchen würde und man stattdessen von »menschlicher Entwicklung« sprechen solle. Die Ermöglichung von Lernerfahrungen, die Schaffung von Lernräumen, in denen die selbstbestimmte und individuell variable Entfaltung von Interessen und Potenzialen – statt das Abarbeiten vorgegebener Lernpensen – das Credo darstellten, das war Geheebs zukunftsweisendes Anliegen. Das »pädagogische Laboratorium«, als das Geheeb seine Schule ansah, war auch der Ort, an dem Martin Wagenschein seine bis heute einflussreiche, die unmittelbare Anschauung in den Mittelpunkt stellende, naturwissenschaftliche Lehrkunst-Didaktik (»Rettet die Phänomene!«) seit den 20er Jahren entwickelte. Und auch in den Jahren nach dem Zweiten Weltkrieg verstand das Lehrerkollegium die Odenwaldschule als Versuchsanstalt, in der mit neuen Formen des Unterrichts und der Schulorganisation experimentiert wurde. Die Wahl von Leistungskursen in der Oberstufe, die Kombination von allgemeiner und beruflicher Bildung, das integrierte Gesamtschulkonzept – es gibt eine ganze Reihe von Reformansätzen des staatlichen Schulwesens, die hier vorexerziert wurden und Jahre oder Jahrzehnte später Eingang ins Regelschulsystem fanden (vgl. Ullrich 2018). 1963 wurde die Odenwaldschule als eine von zehn deutschen Schulen zur UNESCO-Modellschule erklärt.

Als 2010 das hundertjährige Jubiläum der Schulgründung zu feiern war, hatten sich schwere Schatten über die Schule gelegt. Schon 1999 war erstmals ein Zeitungsbericht erschienen, in dem Altschüler dem ehemaligen langjährigen Schulleiter Gerold Becker (1972–1985) schwere Vorwürfe machten. Allerdings ohne spürbare Folgen. Erst erneute Berichte ab März 2010 wurden von der Öffentlichkeit, von der Fachwelt und von der Odenwaldschule selbst zum Anlass genommen, den Vorwürfen konsequent nachzugehen.

Im Abschlussbericht wird der ehemalige Schulleiter Becker als Haupttäter bezeichnet. Ihm werden 86 männliche Opfer zwischen zwölf und 15 Jahren zugerechnet. Weiter geht der Abschlussbericht vom 17. Dezember 2010 von mindestens 132 Schülern zwischen 1965 und 1998 aus, die Opfer von Übergriffen durch Lehrer wurden. Im Zuge der Bemühungen um Aufarbeitung wurden Kommissionen eingesetzt, runde Tische eingerichtet, Opfervereine gegründet, die Schulleitungen mehrfach ausgetauscht, trat der Vorstand des Trägervereins zurück, wurden Forderungen nach Entschädigung der Opfer erhoben, gab es Vorwürfe der Vertuschung und Verschleppung ebenso wie den Vorwurf, dass die Missbrauchsanschuldigungen ohne rechtsstaatliche Vorbehalte auch aus nachweislich Unschuldigen »Freiwild« gemacht hätten. Es gab filmische Dokumentationen und einen Spielfilm sowie zahlreiche Monografien und Sammelbände, die das Unfassbare fassbar zu machen suchten und Erklärungen anboten. Diskutiert wurden vor allem drei Bedingungen, die der Odenwaldschule eine für die pädophilen Strebungen mancher Pädagogen günstige Gelegenheitsstruktur verliehen. Erstens knüpfen die Gemeinschaftsideologeme und der Führungs- und Autoritätsanspruch, mit dem die Lehrer und Erzieher in den Internaten ausgestattet waren, an der Tradition der platonischen Knabenliebe an. Auch wenn diese in erster Linie meist nur als spirituelle Verbindung propagiert wurde, zeigt die Geschichte der homoerotisch konnotierten Beziehungen zwischen Heranwachsenden und ihrem Mentor (»Führer«, »Meister«), dass sie häufig mit sexualisierter Gewalt einherging. Zweitens wurde auf das Familienprinzip im engen kameradschaftlichen Zusammenleben von Schülern und Lehrern verwiesen, das zusätzlich durch Outdoor-Abenteuer, Fahrten, gemeinsame Übernachtungen und FKK-Dogmen Grenzüberschreitungen leicht machte. Drittens schuf die liberale Aufbruchsstimmung der sexuellen Revolution ein Klima, in dem sexuelle Freizügigkeit bzw. sexuelle Verfügbarkeit im Zweifelsfall auch erzwungen wurde, weil jeder Vorbehalt, jede Weigerung als spießbürgerliche Verklemmtheit angeprangert wurde.

Dass die Odenwaldschule für den pädophil veranlagten Gerold Becker und seine Mittäter gewissermaßen ein pädosexuelles Elysium darstellte, dessen zahllose Opfer sie durch geschickte Manipulationstechniken gefügig und gleichzeitig stumm machten, zeichnet der Abschlussbericht der beiden mit der Aufarbeitung betrauten Juristinnen vom Dezember 2010 nach:

> »In dem geschlossenen System der Odenwaldschule konnte Becker unter dem Deckmantel des pädagogischen Eros und eines hohen alternativen Erziehungsanspruchs, der die Nähe zum Kind geradezu herausforderte, Grenzen zwischen sich und den Kindern nivellieren und eine Fülle von parallel existierenden Abhängigkeitsverhältnissen aufbauen. Insbesondere das von ihm inszenierte Zusammenleben mit den Schülern auf engstem Raum in seiner ›Familie‹, ausgestattet mit den entsprechenden Privilegien des legalen und illegalen Drogenkonsums, war ein Hintergrund für regelmäßige Grenzüberschreitungen, die dann in manifeste sexuelle Übergriffe mündeten. Letztere wurden den betroffenen Jungen, deren Auserwähltsein vom Täter Becker in den Vordergrund gestellt wurde, als Erhöhung der eigenen kindlichen Person und als Alltagsnormalität präsentiert« (Burgsmüller/Tilmann 2010, S. 25).

Die skandalösen, sich über Jahrzehnte unentdeckt hinziehenden Missbrauchsfälle und die ebenfalls mehr als ein Jahrzehnt seit der ersten öffentlichen Anschuldigung beanspruchende Aufarbeitung schienen Wasser auf die Mühlen mancher Skeptiker, die die Reformpädagogik schon lange für eine Art pädagogischer Scharlatanerie hielten. Man wird derartigen Pauschalverurteilungen gegenüber aber darauf hinweisen müssen – ohne damit das Problem Odenwaldschule zu leugnen –, dass erstens der Ort, an dem die meisten Fälle sexualisierter Gewalt vorkommen, nach wie vor die Familie ist. Dass zweitens gerade auch in Sportvereinen und in kirchlichen Jugendorganisationen und Heimen mittlerweile sehr viele Fälle bekannt geworden sind, zeigt, dass reformpädagogische Settings nicht allein und nicht ursächlich für sexuellen Missbrauch verantwortlich gemacht werden können. Heiner Ullrich hat darauf hingewiesen, dass einseitige Erklärungsversuche zu kurz greifen:

»Die Landerziehungsheime können [...] keinesfalls als repräsentativ für die Reformpädagogik gelten; denn diese realisiert sich bis heute in weitaus vielfältigeren Formen und Kontexten, nicht nur in Internatsschulen. [...] Auch die Hypothese eines Zusammenhangs zwischen Schulfamilie und sexuellem Missbrauch in den Landerziehungsheimen kann nicht voll überzeugen, weil die meisten der seit 2010 aufgedeckten Missbrauchsfälle in katholischen Internaten und kirchlichen Heimen geschehen sind, in denen die Kinder nicht in Familien mit den Pädagogen zusammenleben« (Ullrich 2018, S. 413).

Internatsleben im Spiegel der Bildungsforschung

Zwar hat sich die erziehungswissenschaftliche Forschung seit einiger Zeit verstärkt mit den ideologischen Schieflagen auch der Gründer der Landerziehungsheime und ihrer teilweise problematischen Affinitäten zum deutschnationalen, manchmal auch direkt nationalsozialistischen Denken auseinandergesetzt. Allerdings blieben die Forschungsaktivitäten bis auf wenige Ausnahmen auf historische und systematische Rekonstruktionen bezogen. Eine der wenigen sozialwissenschaftlich-empirischen Arbeiten zum Leben in Internaten hat Herbert Kalthoff (1997) in Form einer »Ethnographie deutscher Internatsschulen«, so der Untertitel seiner Studie, vorgelegt. Er interessierte sich – gleichsam als Ethnologe des Inlands – für Fragen wie: Was ist kennzeichnend für das kulturelle Innenleben von Internatsschulen in Deutschland? Wie organisieren sie ihre Erziehung und Wissensvermittlung? Wie kommen Schüler in diesen Institutionen zurecht?

Am Beispiel von Jesuitenkollegs und Landerziehungsheimen hat Kalthoff die kulturelle Praxis der Vermittlung von schulischem und sozialem Wissen beschrieben. Der Autor begleitete Schüler und Pädagogen auf allen Stationen des Internatslebens und gewann so Einblicke in die sozialen Strukturen sowie in die Traditionen der Erziehungsmethoden in Internatsschulen. Die Wirkung der Internatserziehung führte Kalthoff in erster Linie auf den zeitlichen Rhythmus als ein permanent wiederkehrendes Strukturprinzip zurück, das sich in den Körpern der Schüler einschreibt und auf diese Weise über die Internatszeit hinaus anhält. Die Vielzahl der detailliert nachgezeichneten Situationen und Interaktionen im Internatsbetrieb lässt den Leser die Dauerbelastungen erahnen, denen Internatserzieher ausgesetzt sind:

> »So erledigt zum Beispiel eine Erzieherin verschiedene Dinge zur gleichen Zeit: Sie telefoniert mit einem Kollegen, blättert in einem Buch und spricht mit vorbeikommenden Schülerinnen. In wenigen Minuten passieren zwölf Mädchen das Büro: Taschengeldabrechnungen und Rezepte für die Apotheke, die unaufgeräumte Küche und der chaotische Tagesraum, eine verkorkste Klassenarbeit und Abmeldungen vom Abendessen sind die Themen, die kurz, stichwortartig, manchmal im Telegrammstil ausgetauscht werden. Es sind die Augenblicke, in denen die Informationen fließen: über Lehrer, über Mitschüler, über Eltern, über das Wochenende usw. Es ist auch die Zeit, in der sich die Erzieher auf den neuesten Stand der Information bringen (gewissermaßen ein upgrading von Informationen)« (Kalthoff 2001, S. 43).

Eine weitere These Kalthoffs betrifft den sogenannten heimlichen Lehrplan, das hidden curriculum. Das heißt das, was Schüler im Internat sozusagen unter der Hand und eventuell sogar gegen die Intention der Anstalt lernen:

> »In der Welt der Internate gibt es eine ganze Reihe von Verfehlungsressourcen: Sie umfassen verbotene Genüsse (wie Alkohol- und Tabakkonsum, sexuelle Kontakte, nächtliche Partys und nächtliches Fernsehen), inadäquates Benehmen (Unhöflichkeit, schlechte Tischmanieren, nicht zum Essen erscheinen) und – ein sehr wichtiger Bereich – die Ordnung im Zimmer. Neben den kleinen, oft kaum geahndeten Regelverletzungen stehen die gewichtigen und geplanten illegitimen Aktivitäten der Schüler. Der Reiz der Verfehlung resultiert zum einen aus den präzisen Regelungen der Zeit und des Verhaltens, zum anderen aus der Dynamik, die sich zwischen den Schülern entfaltet. Durch Übertretungen nehmen sich Schüler ihre Freiheit, organisieren ihre ›kleinen Fluchten‹, mit denen sie dem Regelwerk für Augenblicke entkommen können. Manchmal sind es nur zwei oder drei Minuten, manchmal nur Sekunden, die sie sich herausnehmen, um zum Beispiel ihre Distanz zur geforderten Pünktlichkeit auszudrücken. Um als ›cool‹ zu gelten, kann es notwendig werden, das Rauchverbot im ›Clubhaus‹ zu ignorieren, kann es eine Art Sport werden, nächtliche Ausstiege zu organisieren oder kann es ›einfach geil‹ sein, spät abends in den Zimmern im Wasserkocher ›Spaghetti‹ zuzubereiten. Dabei üben Schüler gewisse technisch-handwerkliche Fähigkeiten: Sie kommen nachts wieder zurück, ohne gesehen zu werden; sie kochen Spaghetti, ohne dass der Erzieher etwas riechen kann« (Kalthoff 2001, S. 46).

Eine andere These betrifft den Beziehungsaspekt dessen, was wir Erziehung nennen. Die tatsächlich gültigen Internatsregeln stehen nicht etwa in der Internatsordnung, sie hängen nicht am »Schwarzen Brett« aus, sie sind nicht durch die Internatsleitung und die Erzieher vorgängig festgelegt, sondern sie werden im Prozess des gegenseitigen Aushandelns, des Auslotens von Spielräumen, der Gewährung von Ausnahmeregelungen, des Überredens und Überzeugens erzeugt. Erziehung ist also auch unter den Bedingungen des Internats kein asymmetrischer Vorgang, in dem die einen nur als Objekte (Zöglinge) vorkommen, an denen etwas vollzogen wird, während die andere Gruppe die aktive Rolle der Handelnden ausfüllt. Kinder und Jugendliche nehmen durchaus Einfluss auf den Prozess der Erziehung und vielleicht sogar auf diejenigen, die sie erziehen – oder es zumindest versuchen. Wobei natürlich die Möglichkeiten der Einflussnahme durchaus asymmetrisch verteilt sind.

Die Zukunft der Landerziehungsheime (LEH) ist offen, deren Dachverband hat sich im Zuge der Aufarbeitung des Odenwaldschulskandals aufgelöst und 2013 als »Die Internate Vereinigung e.V.« mit 14 Internaten neu konstituiert. Seit 2010 hatten alle Internate, katholische wie evangelische oder Landerziehungsheime, mit deutlich rückläufigen Anmeldezahlen zu kämpfen. Das Misstrauen führte zu Einbrüchen von durchschnittlich 20 Prozent. Seit 2017 finden sich neben Durchhalteparolen auch wieder Erfolgsmeldungen. Wenn diese Trendmeldungen stimmen und die durch den Brexit zu erwartenden größeren Schwierigkeiten, Kinder in englische Elite-Internate zu exportieren, ein Übriges tun, dann dürften Salem und Louisenlund, Spiekeroog und Hohenwerda auch künftig besondere Adressen für eine besondere Pädagogik bleiben.

Abschließend soll der Hinweis auf die pädagogischen Reform- und Diskussionsanstöße nicht fehlen, die auch in jüngerer Zeit aus dem Kreis von Lehrern der Landerziehungsheime kamen. Viele davon wirken bis in die heutige Zeit in das deutsche Regelschulwesen hinein. Hierzu gehören neben Martin Wagenscheins Lehrkunstdidaktik beispielsweise Minna Spechts »Mut zur Lücke« von 1948 als Aufruf zu einer klugen Stoffbeschränkung im Sinne des exemplarischen Lernens oder die 1964 von Georg Picht, damals Leiter des Salem-Ablegers Birklehof, ausgerufene »Deutsche Bildungskatastrophe«, die u. a. für den späteren Strukturplan für das deutsche Bildungs- und Erziehungswesen Pate stand. Einflussreiche Diskussionsbeiträge neueren Datums plädieren z. B. für ein »Lob der Disziplin« (Bueb 2008) oder gegen die »Akademisierung der Kindheit« (Ansari 2013).[11]

---

11 Bernhard Bueb ist ehemaliger Leiter der Schule Schloss Salem. Salman Ansari ist ehemaliger Lehrer für Naturwissenschaften an der Odenwaldschule. Er hatte sich als einziger der dortigen Lehrer kompromisslos auf die Seite der Opfer gestellt und für eine umfassende und schonungslose Aufklärung der Missbrauchsfälle eingesetzt.

4) Zum Tod von Gerold Becker: Motiv des Projekts »Hodenwald«, das den Missbrauchsskandal am berühmten Landerziehungsheim Odenwaldschule mit künstlerischen Mitteln sarkastisch verarbeitet

5) Nicht lustig, sondern beklemmend: Klassenfahrt »Genitalien«. Mit einem grünen VW-Bus sollen die Pädagogen der Odenwaldschule ihre Schüler in den Urlaub mitgenommen haben, um sie dort zu missbrauchen

Montessori-Pädagogik

Nachdem im Jahre 1907 in einem Elendsviertel Roms das erste Kinderhaus, die Casa dei Bambini, von Maria Montessori gegründet worden war, hat ihre Pädagogik eine eindrucksvolle globale Verbreitung erlebt. Allein in Deutschland arbeiten inzwischen über 1000 Kitas und Hunderte Schulen im Primar- und Sekundarbereich nach ihren Prinzipien. Weltweit sind es über 40 000 Schulen. Prominente Internetpioniere wie Jeff Bezos (Amazon) oder Larry Page (Google) haben Montessori-Schulen besucht. Damit gehört die Montessori-Bewegung zu den erfolgreichsten Konzepten aus dem Umkreis der Reformpädagogik.

Für Maria Montessori stand »das Kind als Baumeister seiner selbst« im Zentrum ihres Menschenbildes. »Hilf mir, es selbst zu tun« ist eine Art übergeordnetes Motto vieler Montessori-Einrichtungen, das die Rolle der Pädagogen in der Ermöglichung von Lernerfahrungen neu bestimmt. Individualisierte, im eigenen Tempo sich vollziehende Lernfortschritte sollen durch sinnvoll konzipierte Lernmaterialien ermöglicht werden. Zur »vorbereiteten Umgebung« gehören nicht nur wohlsortierte altersgemäße Materialien für die verschiedenen Lernbereiche, sondern auch eine heitere Arbeitsatmosphäre. Nach einer Einführung in neue Materialien ist es den Schülern freigestellt, wann sie sich wie lange mit welchen Übungen beschäftigen. Die Aufgabe der Lehrkraft wird mehr in der Beobachtung, Anregung und Lernbegleitung gesehen – und weniger, wie im traditionellen Unterricht, in der Präsentation von Wissensstoff. In der von Maria Montessori beschriebenen »Polarisation der Aufmerksamkeit« tauchen Kinder mit ihrer ganzen Person intensiv in die wiederholte Bewältigung einzelner Aufgaben ein und erfahren dadurch eine tiefe Befriedigung – die Voraussetzung für wirklich nachhaltiges Lernen, bei dem der Einzelne mit der Umgebung verschmilzt und auch durch äußere Störfaktoren kaum ablenkbar ist. Die soziale Komponente wird u. a. durch die jahrgangsgemischten Lerngruppen betont, in denen ältere und jüngere Kinder gemeinsam bzw. voneinander lernen. Die Betonung der individuellen Lernziele und Lernschritte öffnet die Montessori-Pädagogik von Anfang an für die Integration von Kindern unterschiedlichster Begabungen und Handicaps. Viele Montessori-Einrichtungen haben dementsprechend lange vor der neueren Inklusionsdebatte integrative Konzepte erfolgreich realisiert. Während im Vorschul- und Grundschulalter Montessori-Konzepte am stärksten verbreitet sind und auch in der Regelgrundschule inzwischen viele Elemente (z. B. Freiarbeit, Verzicht auf Ziffernzeugnisse) aufgegriffen werden, sind überzeugende Umsetzungen im Sekundarbereich bis heute eher selten zu finden. Dabei liefert die Montessori-Pädagogik mit dem sogenannten Erdkinderplan auch für das Jugendalter (12 bis 18 Jahre) Anhaltspunkte für eine entschulte Lernumgebung: In ländlicher Umgebung sollen Jugendliche eigenständig einen Bauernhof, ein Handelsgeschäft oder ein Gasthaus bewirtschaften und so auf das soziale Leben vorbereitet werden.

Maria Montessori: Leben, Werk, Wirkung

Geboren in der kleinen mittelitalienischen Ortschaft Chiaravalle im Jahr 1870, kommt Maria Montessori mit ihrer gutbürgerlichen Familie im Alter von fünf Jahren nach Rom, wo sie eine sechsjährige Grundschule und anschließend eine siebenjährige naturwissenschaftlich-technische Sekundarschule absolviert. Es gibt die Anekdote, dass sie sich weigerte, ein klassisches Gymnasium zu besuchen, weil diese Schullaufbahn normalerweise im Lehrerberuf mündete. Und Lehrerin wollte sie auf keinen Fall werden (Waldschmidt 2010, S. 13). 1890 beginnt sie zunächst ein naturwissenschaftliches Studium an der Universität Rom, ab 1892 dann das Studium der Medizin, das sie 1896 mit der Promotion abschließt. Maria Montessori ist damit eine der ersten Ärztinnen Italiens. Auch um das Medizinstudium, in dem sie sich als einzige Frau inmitten einer Männerdomäne behaupten musste, ranken sich viele Geschichten. Die Anatomie-Übungen etwa musste sie getrennt von den männlichen Mitstudenten nachts absolvieren. Allerdings fand sie beim nächtlichen Leichensezieren (Sektionskurs) den Gestank so unerträglich, dass sie einen Mann engagierte, der rauchen musste, um den Geruch zu überdecken. Später rauchte sie dann selbst (Waldschmidt 2010, S. 15 f.).

Als junge Frau interessiert sie sich für die Frauenbewegung und arbeitet an verschiedenen Krankenhäusern. Ab 1897 nimmt sie eine Tätigkeit an der Psychiatrischen Klinik der Universität Rom auf und beginnt sich mit den medizinisch-heilpädagogischen Schriften des französischen Arztes und Begründers der Heilpädagogik Jean-Marc Gaspard Itard (1775–1838) und seines Schülers Édouard Séguin (1812–1880) zu beschäftigen. Itard und Séguin stehen für eine neue Sicht auf geistig behinderte oder sinnesgeschädigte Kinder, indem sie mittels pädagogischer Versuche erfahrungsbegründete Methoden zur Verbesserung von deren Fähigkeiten und damit von deren Lebenssituation entwickelten. Ganz im Geiste der Aufklärung stand das optimistische Ziel vor Augen, auch benachteiligten Kindern eine aktive und produktive Lebensführung zu ermöglichen.

Montessori ließ sich dabei von zwei Prinzipien leiten: einerseits von der Ermutigung der Eigeninitiative der Kinder und ihrer Lust am Selbertun und andererseits von der Kompensation der Behinderungen mittels eigens geschaffener Übungsmaterialien. Die Beschäftigung mit der Förderung behinderter Kinder bildete für sie später die Grundlage dafür, die gewonnenen Erkenntnisse für die Lernförderung und Erziehung aller Kinder, auch der nicht behinderten, fruchtbar zu machen. Praktisch relevant wurden ihre Forschungen und Überlegungen erstmals, als ihr angeboten wurde, die Leitung eines Kinderhauses (Casa dei bambini) in San Lorenzo, einem Arbeiterviertel in Rom, zu übernehmen. Die dort von einer Wohnungsbaugesellschaft für die Sozialwohnungssiedlung als Bewahranstalt für zwei- bis sechsjährige Kinder geplante Einrichtung wurde unter Montessoris Leitung zur Keimzelle einer neuen Sicht auf das Kind und neuer pädagogischer Methoden und Forschungen. Maria Montessori hatte die Leitung des am 6. Januar 1907 von ihr mit einer Ansprache eröffneten Kinderhauses zwei Jahre lang inne. Rasch sprach sich herum, wie dort aus unbeholfenen, schüchternen und verwahrlosten Kindern lernbegierige und selbstbewusste Kinder wurden. Dabei scheint manches eher ein Ergebnis widriger Umstände als planvoller Absicht gewesen zu sein: Für Schulmöbel fehlte das Geld, also wurde mit Tischen und Stühlen, deren Beine man absägte, um sie kindgemäß zu machen, improvisiert. Damit gab es bewegliches Mobiliar – ideal für verschiedene Settings wie Einzelarbeit, Gruppenarbeit oder große Runden. Anstelle ausgebildeter Lehrer, für die ebenfalls das Geld fehlte, wurden Aushilfskräfte angelernt – und diese hatten viel weniger festgefahrene Vorstellungen und Regeln im Kopf, wie man Kinder unterrichten müsse, und waren so viel offener für die Ideen von »Dottoressa Montessori«. Der Erfolg ließ nicht lange auf sich warten und sprach sich herum: »Die Kinder, die vorher verschüchtert und wild gewesen waren, wurden nun gesellig und mitteilungsfreudig« (zit. nach Kramer 1977, S. 111).

1909 führt Maria Montessori ihren ersten Ausbildungskurs zu ihrer Methode in Città di Castello durch und formuliert in wenigen Wochen ihr pädagogisches Konzept in ihrem Werk »Il Metodo« (Il metodo della pedagogia scientifica applicato all'educazione infantile nelle case dei bambini) aus. Dieses Buch macht sie gewissermaßen über Nacht berühmt. Es wird innerhalb weniger Jahre in mehr als zwanzig Sprachen übersetzt. Die englischsprachige Fassung erscheint 1912, und mit ihrer ersten Amerika-Reise gelingt ihr 1913 der internationale Durchbruch: »Nun ist sie eine weltberühmte Frau, die erste Pädagogin von internationalem Rang« (Heiland 1992, S. 66).

Ihre Methode wird schnell an Schulen in England und Argentinien, in Italien und der Schweiz, in Paris, New York und Boston aufgegriffen. Sie hält in den folgenden Jahren und Jahrzehnten Ausbildungskurse und Vorträge in zahlreichen Ländern, und weltweit steigt die Zahl der Kinderhäuser, der Modellschulen und der Pädagogen, die sich von ihren Theorien, Konzepten und Materialien begeistert zeigen. Nach Stationen in Barcelona (1916–1936) und Amsterdam (1936–1939) geht sie auf Einladung der Theosophischen Gesellschaft 1939 nach Indien, um dort Vorträge zu halten. Durch das Bündnis Italiens mit Deutschland gilt die Italienerin Montessori im dem Commonwealth verpflichteten Indien nach Ausbruch des Zweiten Weltkriegs als unerwünschte Ausländerin. Sie darf sich zwar nach kurzem Hausarrest in Indien frei bewegen, aber nicht ausreisen. Immerhin erhält sie die Erlaubnis, vor Ort Ausbildungskurse abzuhalten. Nach dem Ende des Krieges reist sie 1946 erstmals wieder nach Europa, kehrt aber erst 1949 endgültig wieder nach Europa zurück, wo sie sich in Holland niederlässt. Auch in den Nachkriegsjahren ist Maria Montessori mit Vortragsreisen und Ausbildungskursen in Indien, Ceylon, Pakistan, Norwegen, Schweden, Italien viel unterwegs. Sie stirbt am 6. Mai 1952 in Nordwijk aan Zee (Niederlande) inmitten der Vorgespräche für eine Reise nach Ghana. Unter den zahlreichen von ihr verfassten Schriften sind das 1914 erschienene »Handbuch« (Dr. Montessoris own handbook), die 1936 erschienenen Vortragsnachschriften »The secret of childhood« (deutscher Titel: Kinder sind anders) und das 1949 erschienene Alterswerk »The Absorbent Mind« hervorzuheben.

Montessori wird als eine energiegeladene, gewinnende Persönlichkeit beschrieben, die sowohl schützende Mütterlichkeit als auch eine starke Autorität verkörperte. Schon zu Lebzeiten wurde sie von vielen Anhängern verehrt wie eine Heilige: »Sie war eine phantastische Persönlichkeit. Wenn sie da war, war sonst nichts im Raum. Sie wirkte mütterlich, sehr gütig. Sie hatte schöne dunkle Augen. Wir liebten und achteten sie. Für uns kam sie gleich nach dem lieben Gott« (Kramer 1977, S. 366).

Nicht nur im Verhältnis der Anhänger zur Gründerin, auch im Werk von Maria Montessori selbst tritt uns an vielen Stellen religiöse Emphase entgegen. So tritt für Montessori sogar das Kind gleichsam als Erlöser auf. In ihrem Buch »The Secret of Childhood« zieht sie immer wieder die Parallele zwischen dem Leidensweg Jesu und den Leiden des Kindes, die es zu beenden gelte. Wenn das Kind in einer Umgebung aufwachsen kann, die für sein jeweiliges Entwicklungsstadium angemessen ist, dann kann es sich gleichsam »offenbaren«. Kinder leiden unter einer verständnislosen Erziehung und der Zwangsanstalt Schule. Gleichzeitig sind sie der Inbegriff der Hoffnung, der Erneuerung: »Aber das Kind ersteht immer wieder und kehrt immer wieder, frisch und lächelnd, um unter den Menschen zu leben … das Kind ist der ewige Messias, der immer wieder unter die gefallenen Menschen zurückkehrt, um sie ins Himmelreich zu führen« (Montessori 1971, S. 303).

Der verborgene Sohn

Auch im Leben der berühmten Pädagogin Maria Montessori gibt es große Rätsel, über die innerhalb wie außerhalb der Montessori-Bewegung immer wieder leidenschaftlich diskutiert wird. Eines dieser Rätsel ist die Frage, wie es sein konnte, dass diese Vorkämpferin für Freiheit, Friedenspädagogik und ökologische Bildung sich nach einem Treffen mit Mussolini für immerhin ein Jahrzehnt (1924-1934) ausgerechnet mit dem italienischen Faschismus verbünden konnte. Ein zweites vielschichtiges Spannungsfeld ist die religiöse Zuordnung der spirituellen Dimension der Montessori-Pädagogik. Man findet nämlich sowohl starke Bezüge zum katholischen Glauben als auch – vor allem in der Ausarbeitung der Kosmischen Erziehung in den Jahren ihres Indien-Aufenthalts (1939-1946) – deutliche Anleihen an pantheistische Traditionen. Schließlich bleibt die Tatsache äußerst bemerkenswert, dass die weltweit erfolgreiche Verfechterin eines geradezu religiös überhöhten Bildes der Kindheit ihren eigenen Sohn jahrelang auf dem Land in einer Pflegefamilie versteckte. 1898 geboren war Mario Montessori aus einer Liaison mit ihrem Klinik-Kollegen Giuseppe Montesano hervorgegangen. Sowohl die Legalisierung über eine Eheschließung mit ihrem römischen Kollegen als auch das offene Bekenntnis zu einem unehelichen Kind hätten das Ende für ihre Karriere als Ärztin und Wissenschaftlerin bedeutet, weshalb sie sich dazu entschloss, sowohl die Verbindung als auch das Kind vor der Öffentlichkeit zu verbergen. Maria Montessori besuchte ihren Sohn fortan bei seiner Amme und nahm ihn erst nach dem Tod ihrer Mutter im Jahr 1913 zu sich. Erst viel später, als Mario über 40 Jahre alt war, bekannte sie sich zu ihm als seine Mutter. Mario Montessori arbeitete für seine Mutter als Sekretär und unterstützte sie z. B. bei der Herstellung der Entwicklungsmaterialien. Auch bei der Konzeption der Kosmischen Erziehung wird ihm eine wichtige Rolle zugeschrieben. Nach Maria Montessoris Tod (1952) übernahm Mario die Leitung der internationalen Montessori-Gesellschaft (AMI).

Anthropologische Grundannahmen

Zu den Fundamenten der Montessori-Pädagogik gehört die Beobachtung, dass sich Kinder ungeheuer intensiv mit einer bestimmten Sache beschäftigen und darin eine große Ausdauer an den Tag legen können. Dass dies nicht Zeitverschwendung, nicht Tagträumerei, nicht stumpfsinnige Wiederholung ist, sondern eine elementare Voraussetzung für das Verinnerlichen von Abläufen und Erkenntnissen, wird in der Montessori-Pädagogik betont. Die selbstvergessene Versenkung ins Spiel, oder wie Montessori eher sagen würde: in die Bewältigung von Aufgaben, ist ein typisches Kennzeichen der Aneignung der Welt durch eine fokussierte Aufmerksamkeitsrichtung, die sich an einer nicht zu schwierigen, aber auch nicht zu leichten sachlichen Herausforderung festmacht. Gleichzeitig sind die genaue Beobachtung und Beschreibung der äußeren Vorgänge und der inneren Erlebnisse, die sich im äußeren Verhalten ablesen lassen, ein gutes Beispiel für die enge Verbindung von Forschung und Analyse einerseits und pädagogischer Fruchtbarmachung von Erkenntnissen andererseits. Das als »Polarisation der Aufmerksamkeit« in die pädagogische Literatur eingegangene konzentriert gegenstandsbezogene Verhalten wird auch nach seiner Entdeckerin oft als »Montessori-Phänomen« bezeichnet.

Im Rückblick beschreibt Maria Montessori, wie sie das Lernmaterial, das sie früher in der Erziehung von geistig behinderten Kindern erfolgreich eingesetzt hatte, in der Casa dei bambini auch normal entwickelten Kindern zur Verfügung stellte. Sie beobachtete »ein etwa dreijähriges Mädchen, das tief versunken war in der Beschäftigung mit einem Einsatzzylinderblock, aus dem es die kleinen Holzzylinder herauszog und wieder an ihre Stelle steckte. Der Ausdruck des Mädchens zeugte von so intensiver Aufmerksamkeit, daß er für mich eine außerordentliche Offenbarung war. Die Kinder hatten bisher noch nicht eine solche auf einen Gegenstand fixierte Aufmerksamkeit gezeigt. Und da ich von der charakteristischen Unstetigkeit der Aufmerksamkeit des kleinen Kindes überzeugt war, die rastlos von einem Ding zum anderen wandert, wurde ich noch empfindlicher für dieses Phänomen. Zu Anfang beobachtete ich die Kleine, ohne sie zu stören, und begann zu zählen, wie oft sie die Übung wiederholte, aber dann, als ich sah, daß sie sehr lange damit fortfuhr, nahm ich das Stühlchen, auf dem sie saß, und stellte Stühlchen und Mädchen auf den Tisch; die Kleine sammelte schnell ihr Steckspiel auf, stellte den Holzblock auf die Armlehnen des kleinen Sessels, legte sich die Zylinder in den Schoß und fuhr mit ihrer Arbeit fort. Da forderte ich alle Kinder auf zu singen; sie sangen, aber das Mädchen fuhr unbeirrt fort, seine Übung zu wiederholen, auch nachdem das kurze Liede beendet war. Ich hatte 44 Übungen gezählt; und als es endlich aufhörte, tat es dies unabhängig von den Anreizen der Umgebung, die es hätten stören können; und das Mädchen schaute zufrieden um sich, als erwachte es aus einem erholsamen Schlaf. – Mein unvergeßlicher Eindruck glich, glaube ich dem, den man bei einer Entdeckung verspürt« (Montessori 1995, S. 69 f.).

Die Entdeckung der Polarisation der Aufmerksamkeit liefert zugleich eine Art Phasen- oder Verlaufsmodell: Auf eine vorbereitende Phase ungerichteter, frei schwebender Aufmerksamkeit folgt die Konzentration auf eine Aufgabe. Diese Aufgabe ist frei gewählt – allerdings aus einem Set an verfügbarem, altersangemessenem Material. An das Suchen und Ausprobieren, die intensive Vertiefung in die Bewältigung eines Problems, schließt sich oft geduldiges Üben an, in dem das Funktionieren immer wieder mit Freude erlebt wird. Vor allem diese Phase – auch »große Arbeit« genannt – ist gekennzeichnet von großer Konzentration und relativer Ausblendung aller sonstigen Einflüsse, das Kind isoliert sich von der Umgebung. Erst wenn sich durch zahllose Wiederholungen eine gewisse Sicherheit und Verinnerlichung in den Handlungsabläufen eingestellt haben, löst sich das Kind von alleine von der Aufgabenstellung. Es macht sich eine Art gesättigte Erschöpfung breit, in der sich das Kind erfüllt und in innerer Balance fühlt. Erst wenn es diesen ausgeglichenen Zustand, diese Phase der Ruhe, eine ganze Weile erlebt und ausgekostet hat, kann es sich von innen her erneut auf ein neues Such- und Annäherungsverhalten einlassen.

Montessori-Pädagogen beschreiben, dass Kinder derart intensiv durchlebte Phasen der Polarisation der Aufmerksamkeit regelrecht brauchen, weil sie in ihnen ihre geistigen Kräfte in der richtigen Weise anwenden und erleben können. Dieser Vorgang wird auch als *Normalisation* bezeichnet – womit gemeint ist, dass eine weitgehende Übereinstimmung von inneren Bedürfnissen und äußeren Handlungsmöglichkeiten erreicht wird. Im Unterschied dazu ist die *Deviation* die Abweichung von einer angemessenen Entwicklungsmöglichkeit, die es durch bessere Lernumwelten zu minimieren oder zu beseitigen gilt. Das normalisierte Kind ist dementsprechend dasjenige, das sich selbsttätig und aktiv Lernmöglichkeiten zuwendet, das sich sozial und ökologisch umweltverträglich verhält, das ein stabiles Arbeits- und Sozialverhalten an den Tag legt und sich gut konzentrieren kann. Das Ziel der Pädagogik muss es also sein, die natürlichen Bedürfnisse und Kräfte in den Kindern sich entwickeln zu lassen. Und dafür bieten die Montessori-Materialien gewissermaßen »Kristallisationspunkte« als eine Art roten Faden. Interessant ist auch die immer wieder von Montessorianern formulierte Beobachtung der diskontinuierlichen Entwicklung. Immer wieder ist von plötzlichen Erkenntnissen und Handlungsdispositionen des Kindes oder von schlagartigen Veränderungen die Rede: »Die geistigen Kräfte können durch Angebote seiner Umgebung aktiviert werden. Sie äußern sich dann eruptiv, explosionsartig. Sie werden aber nicht im direkten Zugriff durch Erziehung aktiviert, sondern im freien Umgang des Kindes mit Materialien […] das Sinnesmaterial ist also Kristallisationspunkt« (Heiland 1992, S. 46).

Die *Montessori-Entwicklungsmaterialien* helfen den Kindern, ihre geistigen Potenziale zu erahnen und zu entwickeln. Der Anspruch der vielfältigen Angebote ist es also nicht nur, in die Welt der Kulturtechniken und des Wissens einzuführen. Es ist gleichzeitig der Anspruch damit verbunden, inneren Entwicklungsnotwendigkeiten der Kinder und Heranwachsenden gerecht zu werden und ihnen eine normalisierte Entwicklung zu ermöglichen. Das normalisierte Kind ist so etwas wie das befreite Kind oder auch das »Neue Kind«, das den Verfehlungen früherer Pädagogik nicht mehr ausgesetzt ist. Zum Bild des normalisierten Kindes gehören nicht nur Konzentrationsfähigkeit und Eigeninitiative, sondern ebenfalls Ordnungsliebe oder die Liebe zur Arbeit, auch ein verfeinerter Sinn für Besitz und die Liebe zur Stille und Einsamkeit als Voraussetzung und Gegengewicht zum gemeinsamen Arbeiten (vgl. Skiera 2010, S. 216).

Montessori ging davon aus, dass es für jedes Entwicklungsalter bestimmte Empfänglichkeiten gibt. Gleichsam Zeitfenster, die für die Ausbildung bestimmter Fähigkeiten, für die Festigung bestimmter Dispositionen besonders günstig sind. Diese »*sensible Phasen*« genannten Entwicklungsabschnitte sollen in der Pädagogik berücksichtigt und z. B. in Form der darauf abgestimmten Entwicklungsmaterialien unterstützt werden.

Sensible Phasen (nach Waldschmidt 2010, S. 47)

Kleinkind
- unbewusstes Aufnehmen von Sinneseindrücken
- das Sprechenlernen
- das Laufenlernen
- Ordnung

Kindergartenkind
- erstes begriffliches Kategorisieren
- Feinmotorik
- Sprachdifferenzierung
- soziale Sympathiebeziehungen

Schulkind
- moralische Wertungen
- kooperative Sozialbeziehungen
- Naturerscheinungen geografischer, biologischer und physikalischer Art

Pubertäts- und Jugendalter
- soziale und gesellschaftliche Prozesse
- Gerechtigkeit und Menschenwürde
- wissenschaftliche Erkenntnisse und Zusammenhänge sowie politische Verantwortung

In der Beschreibung des ganzheitlich verstandenen Entwicklungsgeschehens gerade der ersten Lebensjahre spielt die Auffassung von der besonderen Lernfähigkeit der Kinder eine herausgehobene Rolle. Diese privilegierte Geistesform des Kindes unterscheidet sein Lernen von dem des Erwachsenen. Denn ohne sich dessen bewusst zu sein, eignen sich Kinder gewissermaßen gleichzeitig die formalen geistigen Voraussetzungen und die Inhalte der Außenwelt an. Ein eindrucksvolles Beispiel ist der Spracherwerb, bei dem die phonetischen, syntaktischen und semantischen Aspekte in ihren physiologisch-akustischen Dimensionen ebenso wie in ihren strukturierenden Prinzipien und Bedeutungen zeitgleich sozusagen als Totalität vom Kind aufgenommen und schließlich selbst produziert werden.

Das Kind absorbiert die für es selbst in bestimmten Phasen relevanten Elemente der Außenwelt und bildet sie im Innern nach, macht sie so zu einem Teil seiner selbst. Maria Montessori spricht vom *absorbierenden Geist*, um die unbewusste Tätigkeit des Lernens in den ersten Lebensjahren zu beschreiben:

> »Wir sind Aufnehmende; wir füllen uns mit Eindrücken und behalten sie in unsrem Gedächtnis, werden aber nie eins mit ihnen, so wie das Wasser vom Glas getrennt bleibt. Das Kind hingegen erfährt eine Veränderung: Die Eindrücke dringen nicht nur in seinen Geist ein, sondern formen ihn. Die Eindrücke inkarnieren sich in ihm. Das Kind schafft gleichsam sein ›geistiges Fleisch‹ im Umgang mit den Dingen seiner Umgebung. Wir haben seine Geistesform absorbierenden Geist genannt. Es ist schwierig für uns, die Fähigkeiten des kindlichen Geistes zu begreifen, aber es handelt sich zweifellos um eine privilegierte Geistesform« (Montessori 1972, S. 23).

Erst ab einem Alter von etwa vier Jahren kommen zu der unbewusst absorbierenden Tätigkeit bewusst gesteuerte Aktivitäten der Aneignung, der gezielten Lernbemühungen. Montessori sieht hier eine tatsächlich Kindern vorbehaltene Besonderheit, die auch in der Formulierung »geistiger Embryo« zum Ausdruck kommt: Die Ausbildung der kognitiven und seelischen Fähigkeiten, die der Mensch zum Leben benötigt, erfolgt erst nach der Geburt. Und zwar indem das Kind gemäß seinem inneren Bauplan sich selbsttätig entwickelt. Dieser innere Bauplan folgt überindividuellen Gesetzmäßigkeiten, z. B. den besonderen Zeitfenstern für die Ausschöpfung bestimmter Potenziale, ist aber dennoch individuell verschieden: »Es wäre widersinnig, anzunehmen, daß gerade der Mensch, der sich durch die Großartigkeit seines seelischen Lebens von allen anderen Geschöpfen unterscheidet und auszeichnet, als einziger keinen Plan seelischer Entwicklung in sich tragen sollte« (Montessori 1971, S. 38).

Das Kind selbst wird zum Baumeister des Menschen, aber es braucht dafür eine geeignete anregungsreiche Umgebung und es braucht die Möglichkeiten und Herausforderungen, sich aktiv mit adäquaten Gegenständen und Themen auseinanderzusetzen. Dementsprechend gehört die sogenannte *»vorbereitete Umgebung«* zu den zentralen pädagogischen Prinzipien der Montessori-Pädagogik. Hier sollen die Kinder, sollen die Schüler die Entwicklungsmaterialien in einer sinnvollen Anordnung vorfinden, aus denen sie das ihrem jeweiligen Entwicklungsstadium und ihren individuellen Bedürfnissen entsprechende auswählen.

> »Das schwerste ist es, der Lehrerin beizubringen, daß sie sich selbst auslöschen und auf die Rechte verzichten muß, die ihr früher zukamen, damit das Kind fortschreiten könne: sie muß verstehen, daß sie keinen unmittelbaren Einfluß auf die Formung und auf die Disziplin der Kinder hat, sie muß ihr ganzes Vertrauen auf die verborgenen Kräfte des Kindes setzen. [...] Zum Ausgleich dafür muß sie sich sehr stark indirekt einsetzen: sie hat voller Verständnis die Umgebung vorzubereiten, das didaktische Material bereitzustellen, das Kind sehr sorgfältig in die Arbeiten des praktischen Lebens einzuführen. [...] Sie weiht sich der Heranbildung einer besseren Menschheit. So wie die Vestalin das heilige Feuer, das sie nicht selber entzündete, rein und frei von Schlacken halten mußte, so ist der Lehrerin die Flamme des inneren Lebens in all ihrer Reinheit anvertraut. Wenn diese Flamme vernachlässigt wird, verlöscht sie und entzündet sich nie wieder« (Montessori, zit. nach Reble 1992, S. 522).

Die Montessori-Entwicklungsmaterialien

Die von Maria Montessori konzipierten Materialien beinhalten jeweils eine spezifische Aufgabenstellung (Isolation von Eigenschaften), sie sind einmalig (das heißt nur einmal in der vorbereiteten Umgebung verfügbar), sie sollen durch attraktive Gestaltung einen Aufforderungscharakter haben und sie sollen soweit möglich eine selbstständige Fehlerkontrolle durch das Kind ermöglichen. Die Entwicklungsmaterialien, gelegentlich auch ganz unmontessorianisch als »Montessori-Spielzeug« bezeichnet, werden traditionell in fünf Segmente unterteilt. Jede Materialart soll hier an einem Beispiel vorgestellt werden (siehe auch Abbildungen S. 83 ff.).

Übungen des täglichen Lebens

»Die Übungen des praktischen Lebens sind als vorbereitende Übungen zu unterteilen in: Pflege der Umgebung, Pflege der eigenen Person, Übungen des sozialen Lebens sowie Beherrschung und Analyse der Bewegung. Für alle Gebiete gibt es verschiedenste Materialien, welche in Bezug auf Farbe, Form, Größe, Aufforderungscharakter und Handlichkeit den kindlichen Bedürfnissen angepasst sind. In der ganzen Welt sind die Übungen gleich, jedoch können Unterschiede infolge verschiedener sozial- und kulturspezifischer Verhaltensweisen der jeweiligen Montessori Umgebung auftreten« (Nienhuis 2015, S. 33).

Sinnesmaterial

»Der Grund für den Erfolg und die Popularität dieser Materialien ist zweifellos darin zu sehen, dass die Sinnesmaterialien den Kindern die Möglichkeit bieten, sich spontan aktiv zu betätigen, wie es alle Kinder gern wollen. Mit oder ohne speziellem Material werden Kinder immer, wenn sich ihnen die Möglichkeit bietet, Gegenstände nach Größe, Form, Farbe, oder auch nach Tastempfinden, Klang, Temperatur oder Gewicht, von dunkel nach hell, von groß nach klein ordnen und sortieren. Das Sinnesmaterial Maria Montessoris gibt ihnen die Gelegenheit, ihre Sinneserfahrungen zu ordnen, zu strukturieren, zu klassifizieren und zu kategorisieren« (Nienhuis 2015, S. 44).

- Beispiel 1: in Höhe und Durchmesser gleichmäßig zunehmend
- Beispiel 2: in gleicher Höhe und zunehmendem Durchmesser

Mathematisches Material

»Mit dem mathematischen Material isoliert jede einzelne Materialübung einen einzelnen Begriff. Diese Begriffe werden zu einem Ganzen zusammengefügt und formen so die Grundlage für einen weiteren Schritt in Richtung der Entwicklung des mathematischen Denkens des Kindes. Das Prinzip Montessoris besteht also darin, Kindern ein Ganzes anzubieten und sie entdecken zu lassen, aus welchen Einzelteilen dieses besteht. Die Übungen, welche den Kindern im Vorschulalter angeboten werden, führen sie zu verschiedensten Entdeckungen im Bereich der Mathematik. Sie beziehen sich zunächst auf die Zahlen bis 10, das Dezimalsystem und später auf die Zahlen bis 1000. Sie kommen also automatisch in Berührung mit den vier Grundrechenarten, indem sie mit den Übungen beschäftigt sind« (Nienhuis 2015, S. 107).

Sprachmaterial

»Das Sprachmaterial hat einige eigene Elemente, die mit dem Sinnesmaterial übereinstimmen. Vor allem sind sie einfach und sie bieten den Kindern einen Schlüssel zur Entdeckung von Sachen, die nicht an der Oberfläche liegen. Wenn Kinder das erste Mal in eine Montessori Umgebung kommen, meistens mit etwa drei Jahren, sind sie noch mitten in der Phase des Spracherwerbs; ihre Sprache hat sich bereits entwickelt, sie haben einen umfangreichen Wortschatz und die grammatikalische Struktur der Sprache ist schon recht gut. Sie haben einen großen Worthunger und wollen ihren Wortschatz vergrößern. Sie haben von Natur aus das Bedürfnis, das Schreiben und Lesen zu erlernen« (Nienhuis 2015, S. 73).

Kosmisches Material

Quer durch die verschiedenen Arbeits-, Lern- und Sozialformen können speziell gefertigte Kosmische Materialien eingesetzt werden. Diese beinhalten altersgerechte mathematische, geometrische, naturwissenschaftliche, sprachbezogene und sogenannte kosmische Aufgaben und Experimente sowie Darstellungen auf Bildtafeln und Zeitleisten. Die Kosmischen Materialien ergänzen dabei die eher im vorschulischen Bereich eingesetzten Montessori-Materialien.

Kosmische Erziehung: Montessori-Pädagogik für die Grundschule

Die Idee der Kosmischen Erziehung setzt eine Auffassung des Menschen, des Unterrichts und der Gegenstände des Lernens voraus, die von einer umfassenderen weltanschaulichen Ausrichtung getragen ist. Nicht einzelne Lerngegenstände werden abgearbeitet, nicht Wissen und Kompetenzen über Einzelnes, über Isoliertes werden erworben. Vielmehr werden am Beispiel von Einzelfragen größere Prinzipien, früher hätte man vielleicht gesagt »höhere« Werte, nachvollziehbar und erlebbar gemacht und dadurch Bestandteil des Denkens und Fühlens der Schülerinnen und Schüler. Die spirituelle Tradition, aus der heraus die Montessori-Pädagogik dieses »höhere« Bezugssystem gewinnt, kann man auf christliche Überlieferungen zurückführen, man kann darin die Einflüsse der östlichen Religionen und der Theosophie identifizieren (von denen sich Maria Montessori vor allem in der Zeit ihres indischen Exils während des Zweiten Weltkriegs inspirieren ließ), man kann sie aber auch als dem humanistischen Erbe des Abendlandes zugehörig betrachten. Dies soll wenigstens andeutungsweise begründet werden.

Ein humanistischer Freigeist wie Johann Wolfgang von Goethe etwa beschreibt in seinem Bildungsroman »Wilhelm Meister« die Lehre von der dreifachen Ehrfurcht, in der man ein Pendant des von der italienischen Katholikin Maria Montessori Gemeinten findet. Demnach ist die erste Ehrfurcht die vor dem, was über uns ist, »dass ein Gott da droben sei«, der sich auch in allem Irdischen offenbart. Die zweite Ehrfurcht soll sich auf das richten, was unter uns ist, »dass man die Erde wohl und heiter zu betrachten habe; sie gibt Gelegenheit zur Nahrung; sie gewährt unsägliche Freuden« – aber eben auch Leid. Als dritte Ehrfurcht nennt Goethe die vor seinesgleichen, vor dem, was neben uns ist. Sie soll Eitelkeit und Egoismus vorbeugen und durch das Gemeinschaftserleben Kraft geben. Ehrfurcht, so Goethe in Wilhelm Meisters Wanderjahren weiter, »ist ein höherer Sinn« und Bestandteil aller Religionen. Die »wahre Religion« aber weiß: »Und aus diesen drei Ehrfurchten entspringt die oberste Ehrfurcht, die Ehrfurcht vor sich selbst.«

Wie Goethe, so legt auch Maria Montessori großen Wert darauf, dass die Erkenntnis der besonderen Rolle des Menschen in der Welt immer in Verbindung stehen muss mit der Einbettung und Einwurzelung ins soziale, ökologische und kosmische Geschehen. Der Mensch, der sich seiner Bezüge zu Natur, Kultur und Geschichte sowie seiner sozialen Verantwortung bewusst ist, schwebt Goethe genauso vor, wie er das Leitbild der Kosmischen Erziehung darstellt. Wie alles auf der Welt seinen Sinn und seine Aufgabe habe, so soll durch die Prinzipien der Kosmischen Erziehung auch das Kind sich seines Platzes in Gesellschaft und Umwelt bewusst werden und nach seiner »kosmischen Aufgabe« fragen.

Grundlage der Kosmischen Erziehung im Grundschulalter ist die Annahme, dass Kinder in der zweiten Entwicklungsstufe (zwischen dem siebten und dem zwölften Lebensjahr) einen Persönlichkeitswandel durchleben, der sich dadurch auszeichnet, dass sie ein stärkeres Bewusstsein sowie eine größere Vorstellungskraft ausbilden. Die aus intensiver Beobachtung gewonnenen Hinweise von Maria Montessori betonen, dass die Kinder in dieser Entwicklungsstufe weniger Wiederholung und Erklärung bedürfen, da sie aus sich selbst heraus das Bedürfnis entwickeln, Ursachen und Wirkungen zu erforschen. Auch wird diese Periode als eine Zeit beschrieben, in der moralische Dimensionen wie Gerechtigkeitsempfinden und Regeln des sozialen Zusammenlebens für Kinder besonders wichtig werden (Montessori 2015, S. 15 ff.). Montessoris Beobachtungen zufolge ist es die Aufgabe von Pädagogen, Wissen dort zu vermitteln, wo es gefragt ist, um den »Selbstaufbau« des Kindes zu fördern und Kinder auf ihrem

Lernweg zu begleiten. Grundlegende Schlüssellektionen, vorgetragen in den sogenannten »Großen Erzählungen« oder »Kosmischen Erzählungen«, sollen den Kindern dabei helfen, das »große Ganze« (Montessori nennt dies das Universum) zu erkennen und die einzelnen Bestandteile eines umgreifenden Systems zu identifizieren. Die Kinder sollen erfahren und lernen, dass die Welt ein zusammenhängendes System ist, das sich zwar durch verschiedene Fachdisziplinen erschließen lässt, dass aber in einem überall anzutreffenden Wechselwirkungsgefüge kein Ding isoliert und ohne Bezüge auf anderes existiert. Und dass es Sinnzusammenhänge, Gesetzmäßigkeiten und Ordnungsprinzipien gibt, die sich unabhängig von Raum und Zeit als ubiquitär erweisen. Mal steht die eher spirituelle Dimension des Daseins im Vordergrund, mal das sachliche Verständnis von naturwissenschaftlichen Phänomenen. Durch das implizite Training von Sozialkompetenzen eigneten sich die Kinder außerdem eine moralische Reflexionskompetenz an; sie seien somit in der Lage, sich selbstständig Gedanken zu machen, zwischen Gut und Böse zu unterscheiden, Empathie zu empfinden und den Gedanken der Gerechtigkeit auszubilden. Die Prinzipien der Kosmischen Erziehung unterstützten die Kinder nicht zuletzt, sich als soziale Wesen zu entwickeln und in der Gesellschaft einzugliedern.

Das Konzept der kosmischen Erziehung will explizit die unterschiedlichen Dimensionen in naturwissenschaftlicher, sozialer, ökologischer und spirituell-philosophischer Hinsicht als Lernangebote integrieren. Dabei soll jeweils nicht nur die kognitive Zielsetzung berücksichtigt werden, sondern immer auch der Aspekt der Werteerziehung. Maria Montessori hat diese Aufgabe an der Schnittstelle von Philosophie und Moral klar umrissen, nämlich »jenes menschliche Verstehen und jene Solidarität zu entwickeln, die heute so sehr fehlen« (Montessori 1988, S. 93 f.). So verstanden bildet die Kosmische Erziehung eine zentrale Grundlage der an Montessori orientierten Konzeptionen der Grundschule. Ziel ist die pädagogische Umsetzung der Erkenntnis, dass der Mensch Teil eines kosmischen Ganzen ist und sich im Menschen als Mikrokosmos vielfältige Entsprechungen des Makrokosmos finden. Der Mensch ist aufgefordert, selbst schöpferisch an der Gestaltung der Welt mitzuwirken. Richtig verstanden betont die Montessori-Pädagogik im Zusammenhang mit der Kosmischen Erziehung die Interdependenzen zwischen Lernen und Leidenschaft, Kreativität und Intelligenz, geistiger und gefühlsmäßiger Entwicklung. Besondere Bedeutung kommt deshalb dem ganzheitlichen Lernen zu: »Einzelheiten lehren bedeutet Verwirrung stiften. Die Beziehung unter den Dingen herstellen bedeutet Erkenntnisse vermitteln« (Montessori 1988, S. 126).

Die Einsicht in die Interdependenz aller Dinge ist ein elementares Bildungsprinzip der Kosmischen Erziehung. Die »kosmischen Sensibilitäten« erwachen nach Maria Montessori zwischen dem sechsten und zwölften Lebensjahr – also genau in der Grundschulzeit. Die konkrete Umsetzung der Idee der Kosmischen Erziehung nimmt in der Praxis vielfältige Gestalt an. Von der anschaulichen Heranführung der Kinder an Naturphänomene und naturwissenschaftliches Experimentieren über ökologische und soziale Projektarbeit bis zur Thematisierung der philosophischen Dimensionen der

Weltreligionen und der Mythologien. Auch die Auseinandersetzung mit Schöpfungsmythen, mit frühen Hochkulturen oder mit dem Entstehen und Vergehen von Zivilisationen kann unter Kosmische Erziehung gefasst werden: »Für ihr Konzept einer Kosmischen Erziehung hielt sie gerade diese Dimension für besonders wichtig: Kindern einen Einblick in die Lebens- und Denkweise früherer Kulturen zu ermöglichen« (Eckert 2007, S. 230). Damit soll gleichzeitig der Grundstein für eine praktisch-philosophische Welterklärung wie für eine interkulturelle Sensibilisierung gelegt werden.

Ein detailliert ausgearbeitetes Programm der Kosmischen Erziehung findet sich erst in den letzten Jahren in der deutschen pädagogischen Montessori-Literatur (Eckert/Fehrer 2015). Nachdem der zentrale Text der Kosmischen Erzählungen – »Die Große Erzählung von Gott, der keine Hände hat« – seit 1996 überhaupt in deutscher Übersetzung vorliegt und erst seit 2001 einem breiteren Publikum als Publikation verfügbar ist und die weiteren Kosmischen Erzählungen sogar noch deutlich später in deutscher Sprache zugänglich geworden sind, hat sich in Deutschland erst allmählich eine kritische Masse an verfügbaren Unterrichtsbeispielen und Einsatzszenarien etabliert, die die zentrale Bezugnahme auf das Konzept der Kosmischen Erziehung sinnvoll erscheinen lassen.

Eine Interviewstudie an Montessori-Schulen in Nordrhein-Westfalen ergab vor wenigen Jahren eindeutig, dass Kosmische Erziehung in der Praxis der Montessori-Schulen meist ein randständiges Phänomen darstellt. Sogar Montessori-Lehrkräfte waren mit dem Begriff zum Teil überfordert und ordneten ihn fälschlich der Waldorfpädagogik zu (Liebenwein/Barz/Randoll 2013, S. 211).

Während die individualisierenden Programme, die sich durchaus auch in den staatlichen Richtlinien und Lehrplänen finden, eher an den Defiziten, eher an individueller Förderung orientiert sind, geht die Montessori-Pädagogik vom Kind und seinen positiven Bedürfnissen aus. Der Programmatik auch der modernen staatlichen Schulpädagogik bleibt die Montessori-Pädagogik, trotz verbaler Annäherung, fremd: »Sie sind nicht am individuellen Bedürfnis der Kinder orientiert. Sie tun so, als ob der Mensch nicht vom Entwurf her auf Selbstständigkeit und Gemeinschaft ausgerichtet sei. Sie glauben, sie müssten erst noch schaffen, was den Menschen ausmacht. […] Schaffen wir in unseren Schulen den Raum und die Möglichkeit, dass unsere Kinder ihre Selbstständigkeit nicht verlieren, sondern weiterentwickeln« (Elsner 2008, S. 231).

Die wesentlichen Aufgaben und Ziele der Kosmischen Erziehung scheinen sich zunächst mit den Zielen und Vorstellungen des staatlichen Lehrplans zu decken. So sollen die Kinder Kompetenzen erlernen, durch die sie sich in ihrer Lebenswelt zurechtfinden und ein Verantwortungsbewusstsein entwickeln. Die zentralen Kompetenzziele, wie sie etwa für Sachkunde im staatlichen Lehrplan formuliert werden (Lehrplan für Grundschulen 2008, S. 39), sollen auch im Montessori-Curriculum der Kosmischen Erziehung realisiert werden:

- die Achtung vor der Würde des Menschen
- der verantwortungsvolle Umgang mit der natürlichen und gestalteten Lebenswelt und ihren Ressourcen

- die Solidarität mit und in der sozialen Gemeinschaft
- eine kritisch-konstruktive Haltung zu Naturwissenschaft und Technik
- das Bewusstsein für die Bedeutung von Kultur und Geschichte und für die damit verbundenen Werte und sozialen Orientierungen

Die genannten Aspekte sind grundlegende Bestandteile jeder Persönlichkeits- und Identitätsentwicklung in demokratischen Gesellschaften. Die Kosmische Erziehungskonzeption geht jedoch davon aus, dass die erfolgreiche Vermittlung weniger durch Wissenserwerb und ein Einüben erwünschter Handlungsbereitschaften erfolgt, sondern dass es dafür die Bedingungen zu gestalten gilt, die Kindern das selbstständige Erfahren, Erleben und Ergreifen der Sinnhaftigkeit sozialer, natürlicher und kosmischer Ordnungen und Gesetze sowie deren Nützlichkeit ermöglichen – bis hin zur Unverzichtbarkeit und Unverfügbarkeit übergreifender Regelsysteme.

Wenn also die Gegenstände und Kompetenzziele des Unterrichts auf den ersten Blick keinen großen Unterschied zwischen dem staatlichen Lehrplan und dem Lehrplan der Kosmischen Erziehung aufzuweisen scheinen, so muss doch die tatsächlich grundlegend andere Umsetzung betont werden. Diese kategoriale Differenz fußt auf anderen Grundannahmen, auf einer anderen Ausbildung der Lehrkräfte (mit Montessori-Diplom), einer anderen Ausstattung mit Entwicklungsmaterialien (oft nicht ganz zutreffend als »Lernmaterialien« bezeichnet), einem anderen schulorganisatorischen Prinzip (Jahrgangsmischung) und schließlich auf einer anderen pädagogischen Grundhaltung. Diese Grundhaltung sieht den Menschen und insbesondere das Kind als höchstes Entwicklungsprodukt der Evolution – und damit auch in der Verantwortung für die Fortentwicklung und Bewahrung der Schöpfung. Diese (s. o.) humanistisch-spirituelle Grundhaltung ist etwas, was sich kaum durch Richtlinien und Erlasse verordnen lässt – sie kann aber ermöglicht werden. Sie kann dort wachsen, wo Entwicklungsspielräume nicht nur den Schülerinnen und Schülern, sondern auch den Eltern und Pädagogen angeboten werden.

Gerade die in den vergangenen 20 Jahren aus dem Nachlass von Maria und Mario Montessori erstmals erschlossenen Kosmischen Erzählungen stellen einen wirklichen Neuansatz dar. Auch in der Montessori-Schulbewegung selbst wird dies so diskutiert. An sechs zentralen Begriffen lässt sich der spezifische Bedeutungsgehalt der Montessori-Konzeption im Unterschied zu den Richtlinien und Lehrplänen der Regelschulpädagogik erläutern:

1) *Individualität*: Der Blick der Montessori-Konzeption richtet sich auf die besonderen Fähigkeiten, Bedürfnisse und Eigenheiten jedes einzelnen Kindes. Maßstab ist dabei nicht eine vorgegebene Norm, eine normierte Fähigkeits-, Wissens- oder Kompetenzbeschreibung, sondern das individuelle Lern- und Interessensprofil. Leitbild ist die Ressourcen- statt der Defizitorientierung (wie sie häufig den Förderkonzepten zugrunde liegt).
2) *Vorstellung*: Die Weckung und Pflege bildhafter Vorstellungswelten ist gerade im Grundschulalter ein wichtiges pädagogisches Leitmotiv. Bildhafte Erklärungen

und Erzählungen können Motivation freisetzen und Kindern sowohl Orientierung wie Anreize zur Bewältigung auch von großen Aufgaben geben.

3) *Motivation*: Der mit den Montessori-Materialien immer verbundene Anspruch des Aufforderungscharakters kann auch im Grundschulalter in den Experimentiersets, Bildtafeln und Zeitleisten der Kosmischen Materialien wiedergefunden werden. Die Kosmischen Erzählungen wie auch Geschichten großer Entdecker, Erfinder oder Forscher können zusätzlich Motivation erzeugen.
4) *Sich als Teil des Ganzen fühlen*: Die gesamte Welt als eine sinnhaft geordnete wahrzunehmen, in der Historisches, Biologisches, Mathematisches etc. seinen Platz und seine Nützlichkeit für Mensch und Gesellschaft hat, ist ein wichtiges Anliegen der Kosmischen Erziehung, die deshalb auch großen Wert auf die Darbietung der Kosmischen Erzählungen mit ihren anthropomorphisierenden Bildern und Erklärungen legt.
5) *Altersspezifische Charakteristika berücksichtigen*: Ein diskontinuierliches Bild der Entwicklungsverläufe ist ein Spezifikum der Montessori-Pädagogik. Das heißt, dass sie von besonderen Interessen, Fähigkeiten, Lernstilen der einzelnen Altersgruppen ausgeht. Analog der Metamorphose von der Raupe zum Schmetterling müssen die sehr unterschiedlichen Zugänge pädagogisch berücksichtigt werden (Montessori 2015, S. 5 ff.). Das Kind im Grundschulalter bezeichnet Montessori mit dem Schlagwort »Der Entdecker«.
6) *Positives Bild des Kindes*: Während die allgemeine Schulpädagogik den Glauben an die Formbarkeit und Förderwürdigkeit jedes Kindes propagiert, lebt in der Montessori-Pädagogik der Glaube an die Kraft des Kindes und die »Gewissheit, dass das Kind in sich die Fähigkeit besitzt, sich zu einem Wesen zu entwickeln, das uns überlegen ist« (Montessori nach MacDonald 2005, S. 115).

Wichtigster Grundsatz für den Lernerfolg ist für Maria Montessori die Freude an der aktiven geistigen Auseinandersetzung. Sie stellt daher fest: »Das Kind müsste alles, was es lernt, lieben, weil seine geistige und seine gefühlsmäßige Entwicklung miteinander verbunden sind« (Montessori 1988, S. 55). Die Aneignung von Lerninhalten soll deshalb grundsätzlich auf einer positiven Motivation der Schülerinnen und Schüler beruhen. Statt den Kindern Lerninhalte vorzugeben oder gar aufzudrängen, entscheiden sie selbst, in welcher Reihenfolge sie Lerninhalte bearbeiten. Voraussetzung dafür ist »die Freiheit zu handeln in einer vorbereiteten Umgebung, in der das Kind auf intelligente Weise aktiv sein kann« (Montessori 1988, S. 54). Es gibt dabei sehr unterschiedliche Lernarrangements. Den Schülerinnen und Schülern wird beispielsweise ermöglicht, Ziele zu verfolgen und eigenständig zu arbeiten; zwecks Förderung der Gemeinschaft sowie der Teamfähigkeit werden jedoch auch gezielte Übungen eingesetzt. Außerdem werden sozusagen als rahmendes Narrativ die Kosmischen Erzählungen eingeführt, die sowohl Orientierung als auch Anregung für eigene Aktivitäten der Schülerinnen und Schüler bieten können.

Im Zentrum steht die Auffassung, dass die Kernkompetenz der Kinder darin besteht, sich eigene Lernziele zu setzen und diese ernsthaft, ja hartnäckig zu verfolgen. Dabei wird in ihnen auch das Verständnis dafür reifen, dass jedes Kind individuelle Talente und Interessen besitzt, die entwickelt und ausgebaut werden können. Die Schülerinnen und Schüler profitieren demnach von den Freiheiten, selbst oder mit anderen Wege und Lösungen zu entwickeln, und halten diese Entwicklung fest. Die Dokumentation kann auf vielfältige Weise geschehen. So können Lerntagebücher, Präsentationen oder auch Portfolios erstellt werden, die die Kinder bei ihrer Lernentwicklung als Instrument begleiten.

Als übergreifende Ziele der Kosmischen Erziehung können gelten:

- dem Kind das Erkennen, Wissen, Verstehen und Deuten der natürlichen und sozialen Umwelt zu ermöglichen,
- Gefühle und Motivation für seine Mitwelt und Umwelt zu wecken,
- Neugier, Staunen und Bewunderung für die Schöpfung und kulturelle Leistungen zu erzeugen,
- die Erkenntnis zu schaffen, dass alle voneinander abhängen und gleichberechtigt sind,
- das Gefühl der Liebe zu vermitteln, das alle anderen Gefühle umfasst und von Montessori als »größte Energie im Kosmos« angesehen wird,
- eine Anleitung zu geben für die schrittweise Übernahme von Maßstäben für die Bewertung eigener und fremder Handlungen sowie von Vorgängen in Natur und Gesellschaft (Gewissensbildung),
- zum Handeln anzuleiten und zu ermutigen.

Lernerfolge werden in der Kosmischen Erziehung unter anderem durch folgende Lehr-Lern-Arrangements ermöglicht, die sich in vielfältiger Weise abwechseln, ergänzen, überlagern und durchdringen können:

Vortrag der Kosmischen Erzählungen

Montessori hat fünf sogenannte Große Kosmische Geschichten entwickelt, die den Schülerinnen und Schülern zu einem Verständnis der großen Zusammenhänge der Welt verhelfen sollen:

- die Geschichte von der Entstehung des Universums,
- die Entwicklung des Lebens auf der Erde,
- das Erscheinen des Menschen auf der Erde,
- Kommunikation in Zeichen,
- die Geschichte der Jäger.

Die Geschichten werden jeweils als eine Art Initialisierung eingesetzt, das heißt, sie stehen am Anfang der Beschäftigung mit einem neuen Thema und bilden einen geistigen Rahmen, eine affektiv besetzte Grundlage und Verständnishilfe für die dann folgenden Einzelheiten. Um die Vorstellungskraft der Schülerinnen und Schüler während des Erzählens zu unterstützen, werden die Geschichten von Bildern, Materialien und Experimenten begleitet. Wissenschaftliche Phänomene sollen greifbar aufgearbeitet werden. So sollen einerseits praktische Beispiele komplexe Entwicklungen darstellen und andererseits alltägliche Erfahrungen der Kinder eingebracht werden, um technische Abläufe exemplarisch darstellen zu können. Die Kinder sollen am Ende dieser Schlüssellektion in der Lage sein, technische Entwicklungen zu benennen und diese im Zusammenhang der Gesellschaft zu bewerten.

> »Daher enthalten diese Erzählungen eine Mischung aus geheimnisvollem, unbekanntem und faktischem Wissen, das durch seine erhabenen Formulierungen sowohl die Vorstellungskraft als auch die Intelligenz des Kindes der zweiten Entwicklungsstufe anspricht. Wir bezeichnen sie als impressionistische Hilfen, denn sie geben den Kindern das Ganze, von dem aus sich alle Teile erschließen; sie sind somit keine reine Anhäufung verschiedener Details. Maria Montessori sagte dazu: ›Hier wirkt ein wesentliches Prinzip: Details zu erklären bedeutet, Verwirrung zu stiften. Beziehungen zwischen den Dingen herzustellen, bedeutet Wissen zu vermitteln.‹ Zusammenfassend halten wir fest: diese Erzählungen sind keinesfalls ein herkömmliches ›Lehrmaterial‹, das dem Lehrer hilft Informationen zu vermitteln, sondern sie sind ebenso wie die anderen Montessori-Materialien Entwicklungsmaterialien zur Förderung der kindlichen Entwicklung« (Valle 2015, S. 57 f.).

Fächerübergreifendes freies Arbeiten

In der »Freiarbeit« bestimmen die Kinder selbst, welche Lerninhalte sie behandeln möchten. Das bedeutet, dass jedes Kind seinen Interessen nachgehen kann und dabei in seinem individuellen Lern- und Arbeitstempo und in frei gewählter Sozialform (Einzel-, Partner- oder Gruppenarbeit) Lerninhalte bearbeiten darf. Die Kinder sind dazu aufgerufen, ihre Fortschritte mithilfe der bereits vorgestellten Dokumentationsinstrumente festzuhalten. Dem Pädagogen kommt die wesentliche Rolle des Beraters und Begleiters zu. Er behält die Schüler im Blick und begleitet ihre Entwicklungsprozesse. Dabei hat er Vertrauen in die Schülerinnen und Schüler und traut ihnen zu, ihre Lernziele im Blick zu haben. Darüber hinaus haben die Pädagogen die Aufgabe, eine gute Lernumgebung für die Kinder zu schaffen, in der Tagesabläufe strukturiert, Regeln transparent und verbindlich festgelegt sind.

Der Lernbegleiter zeigt den Kindern in Form von kurzen Darbietungen die Arbeit mit einem bestimmten Material. Die Darbietungen richten sich in der Regel an Kleingruppen von zwei bis fünf Kindern. Während also einige Kinder eine Darbietung erhalten, arbeiten die anderen ruhig und selbstständig an ihrer Aufgabe. Je nach Bedarf und Interesse der Kinder besteht die Möglichkeit, Projekte und Ergebnisse im Gesprächskreis vorzustellen.

Erkunden der Natur durch Experimente

Zusammenhänge zwischen Ursache und Wirkung lassen sich am besten in Form von Experimenten erfahren und nachvollziehen. In einer gut strukturierten und vorbereiteten Umgebung sollen die Schüler möglichst viele Beobachtungen selbstständig durchführen können. Diese verfolgen das Ziel, vorangegangene Eindrücke auf die Wahrnehmungsebene zu heben. Antworten und Erklärungen sollen vorerst zurückgestellt werden. Andernfalls nimmt man den Kindern die Möglichkeit, eigene Erfahrungen und Erkenntnisse zu sammeln. So ist es möglich, ein erfahrungsbasiertes Verständnis für Naturvorgänge zu entwickeln, für ihre Ursachen und Wirkungszusammenhänge. Jedes erklärte Naturphänomen macht im Idealfall auf weitere Rätsel aufmerksam und gibt Ansatzpunkte für das Verständnis weiterer ähnlicher, eventuell auch schwierigerer Zusammenhänge. In diesem Sinne sollen durchaus auch Fragen offen bleiben bzw. für später vorgemerkt werden.

Projektarbeiten und Exkursionen

Als Ergänzung zur Freiarbeit steht den Kindern die Projektarbeit zu einem selbst gewählten Thema zur Verfügung. Die Kinder können etwa kleinere handwerkliche Projekte durchführen oder Informationen sammeln, einordnen und ihr Wissen ergänzen. Projektarbeit ist aus diesem Grund eine wichtige Basis für fächerübergreifendes und vernetztes Lernen und schult die Ausdrucksfähigkeit der Kinder.

Für die praktische Vermittlung gesellschaftlicher und technischer Prozesse eignen sich besonders Projekte außerhalb der Schule. Orte wie eine Bäckerei, eine Tischlerei oder eine Fabrik geben einen Einblick in die Entstehung von lebenswichtigen Erzeugnissen. Die Schülerinnen und Schüler erleben dadurch verschiedene Arbeitsabläufe und Arbeitsprozesse in der Praxis.

Darüber hinaus entfaltet sich die Kosmische Erziehung auch durch die Darstellung von übergeordneten Zusammenhängen. Die Kinder sollen hierbei fächerübergreifende Kompetenzen ausbilden, die es ihnen ermöglichen, Zusammenhänge auch zwischen den Fächern zu erkennen. Am Beispiel des wirtschaftlichen Kreislaufs lässt sich etwa zeigen, inwiefern die Gesellschaft voneinander abhängt, da Abhängigkeiten z. B. zwischen dem Bäcker und dem Schumacher bestehen.

Im Zusammenhang mit projektorientiertem Lernen, aber nicht ausschließlich mit diesem, suchen die Kinder außerschulische Lernorte auf. Lernen kann sich so realitäts- und lebensnah gestalten. Dadurch dass Kinder das Schulhaus verlassen und z. B. Produktionsstätten aufsuchen, wie Handwerksbetriebe und Fabriken, und mit den Experten ins Gespräch kommen, vollzieht sich ihr Lernen anschaulich, konkret, ganzheitlich und auch motivierter.

Den Schülerinnen und Schülern kann auch die Möglichkeit geboten werden, in Kleingruppen von drei bis vier Kindern selbstorganisierte Ausflüge zu unternehmen.

Diese beziehen sich in der Regel auf ihre jeweiligen Projektarbeiten und dienen dem Finden von Informationen. Sie lernen so die Gesellschaft kennen und sich in dieser zurechtzufinden (Stadtplan oder GPS benutzen, sich im Straßenverkehr bewegen, Umgangsregeln etc.). Das Hinausgehen ermöglicht Selbstständigkeit, Selbstkontrolle und das Einüben von Verantwortung. In der Praxis werden solche Kinder hinausgehen dürfen, die schon ein bestimmtes Maß an Verantwortung zeigen. Ihr Ausflug sollte einem bestimmten Ziel dienen, z. B. an einer Veranstaltung teilzunehmen, Arbeitsplätze kennenzulernen oder bestimmte Informationen zu sammeln. Sie werden von einer Aufsichtsperson begleitet, die nicht die Aufgabe hat, die Aktivität anzuleiten, sondern nur dazu da ist, Gefahren abzuwenden. Das heißt, die Organisation und Durchführung (z. B. Wahl eines geeigneten Verkehrsmittels, Finden des Zieles, Einhalten der Zeit usw.) liegt allein bei den Kindern. Die Begleitperson (Eltern, Assistenten, Praktikanten) wird von dem Lernbegleiter entsprechend eingewiesen. Danach wird der Ausflug von den Kindern und dem Lernbegleiter reflektiert.

Fachunterricht / Kurse

Für ein Grund- und Überblickwissen in den Fächern Englisch, Musik, Kunst, Religion und Sport kann die Vertiefung in gebundenen Kursen sinnvoll sein. Hierfür werden Kernzeiten vorgesehen. Darüber hinaus beinhaltet der Kursunterricht das Erlernen des verantwortungsvollen Umganges mit handwerklichen Geräten, das Erlernen eines Instrumentes in der Bläser- oder Streicherklasse oder z. B. Töpfern. Zu den verpflichtenden Kursangeboten zählen der wöchentliche Schulsport sowie angeleitete Bewegungsphasen. Die Kurse können außer von Lehrkräften auch von Lehrbeauftragten angeboten werden (z. B. Schwimmlehrer, Musiker etc.). Ebenfalls in gebundenen Unterrichtsformen kommen die Kosmischen Erzählungen zum Einsatz.

Gesprächskreise und Präsentationen

Gesprächskreise und Schulversammlungen sollen der Entwicklung der Gesprächskultur dienen. Sie haben mehrere Funktionen, wie z. B. das Berichten oder Erzählen von Erlebnissen, das Diskutieren und Lösen von Konflikten, das Besprechen der Tages- und Wochengestaltung, das Aufstellen von Regeln des Zusammenlebens und das Einüben demokratischer Verhaltensweisen. Im Kreis bietet sich – wie die Form symbolisiert – jedem Kind die Möglichkeit, gleichberechtigt vor der Gruppe Gedanken vorzutragen, sich selbst darzustellen, die Initiative vor der Gruppe zu ergreifen. Es ist ein Ort sozialer Erfahrungen.

Präsentationen von Arbeiten einer Gruppe oder eines einzelnen Schülers sind ebenfalls geeignete pädagogische und organisatorische Maßnahmen, in denen die Schüler nicht zuletzt die Fähigkeit zur Selbsteinschätzung entwickeln können.

Vorbereitete Umgebung und Materialfundus

Quer durch die verschiedenen Arbeits-, Lern- und Sozialformen kommen speziell gefertigte Materialien zum Einsatz. Dies setzt die Verfügbarkeit von altersgerechten mathematischen, geometrischen, naturwissenschaftlichen, sprachbezogenen und kosmischen Materialien sowie von Bildtafeln und Zeitleisten voraus, die von der Schule angeschafft oder selbst gefertigt werden. Die Materialien ergänzen dabei die eher im vorschulischen Bereich eingesetzten Montessori-Materialien. Sie beinhalten wie diese jeweils eine spezifische Aufgabenstellung (Isolation von Eigenschaften), sind einmalig, haben durch attraktive Gestaltung einen Aufforderungscharakter und ermöglichen eine selbstständige Fehlerkontrolle durch das Kind.

Feste und Feiern

Das gemeinsame Feiern von Festtagen, der gemeinschaftliche Abschluss von Fahrten, der feierliche Abschluss eines Projektes sowie die Präsentation von Gruppen-und Einzelarbeiten fördern die Gemeinschaft und die Gruppe. Die Kinder erfahren durch Darbietung, Musik, gemeinsames Essen und Vorbereitung ihre Zugehörigkeit zur Schulgemeinde. Das Kind ist aktiver Teil des Schullebens und erfährt seine Besonderheit als Gruppenwesen.

Auch die Eltern und das pädagogische Personal gewinnen in der Feier ein Gemeinschaftsgefühl, welches die Verantwortung und den Spaß am Miteinander betont. Die Feier als Gegengewicht der Individualisierung stellt mit ihren Ritualen das kindliche Bedürfnis nach gemeinsamen Aktivitäten in den Mittelpunkt. Jahreszeitliche Feste (z. B. Erntedank, Karneval) und christliche Feiertage (Ostern, Weihnachten etc.) sollen ebenso aufgegriffen werden wie Brauchtum und Feiern anderer Kulturen (Beispiele: Zuckerfest, Laubhüttenfest) – insbesondere wenn einzelne Kinder selbst aus der jeweiligen Kultur stammen.

Kritik

Schon Erlinghagen weist auf die sehr unterschiedlichen Kritikpunkte hin, die sich in der Geschichte der Montessori-Bewegung immer wieder finden:

> »Man hat Montessori naturalistische Einseitigkeiten ebenso vorgeworfen wie unkontrollierte Spekulation, Biologismus und Irrationalismus ebenso wie Intellektualismus oder Sterilität einer Laboratoriums- und Klinikatmosphäre, in der die Phantasie unterdrückt und der Spieldrang der Kinder einseitig kanalisiert werde. In den zwanziger Jahren gab es einen großen öffentlichen Streit um die Montessori-Pädagogik« (Erlinghagen 1991, S. 140 f.).

Dass diverse Kritikpunkte sich teilweise gegenseitig relativieren, lässt sich leicht erkennen. Mal ist die Methode zu wissenschaftlich, mal nicht wissenschaftlich genug; dasselbe gilt für die religiöse Dimension oder den Grundgedanken der Selbststeuerung. So hat etwa Skiera (2015) in Maria Montessoris Werk »totalitäre Rettungsphantasien« identifiziert und Formulierungen dafür als Belege präsentiert, in denen Montessori in relativ drastischer Wortwahl rät: »Fürchtet euch nicht, das Schlechte zu zerstören« oder als eine Art Krisenintervention »ablenkende Beweise der Zuneigung« vorschlägt, die »wie eine Reihe von Elektroschocks« wirken würden. Richtig ist an diesem Totalitarismusvorwurf sicher der Hinweis auf die Gefahren, die darin liegen, wenn Pädagogen sich durch vermeintlich göttliche Heilspläne, die es zu erfüllen gilt, selbst ermächtigen, jenseits aller beobachtbaren Fakten religiös aufgeladenen, kosmisch vorbestimmten Entwicklungsrichtungen zum Durchbruch zu verhelfen. Inwieweit diese Gefahren in der real existierenden Montessori-Pädagogik ein echtes Problem darstellen, ist schwer zu beurteilen. Die Topoi »absorbierender Geist«, »geistiger Embryo« und vor allem »innerer Bauplan« dürften jedenfalls theoretisch wie praktisch sehr viel schwerer wiegen als die hier angesprochenen Gehorsamspflichten des Kindes. Schon oben wurde ja der sozusagen völlig konträre Appell von Maria Montessori zitiert: dass Lehrer nämlich gerade keinen unmittelbaren Einfluss auf die Formung und auf die Disziplin der Kinder haben und dass sie ihr ganzes Vertrauen auf die verborgenen Kräfte des Kindes setzen müssen.

Ein immer wieder formulierter Kritikpunkt betrifft die Schwerpunktsetzung im mathematisch-naturwissenschaftlichen sowie sprachlichen Bereich (Wortschatz, Grammatik), wodurch die kreativ-künstlerischen Aktivitäten vernachlässigt würden. Auch hier scheint es sich um tatsächlich mögliche Verabsolutierungen der Montessori-Pädagogik zu handeln, denen wiederum die zahlreichen künstlerischen und musikalischen Angebote gegenüberstehen, die man in vielen Montessori-Schulen findet. Als Beispiel sei hier nur die Musik- und Musicalschule genannt, die angegliedert an Deutschlands einzigem Montessori-Internat, der Schule Schloss Hagerhof, Schülerinnen und Schülern eine intensive Ausbildung einschließlich Bühnenerfahrung vermittelt.

Ein anderer Kritikpunkt setzt an der Betonung der individuellen Einzelarbeit an, was bisweilen als Vernachlässigung von Gemeinschaftsorientierung oder auch Fehlen einer intensiven Lehrer-Schüler-Beziehung gedeutet wurde. Elemente im pädagogischen Alltag wie gemeinsame Feiern, Theater- oder Musikaufführungen, sportliches Training und sportliche Wettbewerbe oder demokratisch-partizipative Beratungen, die in anderen reformpädagogischen Konzepten teilweise zentral sind, finden sich als explizite Themen in den Montessori-Klassikern kaum – was allerdings nicht heißt, dass sie nicht in der heutigen Praxis der Montessori-Einrichtungen trotzdem eine wichtige Rolle spielen können (siehe oben die Ausführungen zur Kosmischen Erziehung). Die Montessori-Pädagogen scheinen hier jedenfalls wenig dogmatisch und durchaus offen auch für konzeptionelle Anleihen, sodass Skiera durchaus berechtigt vermutet: »Eine ›reine‹ Montessorischule – was auch immer das sein mag – wird sich heute wohl kaum finden lassen« (Skiera 2010, S. 230).

Montessori-Light

Das Problem der real existierenden Montessori-Pädagogik ist aus Sicht vieler Beobachter weniger die fehlende Modernisierung, sondern eher die Verwässerung. Im Didacta-Magazin (1/2013, S. 44–50) fordert dennoch der bekannte Vorschulpädagoge Prof. Dr. Dr. Dr. [sic!] Wassilios E. Fthenakis eine Erneuerung der Montessori-Pädagogik. Die »ko-konstruktive Dimension« (gemeint ist: Beziehungsorientierung) käme bei Montessori zu kurz. In der Montessori-Pädagogik werde zu wenig auf die »individuellen Umwege und Brüche«, durch die Sozialisation heute geprägt sei, eingegangen. Es fehle ein produktives Aufgreifen von »Diversity«.

Nun kann man an den real existierenden Montessori-Konzepten heute vieles kritisieren. Die modischen Schlagworte, die Fthenakis in seiner Forderung nach einer »Meta-Montessori-Konzeption« verwendet, helfen aber kaum weiter. Denn bei Maria Montessori finden sich die von Fthenakis vermissten Beziehungsaspekte durchaus. Die Rolle des Lehrers als Vorbild, Beobachter, Anreger und Beziehungsgestalter muss keineswegs neu erfunden werden. Das eigentliche Hauptproblem liegt heute weniger in der fehlenden Weiterentwicklung der Montessori-Konzeption selbst, sondern in der tausendfachen »Anwendung« als »Montessori-Light«-Konzepte in deutschen Regelschulklassenzimmern. Wo lieblose, stumpfsinnige Arbeitsblätter für jedes Fach den Unterricht ersetzen und damit zwar den Anspruch auf Selbsttätigkeit und Eigenverantwortung vordergründig aufgreifen – in Wirklichkeit den Kindern aber jede Lust auf Lernen, auf Üben, auf Verstehen verleidet wird. Mit echter Montessori-Pädagogik hat das so viel zu tun wie ein WBT (»Web Based Training«) mit handlungsorientiertem Unterricht. Denn die ursprüngliche Konzeption von Montessori betont gerade, dass die Arbeitsmaterialien einen hochwertigen, attraktiven, stimulierenden Charakter haben – sie sollen die Schüler ansprechen, neugierig machen, anlocken. Die Arbeit mit den z. B. aus Holz und Messing gefertigten Funktionselementen soll Freude machen. Wo deren Funktion eventuell nicht unmittelbar plausibel wird, soll der Lehrer die Kinder durch Vormachen auf den Geschmack bringen. Dass im Namen von Maria Montessori heute über Deutschlands Grundschulen ein Tsunami von stumpfsinnigen Lückentexten und Übungsaufgaben auf schlecht kopierten Arbeitsblättern hereingebrochen ist, illustriert eine alte Weisheit: Gut gemeint ist das Gegenteil von gut gemacht. Dass attraktiver Unterricht – gerne frontal, gerne lehrerzentriert, gerne mit hohem Anteil an Lehrervortrag – dadurch immer seltener vorkommt und schon in der Lehrerbildung als Relikt von vorgestern bestenfalls noch historisch behandelt wird, ist die traurige Kehrseite dieser Medaille.

6) *Die Reformpädagogik gewinnt an Popularität: Im Jahr 1913 reist Maria Montessori durch Europa, Amerika und Indien und hält Vorträge über die von ihr konzipierte Pädagogik. In diesem Jahr beginnt auch der erste internationale Lehrgang zur Ausbildung von Lehrkräften, die nach Montessori-Prinzipien unterrichten werden. In Europa und Amerika entstehen zahlreiche Montessori-Schulen*

7) *Maria Montessori auf der italienischen 1 000-Lire-Banknote, die zwischen 1990 und 1998 ausgegeben wurde*

8) Klassifizieren und Kategorisieren mit sogenanntem Sinnesmaterial: Einsetzzylinder sind Teil der Montessori-Entwicklungsmaterialien

9) Mathematisches Material aus dem Montessori-Fundus: Numerische Stangen

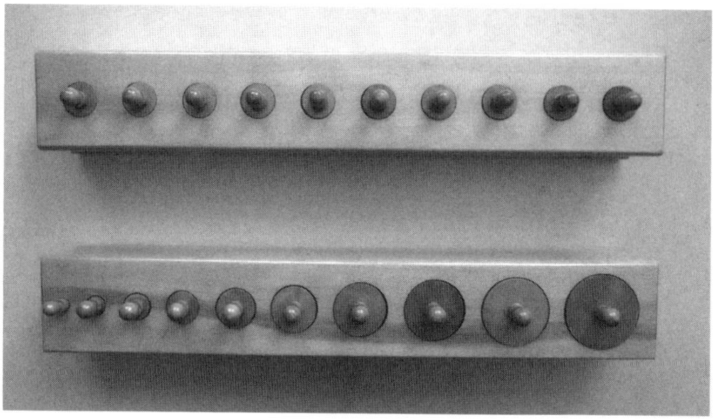

10) Höhe und Durchmesser können variieren: Einsetzzylinder aus Holz

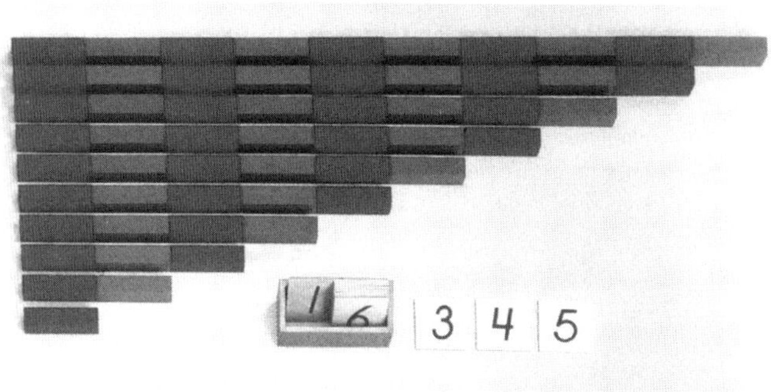

11) Mathematik zum Anfassen: Numerische Stangen

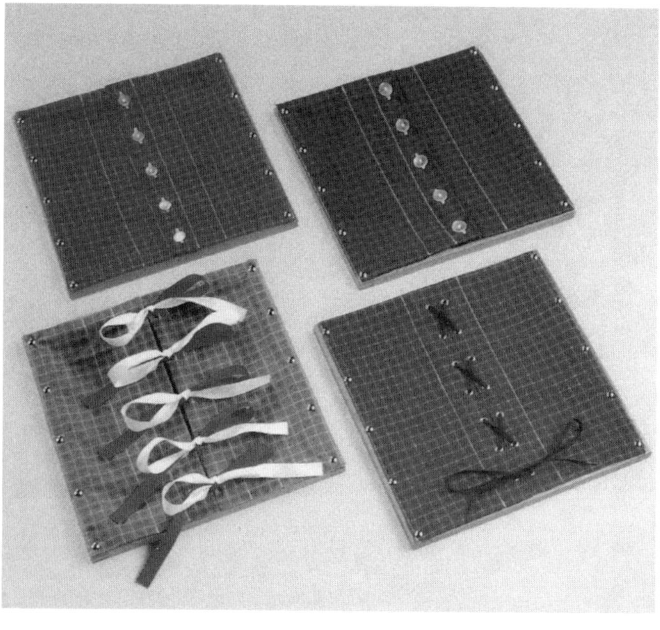

12) Übungen des täglichen Lebens: Rahmen mit Knöpfen und Schleifen

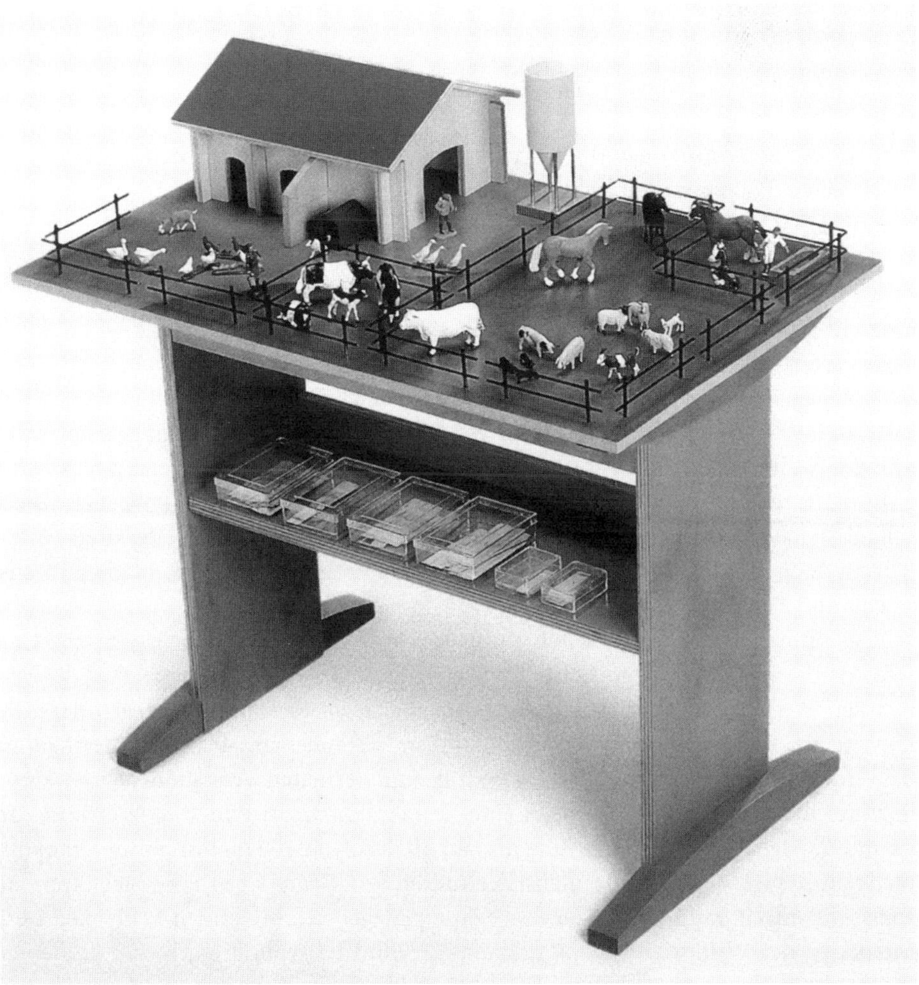

13) Sprachmaterial für die Erweiterung des Wortschatzes: Der Bauernhof

Rudolf Steiner und die Waldorfpädagogik

Man kann das Konzept der Waldorfpädagogik aus ganz verschiedenen Perspektiven beschreiben. Folgt man dem traditionellen Selbstverständnis, dann findet man die Betonung der anthroposophischen Erkenntnisquellen. Im Mittelpunkt steht dann der erkenntnistheoretische Anspruch Steiners als Philosoph, eine eigene überlegene Möglichkeit der Welt- und Menschenkenntnis entwickelt zu haben. Neuere waldorfpädagogische Autoren legen den Schwerpunkt stärker auf Erziehungsprinzipien, die der Eigengesetzlichkeit der kindlichen Entwicklung angepasst sind, entwicklungspsychologisch begründet werden und auf einer speziellen Menschenkunde beruhen. Eine historisch-kritische Lesart findet in der von Steiner begründeten pädagogischen Strömung viele im Zeitgeist der sogenannten reformpädagogischen Bewegung virulente Grundüberzeugungen exemplarisch verwirklicht. Und schließlich gibt es auch einen utilitaristischen Zugang, der ausschließlich nach der Evidenz, der belegbaren Nützlichkeit der in der Waldorfpädagogik praktizierten Erziehungsprinzipien, ihren Intentionen und Methoden fragt.

Man kann lange darüber streiten – und es wurde in der bald hundertjährigen Geschichte der Waldorfpädagogik auch vielfach darüber gestritten –, welcher der genannten Wege zum Verständnis dieser pädagogischen Richtung sozusagen der Königsweg ist. Im Zeitalter des Theorienpluralismus kann man aber sicher festhalten, dass jeder Zugang einen spezifischen Beitrag zum vertieften Verständnis leistet, weshalb auf den folgenden Seiten nach einer kurzen Skizze zu Rudolf Steiner und zur Gründung der ersten Waldorfschule im Jahr 1919 sowohl die philosophisch-erkenntnistheoretischen als auch die menschenkundlichen Grundlagen vorgestellt werden sollen. Es folgen dann die im engeren Sinne pädagogisch relevanten Prinzipien und Methoden der Waldorfpädagogik und ein Blick auf Forschungsergebnisse, in denen die waldorfpädagogischen Intentionen kritisch überprüft wurden.

Die von Rudolf Steiner (1861–1925) begründete Waldorfpädagogik kann im Hinblick auf ihre grundlegenden Intentionen, aber auch hinsichtlich ihrer methodisch-didaktischen Besonderheiten durchaus als Spielart des reformpädagogischen Aufbruchs der Jahrzehnte nach 1900 gelten. Im Kontext der reformpädagogischen Bewegung stellt sie jedoch mindestens insofern einen Sonderfall dar, als ihr Spiritus Rector seine pädagogische Konzeption gewissermaßen als Nebenprodukt einer ziemlich allumfassenden Lebens-, Gesellschafts- und Weltbildreform angesehen hatte und eher ein Universalquerdenker war als ein Schulreformer. Die Waldorfpädagogik ist wohl auch insofern einzigartig, als es ihr gelungen ist, eine regelrechte Bildungskette zu etablieren, die vom vorschulischen, über den schulischen und außerschulischen Bereich inzwischen bis hinauf zu staatlich anerkannten Hochschulen reicht – was man von keiner der anderen prominenteren reformpädagogischen Strömungen wie Montessori- oder Jena-Plan-Pädagogik in ähnlicher Weise sagen kann. Der historische Ort an der

Schwelle zur Moderne, die Selbstverortung an der Schwelle zwischen Wissenschaft und Esoterik, die kritische Frage, ob die Schwelle zum Sektierertum überschritten ist, die Würdigungen Steiners als Grenzgänger und Genie zeigen ein Leben an der Schwelle. Weshalb Steiner auch in einschlägigen Epochenporträts auftaucht, z. B. gleich mehrfach in Philipp Bloms großem Geschichtspanorama »The Vertigo Years« (2008; dt. 2009: Der taumelnde Kontinent. Europa 1900–1914) – als typischer Vertreter jener an sozialen, politischen, wissenschaftlichen und künstlerischen Umbrüchen so reichen Zeit. Einer Zeit, in der viele der Veränderungen, die heute in großem Stil unser Leben bestimmen, erstmals in Erscheinung traten.

Perspektiven auf ein Leben an der Schwelle

Zweifellos gehört Rudolf Steiner zu den interessantesten und zugleich zu den umstrittensten Persönlichkeiten an der Schwelle zwischen 19. und 20. Jahrhundert. Er hat in zahlreichen, ja fast allen Lebensbereichen bis heute sichtbare Spuren hinterlassen, weil er schon zu Lebzeiten Anhänger um sich scharte, die einerseits von ihm für die verschiedensten Herausforderungen neue Antworten erwarteten; und die andererseits, an Steiners Anregungen anknüpfend, neue Bewegungen auf den Weg brachten und über seinen Tod hinaus weiter ausgebaut haben. Dies gilt für die biologisch-dynamische Landwirtschaft, die mit Demeter sozusagen das erste Gütesiegel lange vor der heutigen Öko- und Bio-Welle im Markt etablieren konnte. Es gilt für die anthroposophische Medizin mit ihren eigenen Kliniken, für die Steiner in Zusammenarbeit mit der Ärztin Ita Wegmann ganzheitliche Therapien und Arzneimittel entwickelte. Es gilt nicht weniger für die darauf aufbauende Heilmittel- und Naturkosmetik-Produktion von Firmen wie Weleda oder Hauschka, auf die heute auch Hollywood-Stars wie Julia Roberts, Madonna oder Jennifer Aniston gerne zurückgreifen. Es gilt für die »Christengemeinschaft«, die anthroposophische Variante einer christlichen Kirche, die von Friedrich Rittelmeyer und anderen Theologen nach Anregungen Steiners 1922 gegründet wurde. Es gilt für Steiners sogenannte Dreigliederungsbewegung in den ersten Jahren nach dem Ersten Weltkrieg als einer gesellschaftspolitischen Initiative, die individualistisch-unternehmerische Aspekte des Liberalismus mit Ideen der sozialen Gerechtigkeit aus der eher sozialistischen Tradition verbinden wollte (Zech 2013) und deren Überzeugungen z. B. in der Gründungsphase der Grünen als Partei in den 1970er Jahren eine wichtige Rolle spielten.

Die Zuordnung der Ideale der französischen Revolution zu zentralen Gesellschaftsbereichen – Freiheit in Geistesleben und Kultur, Gleichheit in der Politik und vor dem Gesetz, Brüderlichkeit im Wirtschaftsleben – findet bis heute nicht nur ihren Niederschlag in Selbstverwaltungskonzepten etwa der Waldorfschulen, sondern auch bei so überraschenden Finanzmarktakteuren wie der Bochumer GLS-Bank, der »Gemeinschaftsbank für Leihen und Schenken«. Diese Genossenschaftsbank weist nach rasantem Wachstum in den 2000er Jahren inzwischen (2015) eine Bilanzsumme von über

4,1 Mrd. EUR auf und ist seit 2003 durch die Anschubfinanzierung eng mit dem inzwischen bundesweiten Leuchtturmprojekt im Bereich kultureller Bildung »Jedem Kind ein Instrument« verbunden. Erfolgreiche Wirtschaftsunternehmen wie der expandierende Super-Natur-Markt-Filialist Alnatura, Europas größte Drogeriemarkt-Kette dm oder die deutsche Nr. 2 nach SAP im Software-Markt, die Software AG Stiftung, werden als anthroposophienah verortet. Man findet Steiners Wirkungsgeschichte bei so epochalen Kunstrevolutionären wie Wassily Kandinsky oder Joseph Beuys (beide beriefen sich explizit auf ihn). Auch sind Steiners eigene künstlerische Entwürfe in Ausstellungen in führenden Kunstmuseen Europas als wichtige innovative Beiträge zu Design und Architektur gewürdigt worden. Dies gilt vor allem für seine farbigen Tafelzeichnungen, die aus Illustrationen anlässlich seiner Vorträge entstanden sind, und für seine Ideen zu einer organischen, oft auch symbolistischen Gestaltung von Gebäuden und Innenräumen. Einen Platz in der Architekturgeschichte hat Steiner spätestens mit dem Entwurf des zweiten Goetheanums, dem weltweit ersten als Stahlbetonbau mit Sichtbetonfassade ausgeführten Saalbau. Die in der Öffentlichkeit am stärksten mit dem Namen Rudolf Steiner assoziierte Waldorfschule mit der dort gepflegten Eurythmie ist im Gesamt-Portfolio der anthroposophischen Initiativen und Organisationen also keineswegs so zentral, wie es scheinen mag.

Eine gewisse Schlüsselrolle für die Anthroposophie kommt der Waldorfpädagogik aber allein schon deshalb zu, weil die Anthroposophie damit über eigene Sozialisationsinstitutionen zur Traditionsweitergabe und Nachwuchsrekrutierung verfügt. Auch wenn an Waldorfschulen nur wenige Schüler aus anthroposophisch orientierten Elternhäusern unterrichtet werden, so kann doch andererseits nicht bestritten werden, dass *auch* der Anthroposophie nahestehende Familien hier ein aus ihrer Sicht adäquates Bildungsangebot vorfinden. Somit dürfte die Anthroposophie eine der wenigen weltanschaulichen Gruppierungen sein, die – ähnlich wie die katholische Kirche – über eigene Bildungseinrichtungen für alle Altersgruppen auf allen Ebenen verfügt. Bildungseinrichtungen, zu denen mittlerweile nicht nur über 2000 Waldorfkindergärten und über 1000 Waldorfschulen weltweit gehören, sondern auch betriebliche Berufsausbildungsstätten, heilpädagogische Einrichtungen, zahlreiche Lehrerbildungs- und Kunstausbildungsstätten und nicht zuletzt auch staatlich anerkannte private Hochschulen wie Deutschlands erste Privatuniversität Witten-Herdecke (gegründet 1982 von Dr. Konrad Schily), die Alanus Hochschule in Alfter bei Bonn (seit 2002 staatlich anerkannt) oder die Freie Hochschule in Stuttgart (seit 1999 staatlich anerkannt).

Die vielfältigen, im konkreten praktischen Leben wirksamen Strömungen und Initiativen, die sich auf Rudolf Steiner berufen, haben – so das Selbstverständnis der anthroposophischen Bewegung – ihre Basis in einer von Steiner in seinen Schriften und Vorträgen ausgearbeiteten philosophischen Grundlegung. Wesentlich ist dabei der erkenntnistheoretische Ansatz, der sich in Kurzform als eine Überwindung der von Kant proklamierten Erkenntnisgrenzen und als Verschmelzung von Wissenschaft und Religion, von östlichen und westlichen spirituellen Traditionen bezeichnen lässt. Inhaltlich kann die Anthroposophie als Versuch charakterisiert werden, Ontologie und

Anthropologie systematisch aufeinander zu beziehen. Dabei wird durch die Betonung der Dreigliedrigkeit des Menschen mit Leib, Seele und Geist (bzw. durch die drei interdependenten Seelenkräfte Denken, Fühlen und Wollen) eine ganzheitliche Perspektive postuliert, ein ganzheitliches Menschenbild jedenfalls, das von der Einheit, dem Ineinander-Verwobensein dieser Erfahrungsbereiche ausgeht und damit zur unbedingten Berücksichtigung der seelischen, der gefühlsbezogenen, der unbewussten und motivationalen Elemente unserer Welterfahrung auffordert – als gleichranging neben der intellektuellen, gedanklichen Orientierung unseres Handelns.

Mit Steiners weitreichenden Ansprüchen als philosophischer Welterklärer, praktischer Weltverbesserer und Botschafter des Übersinnlichen war nicht nur eine gewisse Popularität schon zu Lebzeiten verbunden. Die damit verbundene Polarisierung der Meinungen lässt sich schon an den Notizen und Feuilletons berühmter Zeitgenossen ablesen. So suchte Kafka in Steiners theosophischer »Sprechstunde« Rat, um darüber recht despektierlich zu berichten (Tagebuch, 26./28.3.1911). So wurde »der Jesus Christus des kleinen Mannes« (Tucholsky), der »okkulte Journalist Rudolf Steiner«, der »mit allem Unrat zuweilen auch eine bedeutende Perle« gebe (Bloch), häufig zur Zielscheibe des Spotts. Gleichzeitig identifizierten sich andere bedeutende Kulturschaffende und Intellektuelle wie Alexej Jawlensky, Albert Schweitzer, Hermann Hesse, Else Lasker-Schüler oder der bereits erwähnte Wassily Kandinsky ausdrücklich mit Steiners Anliegen oder wurden wie der russische Symbolist Andrej Belyj und Christian Morgenstern zu erklärten Jüngern.

Skizze eines ungewöhnlichen Lebens

Rudolf Steiner wurde 1861 in Kraljevec, Slawonien, als ältester Sohn eines österreichischen Eisenbahners geboren. Seine Kindheit und Jugend verbrachte Steiner in verschiedenen kleineren Orten Österreichs, wohin sein Vater als Stationsvorsteher versetzt wurde. Bereits früh machten Technik und Mathematik besonderen Eindruck auf den in seiner Kindheit auf abgelegenen Bahnhöfen recht einsamen Rudolf Steiner. So berichtet er in seinen Erinnerungen begeistert von seinen ersten intensiven Begegnungen mit der Geometrie, die ihn mit Glück erfüllten. Die Begegnung mit den rein geistigen Gewissheiten der Geometrie stellt wohl ein prägendes Schlüsselerlebnis dar. Denn hier fand Steiner einen ganz eigenen Bereich der Wirklichkeit, der unabhängig von allen Sinnesdaten, Fakten und Meinungen aus sich selbst heraus bestand. Eine Schwäche für die harmonische Gliederung aller Seinsbereiche, oft anhand der Zahl Sieben als ordnendem Prinzip, mag hier ihre Ursprünge haben. Ein zweites Schlüsselerlebnis des jungen Steiner weist voraus auf die für ihn später wichtige Möglichkeit übersinnlicher Erfahrungen: Er berichtet anlässlich des Selbstmords einer entfernt wohnenden Tante von einer telepathischen Eingebung, in der ihm dieser Todesfall lange vor der brieflichen Mitteilung als inneres Bild erschien (Lindenberg 1992, S. 13). Aber auch mit der strengen Philosophie Immanuel Kants beschäftigte sich bereits der

14-Jährige, u. a. indem er während des Unterrichts, der ihn nur langweilte, eifrig die »Kritik der reinen Vernunft« in der Reclam-Ausgabe studierte.

Für Steiners späteres pädagogisches Wirken von großer Bedeutung waren die Erfahrungen, die der ausgezeichnete Schüler ab seinem vierzehnten Lebensjahr im Nachhilfeunterricht sammelte – zum Teil sogar in den Fächern Latein und Griechisch, in denen er selbst als Realschüler gar nicht unterrichtet worden war. Besonders eindrucksvoll scheint sein pädagogisches Genie in der Wiener Familie Specht zur Geltung gekommen zu sein, bei der er als 23-Jähriger als Hauslehrer tätig wurde und u. a. einen an einem Wasserkopf leidenden Jungen so erfolgreich unterrichtete, dass dieser geheilt und später sogar Arzt werden konnte.

Nach dem Abitur und einem naturwissenschaftlichen Studium in Wien, das er durch philosophische und literaturwissenschaftliche Vorlesungen vielfältig ergänzt hatte, wurde Steiner durch die Vermittlung eines seiner Professoren mit der Herausgabe von Goethes naturwissenschaftlichen Schriften betraut. Unter anderem arbeitete er von 1890 bis 1897 am Goethe-Schiller-Archiv in Weimar an der berühmten Sophien-Ausgabe mit. Neben zahllosen Rezensionen und kulturkritischen Essays entstanden noch vor der Jahrhundertwende seine erkenntnistheoretischen Grundschriften. Darunter die Schrift »Wahrheit und Wissenschaft«, mit der er 1891 in Rostock promoviert wurde, sowie das philosophische Hauptwerk »Philosophie der Freiheit« (1894).

1897 siedelte Steiner nach Berlin über, wo er sich als Herausgeber verschiedener Literaturzeitschriften und freier Autor mehr schlecht als recht über Wasser hielt. 1899 heiratete er Anna Eunike, eine um acht Jahre ältere Witwe mit fünf Kindern, bei der er als »Untermieter mit Familienanschluss« schon in Weimar freundlich aufgenommen worden war. Von 1899 bis 1905 unterrichtete er an der von Wilhelm Liebknecht gegründeten Arbeiter-Bildungsschule, einer Art Volkshochschule mit sozialistischen Vorzeichen. Eine geistige Heimat boten ihm aber weder die sozialistischen Gruppierungen noch die anarchistischen Kreise der Berliner Boheme oder die Anhänger der Haeckelschen Evolutionslehre, mit denen er in diesen Jahren rege verkehrte. Erst in der Theosophischen Gesellschaft, deren deutscher Generalsekretär Steiner 1902 wurde, glaubte er ein Forum gefunden zu haben, das ihm die Ausarbeitung seiner Ideen ermöglichte: die Fortentwicklung des abendländischen Okkultismus, in der er sowohl die christliche Überlieferung als auch die Einweihungswege der östlichen Religionen mit wissenschaftlichen Methoden in Einklang bringen wollte. Im Kreis der Theosophen lernte er 1901 Marie von Sivers kennen, die zunächst enge Mitarbeiterin und, nach dem Tod von Anna Eunike 1914, seine zweite Frau wurde.

Steiners Festhalten an der christlich-abendländischen Tradition der Esoterik führte 1913 zum Bruch mit der Theosophischen und zur Konstituierung der Anthroposophischen Gesellschaft. Als deren geistiges Zentrum errichtete Steiner nach eigenen Plänen ab 1914 das »Goetheanum«, zunächst als Holzbau und nach einem Brand aus Sichtbeton. Während und nach dem Ersten Weltkrieg versuchte Steiner auch politisch Einfluss zu nehmen. Hier blieb ihm jedoch der Erfolg versagt. Am 30. März 1925 starb er nach längerem Krankenlager in seinem Atelier in Dornach.

Über seinen Tod wie auch über die Ursache des Brandes des ersten Goetheanums kursieren innerhalb der anthroposophischen Bewegung verschiedenste Versionen. So wurde Steiners zunehmende Erschöpfung seit Anfang 1923 einem Giftanschlag von »Widersachermächten« zugeschrieben. Andere Deutungen sehen die Todesursache eher als Folge einer jahrelangen rastlosen Überarbeitung. Der russische Schriftsteller Andrej Belyj hatte Steiner vier Jahre lang begleitet und berichtet, dass er »in einem permanenten tempo accelerando lebte, das schlechthin schreckenerregend war [...]. Er selbst hat uns wiederholt gesagt, daß das, was ihn auf das Lager niederstreckte, die vielen Privatbesprechungen waren [...]. 400 Besucher zählte der Torwächter in der Zeit, wo er täglich vier Vorträge gab« (Belyj 1990, S. 60 f.).

Steiners pädagogische Anthropologie

Nach seiner Wende zur Theosophie entwickelte Steiner zwischen 1902 und 1912 als Generalsekretär der deutschen Sektion der Theosophischen Gesellschaft die Anthroposophie als eine umfassende Lehre der Erkenntnis des Menschen und des Kosmos, »die das Geistige im Menschen zum Geistigen im Weltall führen will« (Steiner 1962). In der Anthroposophie verschmilzt Haeckelscher Monismus mit dem Okkultismus Paracelsus' und Jakob Böhmes, abendländische »Christologie« mit indischer Reinkarnations- und Karma-Lehre. Begrifflichkeiten wie »Ätherleib« und »Astralleib« oder die positiv konnotierte Verwendung des Begriffs Okkultismus lösen bei heutigen Lesern Befremden aus. Sie verweisen einmal auf die Bemühung, neben der unsere Zeit dominierenden naturwissenschaftlichen Erkenntnisform auch andere, ältere Traditionen von Erfahrungswissen und Welterklärung aufzugreifen. Lehren, die auf Zusammenhänge und Wirkmechanismen setzen, die den gewöhnlichen Sinnen zunächst verborgen sind, werden als Geheimwissenschaften, Okkultismus (von lat. »okkult« = verdeckt, verborgen) oder Esoterik (altgr. = nur einem eingeweihten, inneren Kreis verständlich) bezeichnet. Das Spektrum der okkulten Lehren reicht von Telekinese über Somnambulismus bis zur Astrologie, vom Channeling über Wünschelrutengehen bis zur Naturheilkunde, von vorwissenschaftlichen Persönlichkeitstypologien wie der Temperamentenkunde, der psychoanalytischen Charakterologie über das Enneagramm bis zu Homöopathie und Akupunktur. Manches davon ist der reine Unsinn, manches birgt Erfahrungsschätze – und Rudolf Steiners Anthroposophie hat manches davon aufgegriffen.

Für die praktisch-pädagogische Arbeit dürfte indessen vor allem die Überzeugung vom Menschen als dreigliedrigem Wesen, bestehend aus Leib, Seele und Geist, von zentraler Bedeutung sein. Für Steiner ist der Mensch »Bürger dreier Welten«. Dieser Unterteilung entspricht die Aufgliederung des Seelenlebens in Denken, Fühlen und Wollen. Diese wird aber vor allem deshalb getroffen, um immer wieder auf ihre Einheit, auf ihre wechselseitige Abhängigkeit und auf die Notwendigkeit einer harmonischen, gleichmäßigen Entwicklung aller drei Funktionen hinzuweisen. Während die

Lehre der drei Seelenelemente sich schon bei Platon findet, hat Steiner das seltsam anmutende Bild von den verschiedenen Leibern aus den theosophischen Entwürfen von Helena Blavatsky und Annie Besant aufgegriffen (Zander 2007, S. 565 ff.). Der physische Leib setzt sich in dieser Sichtweise aus den gleichen Stoffen und Kräften zusammen, wie die ganze unorganische Natur, das Mineralreich. Er wird durchdrungen und belegt durch den Lebensleib, der Wachstum, Fortpflanzung und Stoffwechsel bewirkt. Den »Lebens- oder Ätherleib« hat der Mensch noch mit Tieren und Pflanzen gemeinsam. Den »Astralleib«, der als Träger des Bewusstseins von Schmerz, Lust, Trieb, Begierde und Leidenschaft beschrieben wird, nur noch mit den Tieren. Erst der »Ich-Leib« jedoch macht den Menschen zum Menschen und hebt ihn über alle anderen Erdenwesen hinaus. Durch ihn ist der Mensch mit individueller Freiheit und freier Urteilskraft begabt, er ermöglicht es ihm, sein Schicksal zu ergreifen und bewusst zu gestalten.

Aus dem Zusammenspiel der vier Wesensglieder ergibt sich der Charakter jedes Individuums. Der jeweils überwiegende und vorherrschende Leib bewirkt das Erscheinungsbild eines der vier Temperamente: der physische Leib das melancholische, der Ätherleib das phlegmatische, der Astralleib das sanguinische und der »Ich-Leib« das cholerische Temperament. Zu Steiners Zeit waren charakterologische Entwürfe en vogue, und so hatte Steiner ausreichend populäre Quellen zur Hand, auf die er sich in seinen Ausführungen stützen konnte (Ullrich 1991, S. 176).

Ein weiteres wichtiges Theorem der Waldorfpädagogik ist die entwicklungspsychologische Auffassung der sich in Siebenjahresschritten vollziehenden menschlichen Reifung. Steiner (1988) spricht von einer Abfolge von »Geburten«. Mit der natürlichen Geburt des Kindes ist nach anthroposophischer Auffassung zunächst nur dessen »physischer Leib« geboren. Es ist psychisch und physisch sehr stark auf seine Umgebung angewiesen und wird von dieser geprägt. Vorbild und Nachahmung sind deshalb die Zauberworte, von denen die Erziehung auszugehen hat, bis zu Beginn des zweiten Jahrsiebts der »Ätherleib« geboren wird. Eine distanziertere, objektivere Wahrnehmung, die freie Vorstellung, das Gedächtnis und das Gewissen beginnen sich nun beim Kind auszubilden. Die Zauberworte für die Erziehung lauten jetzt Nachfolge und Autorität. Erst mit der »Geburt« des »Astralleibes« in der Pubertät (ca. 14 Jahre) gewinnen Urteilskraft und Verstand an Bedeutung. Mit ca. 21 Jahren schließlich wird der Mensch mit dem jetzt frei werdenden »Ich« zum mündigen, selbstständigen Wesen.

Mit der Idee der Reinkarnation, der wiederholten Wiederverkörperung der Seele, soll noch eine letzte Komponente der anthroposophischen Grundüberzeugungen angesprochen werden. Gelegentlich wird der Reinkarnationsglaube als eine Einladung zu schicksalsergebenem Determinismus interpretiert, weil sozusagen ohnehin alles vorbestimmt ist. In der praktischen Arbeit der heilpädagogischen anthroposophischen Einrichtungen entsteht jedoch eher ein gegenteiliger Eindruck: Die Vorstellung einer Individualität, die ihr eigenes Schicksal aktiv bestimmt (die Seele wählt sich Zeitpunkt und Umfeld ihrer Inkarnation selbstständig, um bestimmte Aufgaben abzuarbeiten), bildet zwar eine natürliche Schranke gegen pädagogische Zudringlichkeiten.

Sie fordert aber auch ein hohes Maß an Zuwendung und Ermöglichung von Teilhabe an allen sozialen und geistigen Aktivitäten auch im Umgang mit behinderten und kranken Menschen – eben weil davon ausgegangen wird, dass den menschlichen Seelen auch ohne spürbare Resultate in diesem Leben für spätere Leben etwas Wertvolles mitgegeben werden kann. Steiner schloss mit der Idee der Seelenwanderung an Überlegungen von Lessing, Goethe oder Schopenhauer an. Er kann in diesem Punkt einmal mehr als Trendsetter gelten, insofern sich der Reinkarnationsglaube heute als Alternative zum Auferstehungsglauben zunehmender Beliebtheit erfreut und zahlreiche prominente Fürsprecher (Franz Beckenbauer, Hape Kerkeling u. a.) hat.

Grundzüge der Pädagogik

Die erste Waldorfschule wurde als Schule für die Kinder der Arbeiter und Angestellten der Stuttgarter Waldorf Astoria Zigarettenfabrik 1919 nach einer – an heutigen Maßstäben gemessenen – unvorstellbar kurzen Vorbereitungs- und Genehmigungsphase von wenigen Monaten eröffnet. Mit dem erklärten Ziel, die Klassengegensätze durch eine »Einheitsschule« für Kinder aller Bevölkerungskreise zu überwinden, war sie die erste deutsche Gemeinschaftsschule für Kinder aller Schichten.

Die oben angesprochenen menschenkundlichen und entwicklungspsychologischen Prinzipien finden sich sozusagen im gesamten Unterrichtsgeschehen, und sie spielen vor allem in der Waldorflehrerausbildung eine wichtige Rolle. Sie führen aber auch zu einer Reihe von methodisch-didaktischen Besonderheiten, deren wichtigste im Folgenden stichwortartig angesprochen werden:

- *Klassenlehrerprinzip* für die ersten acht Schuljahre: Der Klassenlehrer soll einen größeren Teil der Fächer auch selbst unterrichten; damit wird der Überzeugung Rechnung getragen, dass sich Kinder gerade im zweiten Jahrsiebt an positiven Autoritäten anlehnen wollen. Dass zum Ende der Klassenlehrerzeit dann auch starke Abnabelungsprozesse bis hin zu offener Ablehnung einsetzen, gehört aus Sicht der Waldorfpädagogen sozusagen als Soll-Bruchstelle zum Entwicklungs- und Reifungsprozess dazu.
- Große Klassen von bis zu 40 Schülern waren ein Merkmal der Waldorfschulen, das heute nicht mehr an allen Standorten anzutreffen ist. Der *große Klassenverband* soll ermöglichen, dass die unterschiedlichsten sozialen Schichten und Berufe der Eltern sowie auch die verschiedenen Schüler-Charaktere und Temperamente in einer Klasse vertreten sind. Es gilt angesichts der längeren gemeinsamen Zeit, die die Schüler miteinander, aber auch mit ihrem Klassenlehrer verbringen, als unproblematisch.
- *Epochenunterricht* meint die Beschäftigung mit einem Unterrichtsthema über einen mehrwöchigen Zeitraum täglich im sogenannten Hauptunterricht (in der Regel die ersten beiden Stunden am Vormittag). Dabei werden interdisziplinäre Perspektiven einbezogen. Beispiel »Wald«: Bäume in Biologie und Chemie, Holz als Wirtschaftsfaktor, Mythos Deutscher Wald, Holzblasinstrumente.

- *Viele musische Elemente* in allem Unterrichtsgeschehen – vor allem in den unteren Klassenstufen – wie Singen, Flöten, gemeinsames Gedichte rezitieren, Bewegungsspiele und *rhythmische Übungen*. Sie dienen nicht nur der Auflockerung des Unterrichts, sondern sollen auch Geistiges im Leiblichen zugänglich machen und verankern. Beispielsweise indem Zweier-, Dreier-, Viererreihen geklatscht und gestampft werden.
- *Großes Angebot an wechselnden handwerklich-künstlerischen Arbeiten* wie Schmieden, Schnitzen, Drechseln, Stricken, Handarbeiten, Hausbau (Bau von Modellen, aber auch von richtigen Gebäuden), Schuhmacherei, Kochen, Gartenarbeit, Plastizieren mit Ton, Bildhauerei, Formenzeichnen, verschiedenste Maltechniken (Aquarell, Pastell, Radierung etc.).
- *Verzicht auf Noten, Ziffernzeugnisse und Sitzenbleiben* – zugunsten individuell ausformulierter Bewertungen der Fortschritte und Probleme des jeweiligen Schülers. Klassenwiederholungen werden wegen des Bruchs im sozialen Umfeld als Regelmaßnahme abgelehnt – wenngleich sie im Einzelfall empfohlen werden können.
- *Verzicht auf Schulbücher* – zugunsten von Epochenheften, in denen die Schüler selbst den Unterrichtsstoff festhalten. Tafelzeichnungen oder vom Lehrer vorformulierte Textbausteine, die von den Schülern übernommen werden, helfen dabei – vor allem in den unteren Klassen.
- *Früher Fremdsprachenunterricht*, zunächst in eher spielerischer, lautmalerischer Form, z. B. mit Reimen oder Liedern schon in der ersten Klasse, und andere teilweise vorverlagerte Unterrichtsinhalte wie z. B. Bruchrechnen schon in Klasse 4 statt – wie an Regelschulen – erst in der weiterführenden Schule.
- *Viele Praktika* als Betonung praktischer Erfahrungen jenseits schulischer Settings: Obligatorisch sind Feldmess-Praktikum, Sozialpraktikum, Betriebspraktikum, Forst- oder Landwirtschaftspraktikum, in denen die Schüler sich jeweils einzeln oder als Klassenverband für ein bis drei Wochen in externen Arbeitsumgebungen bewähren müssen.
- *Jahresarbeiten in der Regel in Klasse 8 und 12*, in denen die Schüler jeweils ein individuell gewähltes Thema theoretisch und praktisch bearbeiten und in der Regel – ähnlich der Projektmethode – auch ein Produkt herstellen (Beispiele: Parfüm, Grünholz-Stuhl, Steinpyramide, Motorroller-Restaurierung, Filmschnitt, Seifenkiste etc.). Der Schüler wird dabei unterstützt von einem individuell zu wählenden Mentor, der im Idealfall ein Fachmann des jeweiligen Gebiets sein sollte.
- *Klassenspiele als Theaterprojekte* (in Klasse 8 und 12), in denen über mehrere Wochen ein Theaterstück inklusive Bühnenbild, Bühnentechnik, Kostümen, Schminken, Musik, Programmheft, Eintrittskarten, Pausen-Catering von der ganzen Klasse vorbereitet und zur Aufführung gebracht wird.
- *Monatsfeiern*, die das Gemeinschaftsgefühl aller Schulangehörigen stärken, aber auch der Präsentation von Unterrichtsinhalten dienen. Hier werden nicht nur Lieder, Eurythmie, Szenisches oder Instrumentalstücke dargeboten, sondern auch Strophen oder Gedichte aus dem Deutsch- oder Fremdsprachenunterricht, von den

unteren Klassen auch Elemente aus dem sogenannten rhythmischen Teil des Hauptunterrichts.

- *Religionsunterricht* (RU) gibt es an Waldorfschulen ähnlich wie an Regelschulen, erteilt von katholischen oder evangelischen Religionslehrern, ergänzt um einen (gleichsam überkonfessionellen) »freien christlichen RU« und einen RU der anthroposophischen Christengemeinschaft, wenn es dafür Bedarf an einer Schule gibt.
- *Eurythmie* als obligatorisches Unterrichtsfach: Eurythmie ist eine Art Ausdruckstanz, in dem Sprache oder Musik durch Bewegungsabläufe einzeln oder in Gruppen sichtbar gemacht wird. Damit hat die Waldorfpädagogik schon vor fast einem Jahrhundert realisiert, was heute viele Experten nicht nur aus dem Kreis der Tänzer- und Tanztheaterszene fordern: Tanz als Schulfach.
- *Die altersspezifische Auswahl der Unterrichtsstoffe* führt zu einem eigenen Lehrplan[12] – in einer ersten Version von Caroline von Heydebrand um 1925 zusammengestellt –, der Entwicklungsaufgaben mit Kompetenzen verknüpft (Götte/Loebell/Maurer 2009).
- *Die besondere Sozialgestalt der Waldorfschule* (Leber 1991) ist u. a. durch eine kollegiale Schulleitungskonferenz ohne formalen Schuldirektor charakterisiert, in der ursprünglich nach dem Einstimmigkeitsprinzip (statt Mehrheitsprinzip) entschieden wurde. Heute werden vielfältige neue Organisationsformen erprobt.

Waldorfpädagogik im Spiegel von Forschung und Kritik

Die Liste derjenigen, die sich aus unterschiedlicher Perspektive kritisch mit Waldorfpädagogik und Anthroposophie auseinandergesetzt haben, ist lang. Man findet alles – von würdigenden Stellungnahmen mit dem Hinweis auf diese oder jene Schwachstelle bis hin zum »Schwarzbuch Waldorf« (Grandt 2008), von dem die ZEIT schrieb, dass es »brutalstmögliche Aufklärung« betreibe, aber »die Fakten [...] auf der Strecke« blieben (Weickmann 2008). Auf dem heutigen Markt der Religionen finden sich die striktesten Gegner der Waldorfpädagogik offenbar sowohl im Lager der kirchlichen Sektenbeauftragten (Badewin 1987) und ihnen nahestehender Theologen (Zander 2007) wie aufseiten der »rationalistischen Ultras«, als die man etwa die Wortführer der fast sektenartigen »Gesellschaft zur wissenschaftlichen Untersuchung von Parawissenschaften« (GWUP) bezeichnen könnte.

Schließlich haben sich auch Erziehungswissenschaftler gelegentlich an Theorie und Empirie der Waldorfpädagogik abgearbeitet. Neben geistesgeschichtlich-hermeneutischen Studien zur Genese von Steiners pädagogischen und anthropologischen Ideen (Ullrich 1991), die etwa die unbestreitbaren Anleihen beim »Buhmann der Reformpädagogik«, nämlich bei Herbart, aufwiesen, andererseits auch haltlose Behauptungen über eine vermeintliche »Erziehung zur Anthroposophie« (Prange 2000) aufstellten,

---

12 www.waldorfschule.de/eltern/lehrplan/

liegen inzwischen einige sozialwissenschaftlich-empirische Studien vor (vgl. Überblick bei Idel 2018). Diese liefern u. a. Ergebnisse zu

- *Schulwahlmotiven*, die vor allem auf ganzheitlichere, weniger leistungs- und schulstressaffine Erwartungen schließen lassen (z. B. Keller 2008),
- *der sozialen Zusammensetzung der Elternschaft*, die Schwerpunkte in eher bildungsbürgerlichen und postmateriellen Milieus erkennen lassen (Barz/Randoll 2007),
- *Passungsverhältnissen* zwischen familialen Herkunftsmilieus und der waldorfpädagogischen Schul- und Bildungskultur (Idel 2013),
- *Klassenlehrer-Schüler-Interaktionen*, in denen unterschiedliche Lehrertypen porträtiert und Grenzen der Professionalität sichtbar werden (Helsper u. a. 2007),
- *Problemwahrnehmungen im Waldorfschulalltag*, die etwa in einer unerwartet hohen Nachhilfequote oder im zum Teil als Kulturbruch empfundenen Übergang vom Klassenlehrer zum Klassenbetreuer-Prinzip nach der 8. Klasse gesehen werden; auch fühlen sich viele Schüler nicht hinreichend auf die staatlichen Abschlussprüfungen vorbereitet (Liebenwein/Barz/Randoll 2012),
- *Schulklima, Lernfreude, Schulstress und Schulzufriedenheit* mit einem im Vergleich zu Regelschulen höheren Maß an positiven Befunden, aber auch Hinweisen auf Unter- und Überforderungserfahrungen (Liebenwein/Barz/Randoll 2012),
- *dem Wandel vom Puritanismus zum Pragmatismus* im Selbstverständnis der Waldorflehrerschaft, einschließlich einer hohen beruflichen Identifikation sowie einem beträchtlichen Leidensdruck wegen dysfunktionaler Selbstverwaltungsstrukturen (Barz 2013).

Neben kritischen Stimmen von außen oder von enttäuschten Ehemaligen finden sich in jüngerer Zeit immer wieder Ansätze einer internen Selbstkritik und Neuorientierung. Rüdiger Iwan (2007), selbst ehemaliger Waldorf-Oberstufenlehrer, beispielsweise stellt eine ganze Reihe von »Waldorf-Dogmen« auf den Prüfstand. Angefangen vom »Prinzip Kochlöffel« (das obligatorische Schnitzen eines Kochlöffels in Klasse 6 steht als Beispiel für das eiserne Festhalten an Traditionen, die sich noch nicht einmal zu Recht auf Steiner berufen), über die von den Schülern als langweilig empfundenen Monatsfeier-Rituale und Verbalgutachten als »charakterlosen Worthülsen« (Iwan 2007, S. 54) bis hin zum »verordneten Dilettantismus« (Iwan 2007, S. 105) der Selbstverwaltung reichen die Mahnungen, mit denen Iwan seine Kollegen an den »Ursprungsimpuls« erinnern will, den er vor allem in einer selbstbewussten und risikobereiten Antwort auf neue Herausforderungen sieht. Auch wenn Iwans Schriften – u. a. hat er sich für die Portfolio-Methode als zeitgemäße Form der Leistungsdokumentation und alternatives Bewertungsverfahren stark gemacht (Iwan 2005) – nicht den selbstreflexiven Mainstream der heutigen Waldorflehrerschaft repräsentieren dürften, so zeigen sie doch eindrucksvoll, dass den kritischen Anfragen, der Suche nach neuen Antworten heute auch innerhalb der Waldorfbewegung ein größerer Stellenwert zukommt.

Nicht zuletzt auf derartige Neuinterpretationen und Rückbesinnungen auf »das Eigentliche« jenseits der inzwischen etablierten Waldorf-Institutionen sind auch neue Initiativen in Richtung auf inklusive (Barth/Maschke 2013; Feuser/Maschke 2013) und interkulturelle Schulkonzepte zurückzuführen. Denn die erste Waldorfschule wurde 1919 u. a. als Schule für Arbeiterkinder eingerichtet. Weil sich die Klientel der Waldorfschulen inzwischen oft eher aus den gebildeten und besser gestellten Ständen speist, sucht die Waldorflehrerschaft seit Jahrzehnten immer wieder nach Wegen, den sozialen Ursprungsimpuls neu zu beleben. Ein Ergebnis dieser Bemühungen ist die Freie Interkulturelle Waldorfschule Mannheim. Die Konzeption der Waldorfpädagogik beinhaltet gerade auch für die interkulturelle Arbeit fruchtbare Momente. Dementsprechend gibt es inzwischen in zahlreichen Städten Initiativen für interkulturelle Waldorfschulen. In Hamburg Wilhelmsburg wurde daraus 2014 ein viel beachtetes Experiment einer staatlichen Grundschule »mit waldorfpädagogischen Profilelementen«.

Als Begleiterscheinung des Wilhelmsburger Experiments haben sich Angehörige der »GWUP« zu Wort gemeldet, die »Steiner vom Staat« verhindern wollen. GWUP ist die Abkürzung für »Gesellschaft zur wissenschaftlichen Untersuchung von Parawissenschaften«. Sie hat sich seit gut 25 Jahren der Aufdeckung von pseudowissenschaftlicher Scharlatanerie verschrieben – was an sich nicht verkehrt ist. GWUP-Aktivisten kümmern sich um Ufos und Erdstrahlen, um Elektrosmog und Wünschelruten, um Wasseradern, Bachblüten, Homöopathie, Kinesiologie und Astrologie und um (so eine aktuelle Schlagzeile) »das Anti-Impf-Gefasel nerviger Pseudo-Promis«. Das Problem dabei: Sie lehnen alles in Bausch und Bogen ab, was nach aktuellem Stand der schulmedizinischen Forschung bzw. der naturwissenschaftlichen Lehrmeinung als unbewiesen gilt. Gabelverbiegen (Uri Geller) rangiert dabei auf einer Stufe neben Akkupunktur, Ufologie neben Schüssler Salzen. Das frühere langjährige GWUP-Vorstandsmitglied Edgar Wunder[13] hat dieser Sorte Skeptiker vorgeworfen, dass sie gerade nicht Skepsis im Sinne von Offenheit, Unvoreingenommenheit und Antidogmatismus kultivieren, sondern einen Dogmatismus der besonderen Art propagieren, indem nämlich von vornherein alles ausgeschlossen wird, was jenseits der aktuell dominanten Paradigmen liegt. Dass es »mehr Ding im Himmel und auf Erden [gibt], als Eure Schulweisheit sich träumt« (Hamlet) – von dieser Überzeugung gingen gerade die großen Wissenschaftler immer aus. Isaac Newton, der Begründer der modernen Mathematik und Physik, beschäftigte sich Zeit seines Lebens mindestens so viel mit Okkultismus und Alchemie wie mit Optik, Gravitationstheorie oder Infinitesimalrechnung. Immanuel Kant widmete dem umstrittenen Hellseher Swedenborg eine ganze Schrift (»Träume eines Geistersehers erläutert durch Träume der Metaphysik«, S. 1766), in der er die Unerreichbarkeit von epistemologischer Sicherheit und die Unentscheidbarkeit in derartigen Fragen darlegte und für einen Skeptizismus der open mindedness plädierte.

---

13 Vgl. Edgar Wunder: Das Skeptiker-Syndrom. Online: www.skeptizismus.de/syndrom.html

Wenn also die GWUP Steiners Konzept der Waldorfpädagogik als esoterisch, pseudowissenschaftlich und antiaufklärerisch bezeichnet, dann kann man daran vieles ablesen: nämlich einen vordergründigen, halbierten Rationalismus, der die Notwendigkeit von ganzheitlichen und interkulturell informierten pädagogischen Konzepten nicht wahrnehmen kann. Und eine dogmatische Fixierung auf den pädagogischen Status quo mit seinen Bildungsstandards, Lernstanderhebungen und einem als Wissenschaftsorientierung verbrämten »teaching for testing«. Mit der Realität der über 250 Waldorfschulen und über 1000 Waldorfkindergärten allein in Deutschland haben die Behauptungen der GWUP indessen wenig zu tun. Wer über die Wissenschaftlichkeit der Waldorfpädagogik ein authentisches Bild gewinnen will, der wird folglich weniger der GWUP-Polemik folgen, sondern vielleicht eher Thomas Südhof, der 2013 den Nobelpreis für Medizin erhielt und seinen erfolgreichen Berufsweg auch seiner Waldorfschulzeit zuschreibt.

Waldorfpädagogik als Reformpädagogik?

Vor dem Hintergrund der unabweisbaren Übereinstimmungen in zentralen Grundüberzeugungen – Stichworte wären »Kulturkritik«, »Pädagogik vom Kinde aus«, »Kunst als Erziehungsmittel«, »ganzheitliche Menschenbildung« – muss es überraschen, dass immer wieder die Behauptung auftaucht, Waldorfpädagogik sei falsch verstanden, wenn man in ihr eine reformpädagogische Variante sehe. Besonders interessant wird die Frage nach dem Verhältnis von Reformpädagogik und Waldorfpädagogik dort, wo sich unterschiedliche Zuordnungen bei ein und demselben Autor finden. So sieht Heiner Ullrich die Waldorfpädagogik einmal als »Anführer der reformpädagogischen Internationale« (Ullrich 2012, S. 142), um an anderer Stelle zu betonen, dass die gemeinhin vorgenommene Zuordnung zur Reformpädagogik die »tiefgründige weltanschauliche Prägung dieser Schulkultur konzeptionell verfehlt« (Ullrich 2007, S. 44). Mit dem Hinweis, dass Waldorf- und Reformpädagogik »streng genommen nur den gemeinsamen Zeitpunkt der Entstehung« (Ullrich 2015, S. 173) teilen, wird nicht nur ein – durchaus nachvollziehbarer – Sonderstatus festgeschrieben. Mit dem Anspruch der »ganz anderen« Erziehungslehre, die auf ahistorische, ewige Wahrheiten baut, wird gleichzeitig auch so etwas wie der Sprung aus der Geschichte vollzogen. Vielleicht gehen die spirituellen und philosophischen Grundlegungsbemühungen bei Steiner weiter als bei manch anderer pädagogischer Reformströmung. Es könnte jedoch auch sein, dass der umfassende lebensreformerische und parareligiöse Impetus bei anderen Reformkonzepten lange verdeckt war und erst allmählich ins Blickfeld gerät (Horn 2018). Für Montessoris Konzept der kosmischen Erziehung z. B. steht die Aufarbeitung der spirituellen Dimensionen (Eckert 2007) einschließlich der Schnittmengen mit der Theosophischen Bewegung, in deren Hauptquartier im indischen Adyar Maria Montessori mehrere Jahre während des Zweiten Weltkriegs lebte, erst am Anfang.

14) Der Begründer der Waldorfpädagogik und der Anthroposophie: Rudolf Steiner (1861–1965)

15) Eröffnung am 7. September 1919: Die Freie Waldorfschule Uhlandshöhe (hier das heutige Schulhaus) in Stuttgart ist die erste Waldorfschule überhaupt. Gestiftet hat sie Emil Molt, der Direktor der Zigarettenfabrik Waldorf-Astoria, um den Kindern seiner Arbeiter eine zwölfjährige Bildung zu ermöglichen

16) Eine der größten Waldorfschulen in Bayern: Die Freie Waldorfschule Chiemgau in Prien

17) Auch die Architektur von Waldorfschulen fällt meist aus dem Rahmen: Die Widar Schule in Bochum-Wattenscheid

18) Buntes Programm: Die Freie Waldorfschule St. Georgen in Freiburg schickt ihre Schülerinnen und Schüler zum Lernen auch in den Zirkus

19) Auf der Bühne des Lebens: Klassenspiel in der 12. Klasse

20) Versdichtung wird durch Bewegung erlebbar: Der Stabreim in der 4. Klasse

21) Eurythmie-Unterricht in der 12. Klasse

Montessori- und Waldorfpädagogik: Ein Vergleich

Die heutige pädagogische Diskussion und noch mehr die aktuelle pädagogische Praxis sind gekennzeichnet von einem gesunden Pragmatismus, der sich wenig um die Herkunft sinnvoller pädagogischer Arrangements kümmert und sich wenig auf die Übernahme »geschlossener pädagogischer Sinnsysteme« gründet. Es geht heute glücklicherweise mehr um die konkrete Gestaltung des Schulalltags – und dabei ist von den Waldorfpädagogen und ihren Erfahrungen mit Epochenunterricht und selbstverwalteten Schulen zu lernen, dabei erweist sich aus der Montessori-Pädagogik die Idee der altersgemischten Klassen und der Freiarbeit als hilfreich. Warum soll man sich deshalb um die tatsächlich recht anders gearteten pädagogischen und wissenschaftstheoretischen Positionen dieser beiden Großen der pädagogischen Zunft kümmern? Die wissenschaftliche Diskussion kann es jedoch nicht unterlassen, hier genauer hinzusehen, und so möchte ich im Folgenden wenigstens stichwortartig Gemeinsamkeiten und Trennendes benennen. Schon Paul Oswald (1985, 1985a) hat völlig zu Recht auf die großen Unterschiede zwischen beiden Konzepten hingewiesen und die gedankenlose Nennung beider in einem Atemzug energisch kritisiert.

Montessori und Steiner: Gemeinsamkeiten und Unterschiede

Beide Konzepte orientieren sich an einem jeweils spezifischen entwicklungspsychologischen Ansatz, der mit Nachdruck das Eigenrecht der Kindheit betont und die individuellen Potenziale gegen alle Normierungen und von außen herangetragenen Erwartungen verteidigen will. Intensive Beobachtung des individuellen Kindes als zentrale Aufgabe des Lehrers, umfassende Entfaltung aller Fähigkeiten, eine integrative Grundeinstellung, in der kein Kind ausgegrenzt werden soll, und eine intensive Elternmitwirkung sind Besonderheiten, die man bei beiden Richtungen findet. Waldorf- und Montessori-Pädagogik unterscheiden sich aber deutlich im Hinblick auf das zentrale didaktische Setting: Wo Montessori in der individuellen Freiarbeit in einer vorbereiteten Umgebung den Königsweg des Lernens sieht, setzt Steiner auf den guten alten und oft zu Unrecht geschmähten Frontalunterricht, auf den »Klassenlehrer als Dirigenten des Orchesters«. Dass der lehrerzentrierte Unterricht übrigens als eine Form der Lehrkunst durchaus kein »Schnee von gestern« ist, dürfte sich inzwischen herumgesprochen haben (vgl. z. B. das »Comeback des redenden Lehrers«, Schirlbauer 1988). Steht die Montessori-Pädagogik eher in der Gefahr, das anregende Material zu sehr in den Mittelpunkt zu stellen und von daher die Rolle des Lehrers als Vorbild- und Orientierungsfigur zu unterschätzen, so tut sich umgekehrt die Waldorfpädagogik mit allen Formen der Gruppenarbeit schwer (vgl. Barz 1994, S. 197, 230).

Wichtigste Gemeinsamkeit ist sicher die zentrale Stellung des Kindes in beiden Lehren, dessen genaues Studium, dessen optimale Entfaltung, dessen Individualität Steiner wie Montessori immer wieder gegen alle gesellschaftlichen, kirchlichen oder wirtschaftlichen Imperative verteidigen. »Das Kind ist der Baumeister des Menschen«, heißt es bei Montessori programmatisch, und bei Steiner verbürgt die Reinkarnationslehre, dass der Einzelne als eine Seelenwesenheit aufgefasst wird, die sich selbst gemäß den mitgebrachten Karma-Gesetzen entfaltet. Schon die Wahl der Eltern ist ja für Anthroposophen eine willentliche Entscheidung der Seele im vorgeburtlichen Zustand. Ohne große Schwierigkeiten – wenngleich mit unnötiger Polemik – kann Oelkers (1989, S. 76) einen »Kindheitsmythos« als Verbindung von Vergöttlichung des Kindes bis hin zur Beschreibung des kindlichen Leidensweges durch falsche Erziehungsmethoden gerade bei Montessori nachweisen.

Auch Steiner hat seinen Pädagogen gewaltige Verantwortung für die Zukunft der Menschheit zugemutet. Die neue Schule sollte nicht nur Werkzeug der Gesellschaftsveränderung sein, sondern bei der Verwirklichung des göttlich-geistigen Weltenplans mithelfen. Die von ihm gelieferte Menschenkunde und Erziehungslehre stammt aus übersinnlicher Erkenntnis. Montessori denkt ebenfalls nicht eben bescheiden von ihrer Pädagogik: »Meine Erziehungsmethode ist keine Methode, sondern eine Art Offenbarung« (nach Kramer 1977, S. 333).

Während man der Praxis der Waldorfpädagogik gerne einen übertriebenen Antiintellektualismus nachsagt und Nachlässigkeiten in der Vermittlung von naturwissenschaftlichen Fachkenntnissen, Rechtschreibregeln oder im Fremdsprachenunterricht diagnostiziert, liegt der Fall bei Montessori eher umgekehrt: Zugunsten einer intensiven Förderung und Weckung intellektueller Fähigkeiten kommt das Musische, kommt die Förderung künstlerischer Fantasie gelegentlich zu kurz (wie auch Montessori-Pädagogen selbst einräumen, vgl. Oswald 1985a, S. 155), wenngleich sich an einzelnen Montessori-Schulen heute ausgeprägte künstlerische Profilschwerpunkte finden – bis hin zur Musik- und Musical-Schule an Deutschlands einzigem Montessori-Internat, der Schule Schloss Hagerhof in Bad Honnef.

Freundschaftliche Beziehungen und auch inhaltliche Übereinstimmungen zwischen Maria Montessori und der theosophischen Gesellschaft sind hinsichtlich ihrer tatsächlichen Bedeutung immer wieder zum Gegenstand von Streitigkeiten geworden. Fest steht, dass Maria Montessori von 1939 bis 1946 im Hauptquartier der Theosophischen Gesellschaft im indischen Adyar (Madras) lebte und lehrte. Auch lassen sich inhaltliche Entsprechungen zwischen theosophischen Überzeugungen und Schriften vor allem der älteren Maria Montessori aufweisen, für die eine überkonfessionelle Spiritualität eine immer größere Rolle spielte (vgl. Böhm 1969, S. 131 ff.):

»Maria Montessori und die Theosophen hatten viel gemeinsames: Im Kernpunkt der Theosophie standen die indischen Lehren von der Vereinigung der menschlichen Seele mit dem göttlichen Bewußtsein, von der Reinkarnation als einer allmählichen Entfaltung angeborener Kräfte in mehreren aufeinanderfolgenden Leben und vom Karma, dem Prinzip der Selbstverwirklichung, die zur Befreiung des wahren Selbst und zu letzter Weisheit führt. Zwischen diesen Überzeugungen und den Ansichten Maria Montessoris von der Erziehung als Prozeß der Befreiung des kindlichen Geistes, vorgetragen in ihrer zunehmend unpräzis-mystischen Sprache, bestand eine gewisse Affinität. So fühlten sich viele, die von der Theosophie angezogen wurden, im Einklang mit der Montessori-Bewegung« (Kramer 1977, S. 322).

Auch wenn sich keine Belege finden lassen, die die Ansicht eindeutig begründen könnten, Montessori teile die theosophische Lehre von der Wiedergeburt, und auch wenn Montessori selbst sich eine Zeit lang intensiv mit Fragen der katholischen Religionspädagogik befasst und sich zeitlebens als Katholikin bekannt hat, zeigt ihre Auffassung etwa von der »Göttlichkeit« der kindlichen Natur deutliche Parallelen zu Steiners Anthroposophie. Spricht Steiner von der vierfachen Funktion des Erziehers als Künstler, Gärtner, Arzt und Priester (vgl. Barz 1996, S. 86), so finden sich bei Montessori ähnlich emphatische Äußerungen hinsichtlich der Erziehung als einer »religiösen Pflicht«, über den Erzieher als »Priester der Natur« (vgl. Böhm 1969, S. 135).

Ohne Zweifel erweisen sich sowohl Steiner wie Montessori bei näherem Hinsehen als zutiefst religiös inspirierte Pädagogen, auch wenn beide die wissenschaftliche Erfahrungsgrundlage ihrer Konzepte beteuern. Steiner geht dabei weiter als Montessori, wenn er etwa die aus der hermetischen Tradition stammenden Lehren vom Äther- und Astralleib oder die griechisch-römische Temperamentenlehre als erfahrungswissenschaftlich gerechtfertigt – nämlich als durch übersinnliche Schau bestätigt – ansieht. Wenn Steiner auch noch die biblische Offenbarung geisteswissenschaftlicher Prüfung unterzieht und den Lauf der Weltgeschichte als »Abfall vom Geistigen« beschreibt, den es durch wahre Erkenntnis aufzuheben gelte, dann wird verständlich, warum man in ihm häufig einen modernen Vertreter der Gnosis sehen wollte. Zwar spricht auch Montessori von der Notwendigkeit, einen »neuen Menschen« zu formen, der den technischen und sozialen Herausforderungen der Zukunft gewachsen sei, und ähnlich wie Steiner betont auch sie in ihrer »kosmischen Erziehung« die »kosmische Mission« des Menschen, am göttlichen Schöpfungswerk mitzuarbeiten. Sie entfernt sich dabei aber weniger von christlich-kirchlichen Deutungen als Steiner.

Die Montessori-Pädagogik steht von jeher im engeren oder loseren Bezug zur katholischen Kirche. Dies bedarf wohl kaum einer Erläuterung. Eher erläuterungsbedürftig erscheint die Affinität der Anthroposophie zum Protestantismus. Ich denke dabei z. B. an die protestantische Arbeitsethik, die in Steiners Bewegung offenbar eine überraschende Reinkarnation erfahren hat. Denn die oft bis zur Selbstüberforderung gehende Aufopferung vieler Waldorfpädagogen im Dienst an der Sache legt nicht nur den Verdacht der Arbeitssucht nahe; sie erinnert in ihrer Psychodynamik an den calvinistischen Grundsatz, dass sich im selbstlosen beruflichen Streben die wahre Demut zeige. Und dass weltliche Werke und Erfolge durchaus als Indiz für die göttliche Erwählung zu deuten seien. In der Anthroposophie wird die Erfüllung der Berufspflichten freilich weniger als Gottesdienst, sondern in einer den östlichen Religionen entlehnten Terminologie als »Abtragung von Karma« aufgefasst.

Die Affinität der Waldorfpädagogik zum Protestantismus wird auch durch statistische Daten erhärtet: Aus der ersten Absolventenstudie zur Waldorfschule berichtete Leber (1987, S. 76) von einer auffälligen Unterrepräsentation katholischer Elternhäuser bei Waldorfschülern. Evangelisch waren von den 1460 Angehörigen des Altersjahrgangs 1946/47 ca. 60 Prozent der Eltern, römisch -katholisch dagegen nur ca. 10 Prozent. Diese Tendenz wird durch die zweite Absolventenbefragung (Barz/Randoll 2007) im Prinzip bestätigt. Jedoch wächst der Anteil der Katholiken unter den jüngeren Absolventen deutlich, während Protestanten, Christengemeinschaftsmitglieder und religiös Gebundene insgesamt jeweils an Gewicht verlieren: 31,3 Prozent Protestanten, 9,4 Prozent Mitglieder der Christengemeinschaft und ebenfalls 9,4 Prozent Katholiken wurden in der Gesamtstichprobe gezählt, während sich der Anteil der Konfessionslosen auf 42,9 Prozent erhöht hat. In der jüngsten Altersgruppe stellen die Katholiken immerhin schon einen Anteil von 14,6 Prozent.

Es scheint, dass die Montessori-Bewegung insgesamt ein Verhältnis zu ihrer alles überstrahlenden Gründerfigur hat, in dem auch Kritik und Fortentwicklung der ursprünglichen Konzeption früher ihren Platz gefunden haben als in der Anthroposophie. In den Schriften der Montessori-Bewegung findet man immer wieder kritische Bemerkungen z. B. über die Herrschsucht, den Alleinvertretungsanspruch der »Dottoressa«, und auch die Kluft zwischen Leben und Lehre kommt zur Sprache – festgemacht etwa daran, dass sie, die große Fürsprecherin der Kinder, ihren Sohn Mario sofort nach der Geburt weggab. Auf solch interne Ketzereien hat die Waldorfbewegung lange warten müssen. Erst in den letzten Jahrzehnten finden sich zaghafte Versuche, die Unfehlbarkeit des »Dr. Steiner« anzuzweifeln – etwa im Hinblick auf seine politische Haltung im Ersten Weltkrieg und generell hinsichtlich einer gewissen deutschnationalen Schlagseite.

Nachdem ich mit Hinweisen auf problematische Besonderheiten innerhalb der Waldorfpädagogik nicht gespart habe, möchte ich es nicht versäumen, auch eine wichtige, gleichwohl wenig beachtete, positive Tradition der Waldorfpädagogik anzusprechen: den Goetheanismus. Denn im Ermöglichen und im Ernstnehmen auch der Gefühlskomponenten unserer Welterfahrung liegt eine der entscheidenden Pointen des von Goethe inspirierten Waldorfunterrichts. Die seelischen Dimensionen, ob in Naturbetrachtungen, im Deutschunterricht oder selbst in Mathematik und Geschichte, werden immer bewusst einbezogen. Überall stützt sich die Waldorfpädagogik auf die von Goethe vertretene unmittelbare Anschauung, für den am Anfang jeder Naturbetrachtung das Zeugnis der Sinne steht. Kein Bereich der menschlichen Empfindungen wird dabei ausgeklammert: Farben, Töne, Druck, aber auch Stimmungen und Gefühle – alles wird einbezogen. »Durch den Eindruck auf den Menschen offenbart die Farbe ihr Wesen dem Auge und dem Gemüt«, dieses Credo Goethes darf als ein Grundpfeiler auch der heutigen Waldorfpädagogik angesehen werden. Wenn Goethe sich mit Meteorologie befasst, redet er eben nicht nur vom Wetter: »Sollten wir im Blitz, Donner und Sturm nicht die Nähe einer übergewaltigen Macht, in Blütenduft und lauem Luftsäuseln nicht ein liebevoll sich annäherndes Wesen empfinden dürfen?« (Maximen und Reflexionen).

Vor allem diese Einbeziehung innerseelischer Dimensionen ist es, die in der Anthroposophie als »Goetheanismus« bezeichnet wird. Steiner sieht mit Goethe in der Reduktion der wirklichen Welt auf rein mechanisch erklärbare Vorgänge einen Fundamentalirrtum der naturwissenschaftlichen »Denkungsart«. Die Dominanz des Tastsinns, die sich darin zeige, dass Vorgänge dann als »wissenschaftlich erklärt« gelten, wenn sie auf Druck- und Stoßprozesse zurückgeführt (das heißt reduziert) sind, diese Privilegierung eines Sinnes sei durch nichts zu rechtfertigen. Vielmehr seien auch die Qualitäten der Farbe, des Klangs, des Geruchs, der Wärme etc. irreduzible letzte Eigenschaften der Welt – nicht weniger real etwa als die der Mechanik entlehnten Modellvorstellungen der Physiker:

> »Die Goethesche Betrachtungsweise hat zur Voraussetzung, daß das Qualitative wirklich auch in der Außenwelt vorhanden ist und mit dem Zeitlichen und Räumlichen ein untrennbares Ganzes ist. Die moderne Physik muß dagegen von der Grundanschauung ausgehen, daß in der Außenwelt nur Quantitatives, licht- und farblose Bewegungsvorgänge vorhanden seien, und daß alles Qualitative erst als Wirkung des Quantitativen auf den sinn- und geistbegabten Organismus entstehe« (Steiner 1979, S. 170).

Auch in der Einbeziehung der »Gemütskräfte«, der »moralischen Gefühle« knüpft Steiner an Goethe an. Die Symbolsprache der Naturreiche ist freilich etwas, das uns heute durch die Dominanz des naturwissenschaftlichen Denkens erst langsam wieder verständlich wird. Im Unterricht der Waldorfschule wird die symbolische Sprache der Natur in zweifacher Hinsicht einbezogen: einmal so, dass bestimmte Stoffe ihrer Gefühlsladung gemäß gleichsam therapeutisch gezielt zu bestimmten Zeiten eingesetzt werden. Und weiter so, dass die verschiedenen »Seelengebärden« bewusst thematisiert und differenziert betrachtet werden. Das bedeutet, dass die immer wirksame Stimmungsqualität z. B. einzelner Blütenpflanzen, die dem Normalbürger für gewöhnlich »okkult«, das heißt verborgen ist, ins Bewusstsein gehoben wird. Das Schneeglöckchen steht dabei für das Ahnen, die Osterglocke für das Bewundern, der Krokus für die Sehnsucht, die Wicke für die Heiterkeit, der Hahnenfuß für die Freude, Eisenhut für Ernst etc.

Auch wenn man diesen Zuordnungen im Einzelnen kritisch gegenüberstehen mag – dass die hier in Anthroposophie und Waldorfpädagogik wirksame goetheanistische Erweiterung des Horizonts wissenschaftlicher Fragestellungen bedeutende Konsequenzen haben kann, sollte einleuchten. Ich denke dabei z. B. an die Farbwahl für die Wände der Schulräume, der ebenfalls die Annahme zugrunde liegt, dass jede Farbe einen objektiven Gefühlsinhalt hat. So unterstützt nach anthroposophischer Auffassung Blau die Konzentrationsfähigkeit, Rot regt den geistigen Mut an. Violett hat sowohl die aktivierende Wirkung von Rot als auch die Konzentrationskraft von Blau.

Dass die seelischen Wirkungen bestimmter Farben sogar krank machen oder auch heilen können, ist die weitergehende Hypothese, die den Versuchen, mit Farben zu therapieren, an der anthroposophischen »Filderklinik« bei Stuttgart zugrunde liegt. Außer dass man dort z. B. einen brandroten Raum zur Anregung, einen strahlend blauen Raum zur Besänftigung des vegetativen Systems von Patienten verwendet, konnte man u. a. nachweisen, dass das subjektive Wärmeempfinden in roten Räumen erheblich über dem in blau gestrichenen Räumen liegt. Der Clou dabei: Auch völlig blinde Patienten erleben diese Wirkung ganz deutlich.

Die gewaltigen Erkenntnisansprüche, die in der Waldorfpädagogik gepflegt werden, bringen u. a. die Gefahr mit sich, Wissende und Unwissende, Mitstreiter und Widersacher dualistisch zu unterscheiden – mit allen aus der Religionsgeschichte bekannten unschönen Folgen. Auch gegenüber der zu erziehenden Kinderseele, als deren Anwalt sich der Erzieher bis zur Geburt des Ich-Leibes im 21. Lebensjahr versteht, kann das zu Übergriffen führen. Die Unterscheidung von Maria Montessori in die Peripherie des personalen Eigenraumes und in dessen Zentrum, das niemals Gegenstand gezielter Einflussnahme werden dürfe, scheint mir hier ein Freiheitsmoment zu verankern, das in Steiners Pädagogik gelegentlich bedroht ist – trotz seines Hauptwerkes »Philosophie der Freiheit«. »Laß deinem Kind sein Geheimnis«, diesem Slogan (Montessori 1979, S. 14) der Montessori-Bewegung könnte man aus Waldorfsicht die Aufforderung entgegenstellen: »Mühe dich täglich, das Wesen der dir anvertrauten Seele zu enträtseln« – relativiert höchstens durch den Zusatz: »aber sei dir nie ganz sicher, ob es dir abschließend gelungen ist.«

Dass auch Maria Montessori indessen nicht gerade klein über die Möglichkeiten der von ihr begründeten Pädagogik dachte, wird spätestens dort deutlich, wo sie ihr die Wirkung zusprach, »mit einem Zauberschlag den normalen Wesenszügen zum Durchbruch« zu verhelfen: »Dann erscheint das wahre Kind: vor Freude strahlend in unermüdlicher Tätigkeit begriffen. […] Eifrig nimmt es alles in sich auf, was der Entwicklung seines Denkens förderlich ist. Hingegen weist es andere Dinge zurück: Belohnung, Süßigkeiten, Spielsachen« (Montessori 2010, S. 194).

Dass unsere Erwartungen an die Wirkungen unserer pädagogischen Bemühungen heute deutlich bescheidener geworden sind, muss man nicht unbedingt als Verlust beklagen.

Montessori- und Waldorfpädagogik im Spiegel der Forschung

Waldorf- und Montessori-Schulen werden häufig in einem Atemzug genannt, weil sie als die bekanntesten Alternativkonzepte zur staatlichen Regelschule gelten. Auch ist inzwischen eine erhöhte Verwechslungsgefahr dadurch entstanden, dass zahlreiche an Montessori-Prinzipien orientierte Einrichtungen sich mittlerweile »Waldkindergarten« nennen. Dabei wird übersehen, dass die Konzepte der Waldorf- und der Montessori-Pädagogik zwar beide zur sogenannten Reformpädagogik, also der Aufbruchsbewegung zu Beginn des 20. Jahrhunderts gehören und beide sich einer »Pädagogik vom Kinde aus« verschreiben – dass aber damit die Gemeinsamkeiten fast schon erschöpft sind. In der Waldorfpädagogik stellen Begriffe wie »Nachahmung«, »Klassenlehrer«, »Monatsfeier« und »Erziehungskunst« zentrale Säulen dar, womit den Beziehungsaspekten zwischen Heranwachsenden und Erziehern sowie dem Bereich des Künstlerischen eine herausragende Bedeutung zugewiesen wird. Demgegenüber stehen in der Montessori-Pädagogik mit »Freiarbeit«, »Polarisation der Aufmerksamkeit« und »vorbereiteter Umgebung« Begriffe im Zentrum, die autonome kognitive Lernvorgänge des Kindes in der Auseinandersetzung mit sachlichen Herausforderungen und lernwirksamen Gegenständen betonen.

Bei näherer Betrachtung ist also unverkennbar, dass es triftige Unterschiede, ja Gegensätze gibt. Dominieren in der Waldorfpädagogik der Frontalunterricht, die Lehrerzentrierung und die stabile Bezugsgruppe der überraschend großen Klassengemeinschaft (Steiner hatte ursprünglich 40 Kinder pro Klasse vorgesehen) – und gehören Monatsfeiern, Theateraufführungen sowie vielfältigste handwerkliche und künstlerische Unterrichtsangebote von Stricken, Schnitzen und Hauswirtschaft über Feldmessen und Hausbau bis zu Goldschmieden, Bildhauerei und Ausdruckstanz zu den auffallendsten Besonderheiten der Waldorfpädagogik, so steht für die Montessori-Pädagogik die Ermöglichung individueller Lernerfahrungen im eigenen Tempo mit eigenen Schwerpunktsetzungen und persönlichem Coaching im Vordergrund. Gilt dabei der Beschaffenheit der »Montessori-Materialien«, die die Sinneswahrnehmung, aber auch das Denken herausfordern, höchste Aufmerksamkeit, so betonen Waldorfpädagogen vor allem die seelischen Resonanzen, die jeder Unterrichtsstoff und jede Tätigkeit mit sich bringen. Es bleibt unbestritten, dass es dennoch im Atmosphärischen der pädagogischen Emphase, der programmatischen Wertschätzung der kindlichen Individualität und auch im Blick auf die oft praktizierte integrative oder inklusive Pädagogik Gemeinsamkeiten gibt.

Vor dem Hintergrund der angedeuteten Gemeinsamkeiten und Unterschiede von Waldorf- und Montessori-Pädagogik erschien die Gelegenheit, die Intentionen beider Konzepte im Lichte der authentischen Wahrnehmungen und Erfahrungen von Schülern und Eltern der Sekundarstufe zu überprüfen, äußerst interessant. In einem Forschungsprojekt, das von der Software AG Stiftung maßgeblich gefördert wurde (vgl. Liebenwein/Barz/Randoll 2012, 2013), konnte dies in den Jahren 2008 bis 2012 in einer Kooperation zwischen der Alanus Hochschule Alfter und der Universität Düsseldorf realisiert werden. Durch die massiven Unterschiede in der konkreten Ausgestaltung der für beide relevanten Schlagworte wie »vom Kinde aus«, »Wachsen lassen« oder »Selbsttätigkeit« war recht schnell klar, dass jede Konzeption an den für sie zentralen Ansprüchen gemessen werden musste. Auch war es nach einer Bestandsaufnahme der sehr unterschiedlichen schulorganisatorischen Rahmenbedingungen unumgänglich, diesen gravierenden Unterschieden in der Auswertung, Analyse und Interpretation der Daten Rechnung zu tragen. Denn während die Waldorfschulen in Deutschland trotz Unterschieden im Detail in wesentlichen Dimensionen einheitlich organisiert sind (Gesamtschulprinzip, kein Schulwechsel zwischen Primar- und Sekundarstufe, freie Trägerschaft), ist für die in Deutschlands Schulen realisierte Montessori-Pädagogik eine starke Heterogenität kennzeichnend. Als wichtigste Differenzierungsdimensionen lassen sich nennen:

- *Schulform*: Montessori-Schulen arbeiten am häufigsten als Grundschulen, etliche auch als Hauptschulen, als Realschulen, als Gesamtschulen, als Fachoberschulen, als Gymnasien, als Internate – teilweise auch in einer Kombination dieser Schulformen; wobei viele Montessori-Schulen – lange vor dem Inkrafttreten der UN-Behindertenrechtskonvention in Deutschland am 3. Mai 2008 – ein inklusives Konzept realisieren.[14]
- *Trägerschaft*: Montessori-Schulen sind sehr unterschiedlich verfasst: in Nordrhein-Westfalen teilweise als staatliche Regelschulen (Beispiel: Maria-Montessori-Gesamtschule Meerbusch), teilweise als private Schulen (Beispiel: Gymnasium, Realschule und Internat in Schloss Hagerhof, Bad Honnef), teilweise als private Schulen in kirchlicher Trägerschaft (Beispiel: Bischöfliche Montessori-Gesamtschule Krefeld), teilweise als sogenannte Montessori-Zweige in einer ansonsten nach staatlicher Regelpädagogik arbeitenden Schule (Beispiel: Cecilien Gymnasium Düsseldorf). In Bayern hingegen gibt es Montessori-Schulen nur in freier Trägerschaft, die nahezu alle von Eltern gegründet wurden.

In den verschiedenen Bundesländern haben sich – bedingt durch die unterschiedlichen gesetzlichen Rahmenbedingungen – sehr unterschiedliche Traditionen herausgebildet. So arbeitet etwa in Bayern die Mehrzahl der Montessori-Schulen als Volksschulen (Kombination von Grund- und Hauptschule mit sogenanntem M-Zug, der auf einen mittleren Schulabschluss vorbereitet), daneben gibt es eine Reihe von Fachoberschulen und ein Gymnasium – alle als sogenannte Privatschulen, wobei »privat« ein missverständliches Charakteristikum ist, insofern damit meist das Trägerschaftsmodell eines gemeinnützigen eingetragenen Vereins oder in Einzelfällen einer gemeinnützigen GmbH gemeint ist. Demgegenüber orientieren sich in Nordrhein-Westfalen gerade auch viele staatliche Schulen mit höheren Schulabschlüssen an der Pädagogik Maria Montessoris. Das Forschungsdesign der genannten Studie für die Mont-

---

14 Auch eine Reihe von Waldorfschulen (z. B. in Emmendingen, Köln, Kreuzberg, Leipzig) arbeitet schon länger mit integrativen und inklusiven Konzepten.

essori-Schulen wurde deshalb auf Anregung der Montessori-Verbandsvertreter im wissenschaftlichen Beirat der Studie so gewählt, dass zusätzlich zum Vergleich von Waldorf und Montessori ein Vergleich der sehr unterschiedlichen Montessori-Landschaften in Bayern und Nordrhein-Westfalen möglich wurde.

Insgesamt konnten in der Studie 643 von Montessori-Schülern ausgefüllte Fragebögen ausgewertet werden. An zehn Waldorfschulen von Freiburg-Rieselfeld bis Kaltenkirchen in Schleswig-Holstein, von München-Schwabing bis Berlin-Kreuzberg, von Düsseldorf bis Weimar wurden 827 Fragebögen von Waldorfschülern ausgefüllt. Der Schwerpunkt der Erhebungen wurde in den höheren Klassenstufen bei den 14- bis 16-Jährigen und den 17- bis 19-Jährigen gewählt, weil davon auszugehen war, dass die älteren Schüler sowohl die längste Schulerfahrung als auch die ausgeprägteste Fähigkeit haben würden, ihre Erfahrungen zu artikulieren. Die Stichprobenziehung erstreckte sich insbesondere auf die Klassen 9/10 sowie 11/12. Die bereinigte Gesamtstichprobe umfasste schließlich 1 470 Fälle, die in den Analysen ausgewertet werden konnten.

Der Fragebogenerhebung vorgeschaltet waren 97 qualitative Leitfaden-Interviews mit Eltern (n = 43) und Schülern (n = 54) der 9. und 12. Klassen aus Waldorf- und Montessori-Schulen, aus denen wichtige Evaluationsaspekte und Wahrnehmungsdifferenzierungen gewonnen werden konnten. Der ausführliche Forschungsbericht (vgl. Liebenwein/Barz/Randoll 2012, 2013) dokumentiert sowohl die qualitativen als auch die quantitativen Erhebungsergebnisse, aus denen auf den folgenden Seiten nur einige zentrale Befunde aufgegriffen werden.

Ein erstes durchaus bemerkenswertes Ergebnis der Studie liegt in der genaueren Bestandsaufnahme zur Schülerpopulation beider Schulkonzepte. Ein sehr hoher Anteil kommt offenbar als Quereinsteiger in diese Schulen, wobei mit Quereinsteigern hier diejenigen Schüler gemeint sind, die ihre Schulzeit nicht von Anfang an in einer Montessori- oder Waldorfschule erlebt haben.

Bei den Montessori-Schulen sind es in Bayern 24,6 Prozent, die angeben, dass sie ausschließlich auf eine Montessori-Schule gegangen sind. In Nordrhein-Westfalen sind es 8,5 Prozent. Berücksichtigt man die Tatsache, dass der größte Teil der Quereinsteiger systembedingt am Ende der Grundschulzeit mehr oder weniger automatisch einen Schulwechsel absolvieren muss (im Durchschnitt 48,2 Prozent) und möglicherweise auch die Grundschule wenigstens zum Teil reformpädagogisch inspiriert gewesen sein mag – was aus den Angaben der Schüler nicht immer zweifelsfrei rekonstruiert werden konnte –, dann kommt man auf 37,8 Prozent Quereinsteiger für Bayern und 31,6 Prozent für Nordrhein-Westfalen. Bei den Waldorfschulen ergab sich ein Durchschnittswert von 36,6 Prozent Quereinsteiger – und auch dieser Wert bedeutet, dass jeder dritte Schüler in den oberen Waldorfschulklassen die Waldorfschule nicht von Anfang an besucht hat, sondern durch Schulwechsel später quer eingestiegen ist. Diese Zahlen zeigen, dass die reformpädagogischen Schulen zu einem nicht unerheblichen Teil immer auch als Reparaturbetrieb zum staatlichen Regelschulbetrieb fungieren. Natürlich gibt es sehr vielfältige, sehr unterschiedliche Vorgeschichten, bevor ein Schüler auf eine Montessori- oder Waldorfschule wechselt. Auslandsaufenthalte werden z. B. öfter genannt (54 Fälle insgesamt, was 3,7 Prozent entspricht), und es finden sich in der Stichprobe auch einige Schüler, die von einer Montessori-Schule auf eine Waldorfschule (elf Schüler, entspricht 1,3 Prozent der Waldorfschüler-Stichprobe) oder auch umgekehrt (drei Schüler, entspricht 0,5 Prozent der Montessori-Schüler-Stichprobe) gewechselt haben oder zwischenzeitlich einen Abstecher in die staatliche Regelschule gemacht hatten und mittlerweile wieder zurückgewechselt haben (13 Fälle insgesamt, entspricht 0,9 Prozent).

Bei der Schulwahlentscheidung steht für Montessori- wie für Waldorfeltern gleichermaßen die Erwartung im Vordergrund, dass mehr auf den einzelnen Schüler eingegangen wird (Waldorf: 57,9 Prozent; Montessori: 49,8 Prozent). An bayerischen Montessori-Schulen fanden sich erheblich mehr Schulwechsler aufgrund schlechter Erfahrungen mit der Regelschule als in Nordrhein-Westfalen: Dem Schulwahlmotiv »weil ich selbst schlechte Erfahrungen an einer staatlichen Schule gemacht habe« wird in Bayern zu 35 Prozent zugestimmt (in NRW: 13 Prozent). Hingegen wird in Nordrhein-Westfalen die Montessori-Schule vor allem aufgrund ihres »guten Rufes« besucht (NRW: 50 Prozent, Bayern: 13 Prozent). Bei Waldorfeltern spielen weiter der künstlerische und musische Schwerpunkt (38,1 Prozent), aber auch die deutlich geringere Bedeutung von Leistungsdruck und Leistungsselektion als Gründe für die Schulwahl eine Rolle. »Weil die Schule in der Nähe ist« stellt für Montessori-Eltern ein häufig genanntes Motiv dar (vor allem in NRW: 29,5 Prozent; Montessori-Bayern: 11,1 Prozent; aber nur 7,7 Prozent bei Waldorfeltern). Man kann die Unterschiede in den Schulwahlmotiven vielleicht am besten so bilanzieren, dass für Waldorfeltern die bewusste Suche nach einer tatsächlichen Alternative zum staatlichen Schulbetrieb deutlich stärker im Vordergrund steht als bei Montessori-Eltern, von denen eben ein erheblicher Teil in Nordrhein-Westfalen (ganz anders als in Bayern!) eine staatliche Regelschule mit montessori-pädagogischem Konzept gewählt hat.

Die Eltern der Waldorfschüler verkörpern hinsichtlich der sozialen Zugehörigkeit ein breites Spektrum, auch wenn sicher die unteren sozialen Schichten deutlich unterrepräsentiert sind. Sie lassen sich wohl vor allem über die Gemeinsamkeit eines gesteigerten Bildungsinteresses und vielleicht auch über eine postmaterialistische Grundorientierung zusammenfassend charakterisieren. Die Elternschaft der Montessori-Schulen ist in Nordrhein-Westfalen durch den Regelschulcharakter ebenfalls stark gemischt, mit einer Tendenz hin zu gutbürgerlichen, gehobenen, etablierten Elternhäusern (Schultyp »Elite light«). In Bayern scheinen dagegen an Montessori-Schulen eher alternativ-postmaterielle Elternhäuser zu dominieren. Auch finden sich an beiden Schultypen überdurchschnittlich viele Alleinerziehende. Die Prozentzahl der Kinder, die bei beiden leiblichen Eltern leben, ergab für Montessori Nordrhein-Westfalen 66 Prozent, für Montessori Bayern 60 Prozent, für die Waldorfschüler ebenfalls 60 Prozent. Der Bundesdurchschnitt für alle Kinder liegt laut Familienreport (BMFSFJ 2017, S. 18) noch immer bei über 80 Prozent.

Kennzeichnend für die reformpädagogisch inspirierten Schulen ist eine höhere Schulzufriedenheit im Vergleich zu Regelschulen.[15] Während die Werte beim Item »Ich fühle mich in meiner Schule wohl« für Regel- und Reformschüler noch ungefähr auf vergleichbar hohem Niveau liegen (nämlich bei ca. 80 bis 90 Prozent Zustimmung), werden größere Unterschiede zugunsten der Reformschulen beim Item »Ich finde meine Schule sehr einladend und freundlich« mit bis zu 20 Prozent Differenz sichtbar (vgl. Abb. 1). Auch die Lernfreude scheint hier deutlich stärker ausgeprägt, was sich etwa am Item »In der Schule etwas zu lernen, macht mir Freude« ablesen lässt (Montessori Bayern: 82,5 Prozent; Montessori NRW: 69,8 Prozent; Waldorf: 79,4 Prozent, DIPF: 67,2 Prozent). Auch wird offenbar das, was in der Schule geschieht, als deutlich interessanter und weniger langweilig erlebt, als Regelschüler das berichten (vgl. Abb. 2 und 3).

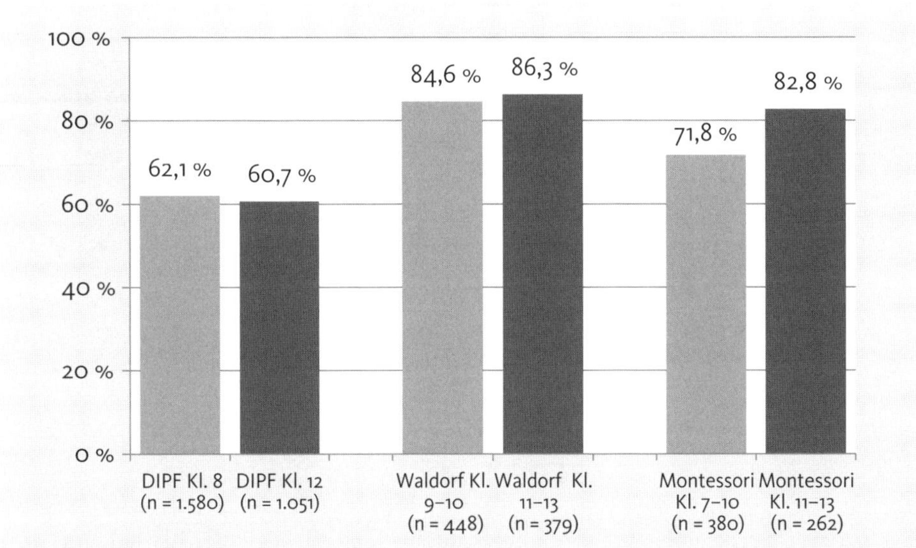

Abbildung 1: »Ich finde meine Schule sehr einladend und freundlich« (»trifft voll zu« / »trifft eher zu«)

Umgekehrt scheinen die Schulängste deutlich geringer ausgeprägt, vor allem an den »reinen« Reformschulen, während sie bei den Montessori-Schulen auf einem Niveau liegen, das eher für Regelschulen üblich sein dürfte. »Ich habe Schlafstörungen auf-

15 Soweit möglich und sinnvoll werden die Ergebnisse unserer Waldorf- und Montessori-Schüler-Befragung mit Ergebnissen verglichen, die aus anderen Jugendstudien oder Studien an Regelschulen vorliegen. Zentrale Vergleichsdaten zur Wahrnehmung von Schule und Unterricht lieferten etwa die Ergebnisse aus den Erhebungen zu Pädagogischen Entwicklungsbilanzen (PEB; vgl. Gerecht/Steinert/Klieme/Döbrich 2007) an hessischen Gesamtschulen, die uns das Deutsche Institut für Internationale Pädagogische Forschung (DIPF) freundlicherweise zur Verfügung gestellt hat.

grund der schulischen Leistungsanforderungen« – diesem Item stimmen an Waldorfschulen 11,7 Prozent, an bayerischen Montessori-Schulen 7,0 Prozent zu – an Montessori-Schulen in Nordrhein-Westfalen dagegen 27,7 Prozent. Es ist wohl eher den Vorgaben des regulären staatlichen Schulbetriebs in Nordrhein-Westfalen als der dort in Ansätzen verwirklichten Montessori-Pädagogik anzulasten, dass sich dort auch die »normalen« schulischen Probleme besonders ausgeprägt im Erleben der Schüler wiederfinden (vgl. Abb. 4).

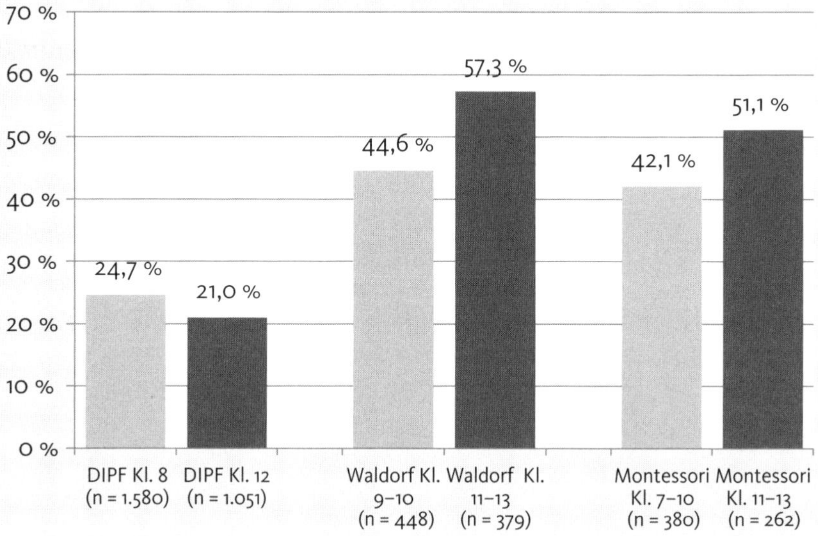

Abbildung 2: »Unsere Lehrer gestalten die Schulstunden interessant und spannend« (»trifft voll zu« / »trifft eher zu«)

Die größere Lernfreude und der interessantere Unterricht deuten darauf hin, dass Waldorf- wie Montessori-Pädagogik tatsächlich so etwas wie »die Schule als einladendes Haus des Lernens« zu realisieren vermögen. Hohe Werte im Blick auf die schulische Selbstwahrnehmung, etwa auf Selbstvertrauen und Selbstwirksamkeitsüberzeugungen, bestätigen dies. Jedenfalls stimmt ein hoher Prozentsatz beispielsweise dem Item zu: »Ich habe in der Schule vermittelt bekommen, dass ich Stärken habe« (Waldorfschüler: 83,9 Prozent; Montessori-Schüler Bayern: 80,1 Prozent; Montessori-Schüler NRW: 71,8 Prozent). Und trotz der Prüfungen, die im Rahmen der pädagogischen Konzeption oft eher als Fremdkörper erlebt und bisweilen – in Bayern ausschließlich – extern abgenommen werden, demonstrieren Waldorf- und Montessori-Schüler auch hier Selbstbewusstsein: »Ich bin überzeugt, dass ich in Prüfungen gute Leistungen erzielen kann« (Waldorfschüler: 86,1 Prozent; Montessori-Schüler Bayern: 82,5 Prozent; Montessori-Schüler NRW: 82,8 Prozent).

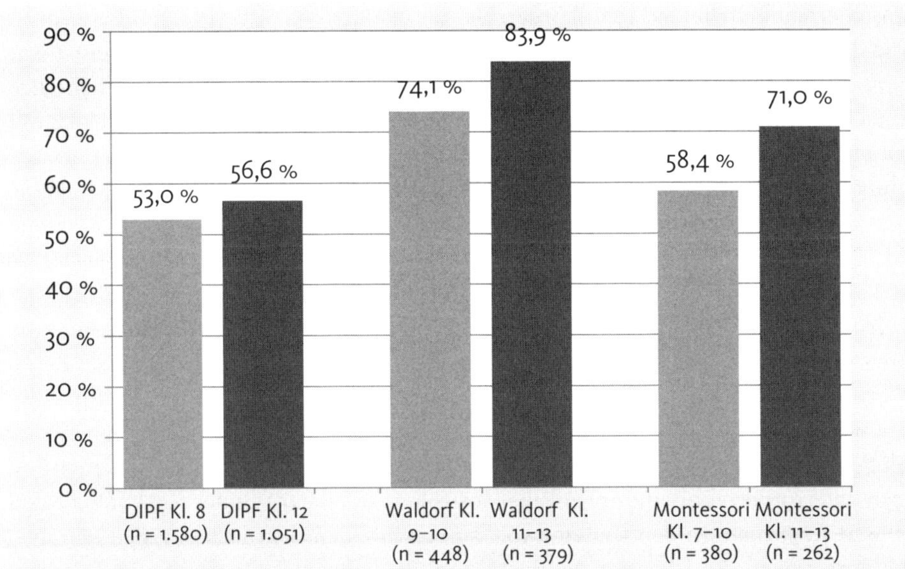

Abbildung 3: »Was wir in der Schule machen, finde ich meistens interessant« (»trifft voll zu« / »trifft eher zu«)

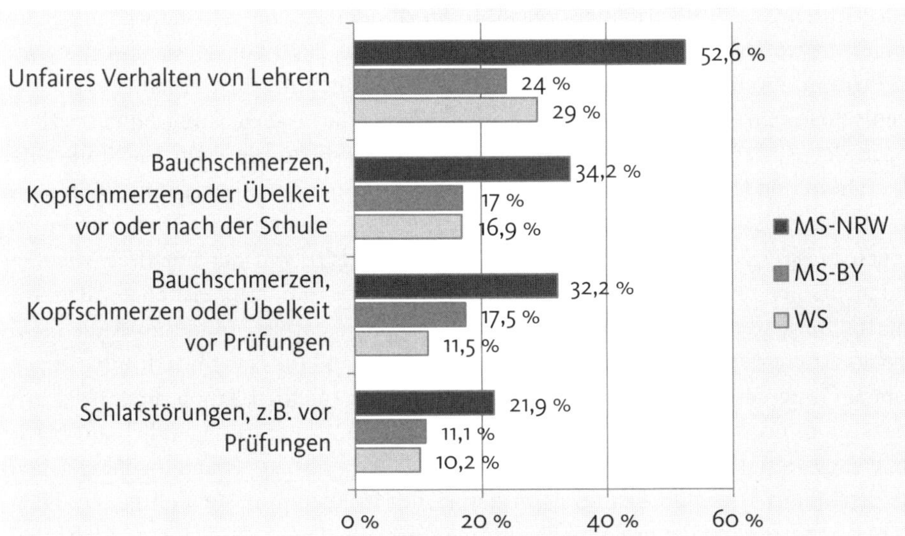

Abbildung 4: »Wie oft hast du folgende Schulprobleme in den letzten beiden Schuljahren erlebt?« (»sehr oft« / »oft«)

Die stärkere reformpädagogische Orientierung – wenn man so will: die »Reformpädagogik in Reinkultur« – an Waldorfschulen oder auch an den bayerischen Montessori-Schulen hat eine Kehrseite: Je mehr die Schulen durchgängig reformorientiert arbeiten, umso mehr werden die staatlichen Abschlussprüfungen zu einem mit großer

Unsicherheit behafteten Fremdkörper. Daraus resultieren nicht selten größere Ängste und das Gefühl, vielleicht schlechter als Regelschüler darauf vorbereitet zu sein. Insgesamt fühlen Montessori-Schüler (besonders in NRW) sich besser auf staatliche Prüfungen vorbereitet als Waldorfschüler, wie sich etwa an folgenden Items zeigt: »Wie gut fühlst du dich auf staatliche Abschlussprüfungen vorbereitet?« Mit »sehr gut« oder »gut« antworten hier 64,3 Prozent der Waldorfschüler, 72,5 Prozent der Montessori-Schüler in Bayern und 80,1 Prozent der Montessori-Schüler in Nordrhein-Westfalen. Letztere erreichen damit fast den Wert der DIPF-Referenzstichprobe, der bei 81,1 Prozent liegt.

Trotz der von den Schülern als überaus positiv eingeschätzten individuellen Förderung und dem von den meisten Schülern bekräftigten Eindruck, dass viele Lehrer überdurchschnittlich starke ebenso wie schwächere Schüler besonders im Blick hätten, werden in unseren Daten auch Probleme sichtbar: Während knapp je ein Viertel der Schüler beider Reformschulen sich regelmäßig in Mathematik, Deutsch oder Englisch unterfordert fühlt, nimmt ein ebenso großer Anteil der Schüler regelmäßig Nachhilfe in Anspruch. In den letzten zwölf Monaten haben demnach von den befragten Waldorfschülern 24,4 Prozent, von den Montessori-Schülern in Bayern 18,7 Prozent, von den Montessori-Schülern in Nordrhein-Westfalen 26,6 Prozent regelmäßig Nachhilfe in Anspruch genommen. Es kommen noch einmal um die 20 Prozent hinzu, die gelegentlich Nachhilfe erhalten (vgl. Abb. 5). Bundesweit repräsentative Vergleichszahlen liegen aus der letzten Shell-Jugendstudie von 2010 vor. Diese sprechen von 24 Prozent, die regelmäßig oder gelegentlich Nachhilfeunterricht erhalten (vgl. Shell Deutschland 2010, S. 81). Man wird hier allerdings die vergleichsweise differenzierte Form der Abfrage mit vier Antwortmöglichkeiten (»Bekommst Du Nachhilfe oder hast Du in den letzten 12 Monaten Nachhilfe bekommen?« – »Ja, regelmäßig in mehreren Fächer« / »Ja, regelmäßig in einem Fach« / »Ja, gelegentlich« / »Nein«) im Fragebogen unserer Reformschulerhebung nicht umstandslos mit der nur drei Antwortmöglichkeiten umfassenden Frage in der Shell-Jugendstudie vergleichen können. Immerhin berichten 59 Prozent der Eltern in der repräsentativen »Bildungsstudie 2007« (Focus/Microsoft 2007),[16] immer oder gelegentlich Geld für Nachhilfestunden auszugeben. Ohne dass ein abschließendes Urteil darüber möglich ist, ob die fast 50 Prozent, die in unserer Befragung angegeben haben, mindestens gelegentlich auf Nachhilfe angewiesen zu sein, nun ein ähnliches oder ein höheres Niveau im Vergleich zu Regelschülern bedeuten – eines wird man sicher in Rechnung stellen müssen: Nicht alle Defizite, die Schüler und ihre Eltern an Reformschulen im Blick auf staatliche Prüfungen durch Nachhilfe kompensieren wollen, sind »hausgemacht«. Bei einem Quereinsteigeranteil von gut einem Drittel können von Waldorf- oder Montessori-Schulen keine Wunder erwartet werden. Derartige Überlegungen dürfen allerdings nicht dazu

---

16 Eltern mit Schulkindern (Sekundarstufe) im Alter von zehn bis 19 Jahren in allgemeinbildenden Schulen in der Bundesrepublik Deutschland; Fallzahl: 810 (vgl. www.bildungsstudie-deutschland.de).

verleiten, die hier liegende Problemanzeige nicht ernst zu nehmen: Für einen erheblichen Teil der Schüler an Montessori- wie Waldorfschulen zahlen die Eltern nicht nur Schulgeld, sondern zusätzlich für den offenbar notwendigen Nachhilfeunterricht.

Unter den Gründen für Nachhilfe dominieren bei Waldorf- wie Montessori-Schülern die »Lücken aus früheren Schuljahren«. Zu ergänzen ist hier, dass Nachhilfe von denjenigen deutlich öfter genannt wird, die nicht von der ersten Klasse an eine Montessori- oder Waldorfschule besucht haben, also als Quereinsteiger später hinzugestoßen sind. Bei dieser nicht unerheblichen Teilgruppe (s. o.) dürften die »Lücken aus früheren Schuljahren« jedenfalls oft schon aus der Regelschule mitgebracht worden sein und somit kaum den Reformschulen angelastet werden.

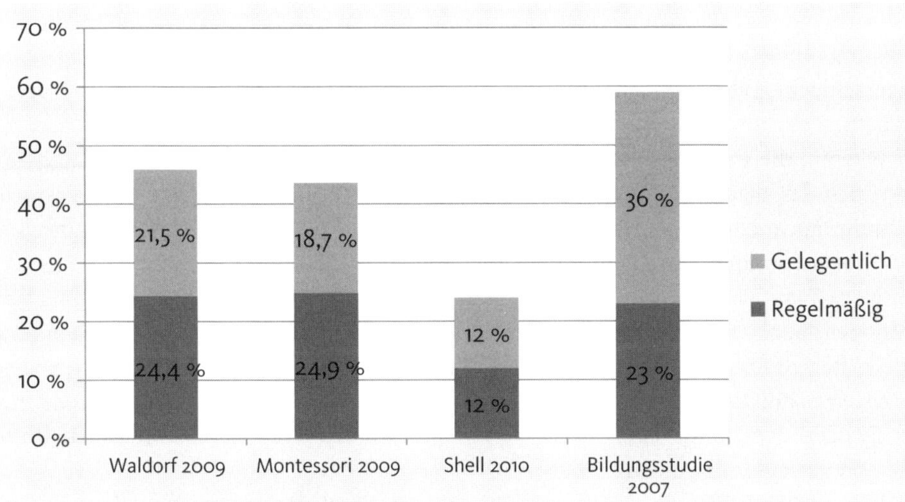

Abbildung 5: Inanspruchnahme von Nachhilfe

Als besonderes Charakteristikum der Montessori-Pädagogik gilt die Freiarbeit in einer vorbereiteten Umgebung, während die Waldorfpädagogik eines ihrer zentralen Merkmale im Klassenlehrer hat, der eine Klasse die ersten acht Schuljahre in den meisten Fächern unterrichtet und vor allem den sogenannten Hauptunterricht hält. Diese beiden Charakteristika wurden in der Erhebung dementsprechend intensiver beleuchtet. Für das Klassenlehrerprinzip an Waldorfschulen kann festgehalten werden, dass die Zufriedenheit mit der erlebten Klassenlehrerzeit überwiegt – trotz der in den letzten Jahren öfter formulierten Kritik, die sich vor allem auf veränderte Sozialisationsbedingungen beruft. Allerdings zeigt sich in den Daten auch, dass das Ideal der acht Jahre umfassenden »Schicksalsgemeinschaft« zwischen Klassenlehrer und Klasse nicht überall Realität ist. Persönliche Gründe (Schwangerschaft, Krankheit etc.) können ebenso zu einem vorzeitigen Lehrerwechsel führen, wie es vorkommt, dass Probleme zwischen Klassenlehrer und Schülern oder Eltern nicht mehr reparabel scheinen. Dementsprechend haben in der Stichprobe nur 68,5 Prozent der befragten Schüler angegeben, die Klassenlehrerzeit tatsächlich über acht Jahre erlebt zu haben.[17] Andererseits hatten mindestens 25,7 Prozent einen Lehrerwechsel, weitere 23,8 Prozent sind selbst erst später auf die Waldorfschule gekommen.

Findet man also gegenüber dem waldorfpädagogischen Ideal der Klassenlehrerzeit deutliche Abstriche in der Realität – wobei für diejenigen Schüler, die mit einem bestimmten Klassenlehrer nicht klarkommen, der eigentlich systemwidrige Lehrerwechsel durchaus als eine Art Erlösung erlebt werden kann –, so gilt ähnliches für die Freiarbeit im Montessori-Kontext. Es fanden sich jedenfalls durchaus größere Anteile von Schülern, die die Rahmenbedingungen in der Freiarbeit als deutlich suboptimal beschrieben haben. Wenn ein Drittel bis fast die Hälfte der Schüler z. B. angibt, dass es in der Freiarbeit laut und unruhig sei oder dass es in der Klasse unordentlich zugehe (vgl. Abb. 6), dann ist das Montessori-Ideal der konzentrierten Aufmerksamkeit nicht unbedingt erfüllt – wobei hier wiederum die staatlichen NRW-Montessori-Schulen deutlich schlechter abschneiden als die bayerischen Montessori-Schulen in freier Trägerschaft.

Obwohl die Freiarbeit ein wichtiges, vielleicht das zentrale Merkmal der Montessori-Schulen darstellt, gibt eine Mehrheit von 62,7 Prozent der befragten Montessori-Schüler an, nicht auf sie verzichten zu wollen. Das bedeutet umgekehrt: Immerhin 35 Prozent könnten durchaus auf die Freiarbeit verzichten. Beträchtliche 37,8 Prozent in Nordrhein-Westfalen (in Bayern nur 17,0 Prozent) sagen, dass sie in der Freiarbeit weniger gut als im Fachunterricht lernen. Die Bedingungen werden von den Schülern also öfter als suboptimal erlebt. Nur 37,9 Prozent bestätigen, dass in allen oder den meisten Schulstunden »eine ruhige, entspannte Atmosphäre« herrsche, während ein erheblicher Anteil der Schüler (in NRW immerhin 47,0 Prozent) die Freiarbeitsstunden oft als laut und unruhig beschreibt.

Wenngleich hier noch Optimierungsspielraum deutlich wird, so muss doch festgehalten werden, dass die Unvollkommenheiten in der praktischen Realisierung der Freiarbeit nicht gegen diese selbst sprechen. Auch die befragten Montessori-Schüler geben in überwiegender Mehrheit an, in der Freiarbeit im Unterschied zum sonstigen Fachunterricht gut oder sogar sehr gut lernen zu können (NRW: 59,3 Prozent, Bayern: 81,9 Prozent). Die Stärken des Lernens nach individuellen Präferenzen und im individuellen Tempo werden denn auch von Schülern wie Eltern der Montessori-Klassen deutlich artikuliert: Die Lernfreude bleibt erhalten, es wird unter Umständen weniger, dafür nachhaltiger gelernt, die höhere Eigenverantwortlichkeit ermöglicht das so wichtige »Lernen des Lernens«. Diese produktiven Aspekte kommen umso mehr zum Tragen, je mehr das Lernen durch Projekte in größere Sinnzusammenhänge eingebettet ist.

---

17 Auch diejenigen, die angeben, acht Jahre Klassenlehrerzeit erlebt zu haben, können einen Lehrerwechsel erlebt haben.

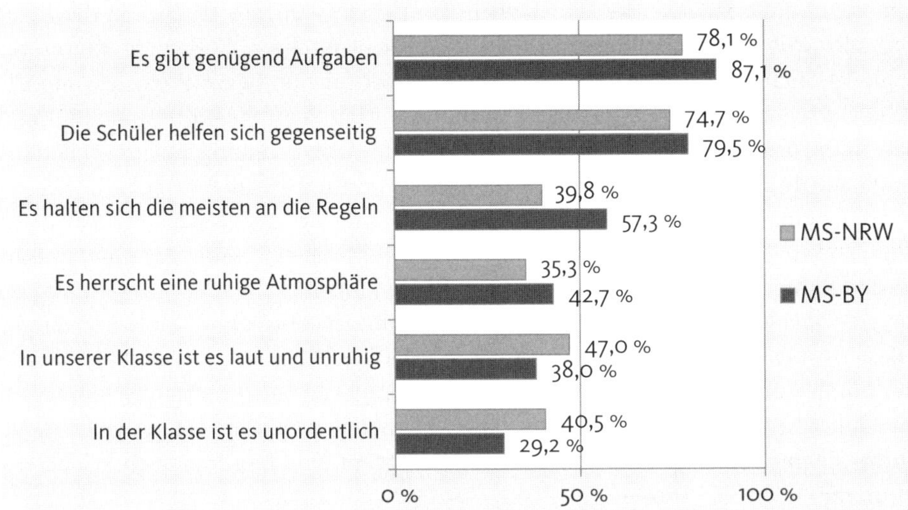

Abbildung 6: Positive Aspekte und Probleme in der Freiarbeit (»in allen Stunden« / «in den meisten Stunden«)

Nicht ganz leicht ist es zu interpretieren, wenn in manchen Punkten, z. B. im Hinblick auf einzelne Lerntechniken, Differenzen der befragten Schüler im Vergleich zu Regelschülern sichtbar werden. Ein Beispiel: »In der Schule habe ich gelernt, Nachschlagewerke zu nutzen.« Während in der DIPF-Referenzstichprobe 81,1 Prozent der Befragten diesem Item zustimmen, sind es in der Waldorf-Stichprobe »nur« 65,2 Prozent, an den Montessori-Schulen in Bayern 84,2 Prozent und an den Montessori-Schulen in Nordrhein-Westfalen 75,4 Prozent. Vordergründig scheint sich hier womöglich ein Defizit gerade der Waldorfschulen zu manifestieren. Bezieht man jedoch den vom staatlichen Lehrplan in vielen Punkten stark abweichenden Lehrplan der Waldorfschulen mit in die Betrachtung ein, dann erklären sich derartige Differenzen auch dadurch, dass etwa – um ein anderes Beispiel-Item herauszugreifen – das Interpretieren von Diagrammen für Waldorfschüler zu einem späteren Zeitpunkt auf dem Lehrplan steht: Waldorfschüler der Klassen 9 und 10 sagen zu 64,3 Prozent, dass sie das in ihrer Schule gelernt hätten, in den höheren Klassen 11 und 12 dagegen zu 78,6 Prozent.

Beim Thema Drogen ergibt sich ein überraschender Befund: Waldorfschüler konsumieren – glaubt man den in unseren Befragungen gemachten Angaben[18] alle Suchtmittel häufiger als Montessori-Schüler oder Regelschüler. »Rauchst du Zigaretten/ trinkst du Alkohol oder hast du in den letzten 6 Monaten geraucht/Alkohol getrun-

18 Es gibt vielfältige Einflussfaktoren auf das Antwortverhalten in Befragungen. Im vorliegenden Fall – Waldorfschüler liegen ihren eigenen Angaben zufolge beim Konsum von Drogen »vorne« – wäre etwa denkbar, dass ein starkes Abgrenzungsbedürfnis gegenüber dem in Elternhaus und Schule propagierten gesundheitsbewussten, naturnahen Lebensstil dazu führt, dass die Angaben im Zweifelsfall eher nach oben korrigiert werden.

ken?« Auf diese Frage antworten »täglich« und »mehrmals pro Woche« in der Referenzstichprobe der »Jugendgesundheitsstudie Rhein-Neckar« 4,7 Prozent, in unserer Waldorf-Stichprobe 8,6 Prozent, in der Montessori-Stichprobe 6,8 Prozent. Waldorfschüler ernähren sich zwar häufiger von Biokost. Aber der höhere Konsum von Zigaretten und Cannabis lässt das bekannte Klischee der Überbehütung auf der »heilen Insel Waldorf« zumindest fraglich werden.

Wenig überraschend ist, dass die Waldorfschüler in der heute wieder stärker beachteten kulturellen Bildung[19] deutlich aktiver sind als Montessori- oder gar Regelschüler. In den Befunden spiegelt sich auch die intensive künstlerische und musische Förderung an Waldorfschulen. »Sind in deiner Schule Kunst, Musik und Theater wichtig?« Diese Aussage wird von 87,4 Prozent der Waldorfschüler, aber nur von 44,5 Prozent der Montessori-Schüler in Nordrhein-Westfalen und von 35,1 Prozent der Montessori-Schüler in Bayern bejaht. Künstlerische Aktivitäten in der Freizeit berichten dementsprechend von den Waldorfschülern 77,8 Prozent, von den Montessori-Schülern immerhin noch 63,5 Prozent.

Einen interessanten Kontrast zu den sonstigen Befunden bilden die Einschätzungen der unterschiedlichen Schülerpopulationen zur Sexualkunde. Hier stellen auf einmal die Montessori-Schüler aus Nordrhein-Westfalen ihrer Schule die vergleichsweise besten Zeugnisse aus. Der durchaus überraschende Befund: Montessori-Schüler sind zufriedener mit dem Sexualkundeunterricht, obwohl sie seltener nach Jungen und Mädchen getrennt (Waldorfschüler: 60,1 Prozent versus Montessori-Schüler: 32 Prozent) und seltener von einer gleichgeschlechtlichen Lehrkraft (Waldorfschüler: 42,8 Prozent versus Montessori-Schüler: 27,5 Prozent) unterrichtet wurden. Eindeutig belegt das Item »Ich war insgesamt zufrieden mit Sexualkunde/Aufklärung« diese Beurteilung: 42,6 Prozent der Waldorfschüler, 53,2 Prozent der Montessori-Schüler Bayern und 64,0 Prozent der Montessori-Schüler Nordrhein-Westfalen.

Der weltanschaulich-religiöse Überbau der pädagogischen Konzeptionen von Maria Montessori und Rudolf Steiner spielt in der öffentlichen Wahrnehmung eine recht unterschiedliche Rolle. Während gegenüber den Waldorfschulen und der hinter ihr stehenden Anthroposophie immer wieder ideologische Vorbehalte artikuliert werden (»okkultistisch«, »gnostische Geheimlehre« etc.) und bisweilen auch größere öffentliche Debatten aufflackern (»Schwarzbuch Anthroposophie«), finden die weltanschaulich-religiösen Suchbewegungen von Maria Montessori nur bei sehr wenigen Eingeweihten Interesse. Dabei war auch Maria Montessori keineswegs so eindeutig auf den Katholizismus festgelegt, wie es interessierte Kreise glauben machen wollen (vgl. Barz 2010). Sie lebte längere Zeit im indischen Hauptquartier der theosophischen Gesellschaft und hat wohl auch so manche pantheistische Idee in ihr Denken und Schaffen aufgenommen. Ein noch zu schreibendes Kapitel wäre etwa die Entstehung und Be-

---

19 »Kulturelle Bildung – der Begriff hat Hochkonjunktur«, leitet die Bundeszentrale für Politische Bildung ihr neues einschlägiges Dossier zur kulturellen Bildung ein (vgl. www.bpb.de/themen/9GHXYG,0,0,Kultur.html).

deutung der sogenannten kosmischen Erziehung, die von manchen als Schlussstein und Höhepunkt der Montessori-Pädagogik angesehen wird. Denn der durchaus schillernde Begriff der kosmischen Erziehung beinhaltet so moderne Aspekte wie Sozial-, Umwelt- oder Friedenserziehung ebenso wie ein ganzheitliches Verständnis von naturwissenschaftlichen Phänomenen oder die Erschließung von historischen und spirituellen Dimensionen des Daseins (s. o.). In der Studie wurde das Konzept der kosmischen Erziehung exemplarisch angesprochen – mit dem Ergebnis, dass über dessen konkrete Inhalte viele der von uns Interviewten oder schriftlich Befragten kaum etwas sagen konnten. Selbst Montessori-Lehrer sahen sich außerstande, sich näher dazu zu äußern. Hier wurde deutlich, dass die weltanschaulichen Implikationen pädagogischer Reformkonzepte heute offenbar eher peripher im Erziehungsalltag auftauchen. Gleiches gilt für die Waldorfpädagogik, wo ebenfalls festzustellen ist, dass Steiners anthropologische und kosmologische Entwürfe bei Schülern und Eltern eher selten – und wenn, dann nur in groben Umrissen – bekannt sind.

Als Fazit lässt sich festhalten, dass Waldorf- und Montessori-Schulen ihr Anliegen einer kindgemäßen Pädagogik offenbar in vielen Hinsichten realisieren können. Schulängste und Schulfrust sind minimiert, Lernfreude und schulisches Wohlbefinden zeigen im Vergleich zu Regelschülern höhere Werte. Außer bei der Vorbereitung auf staatliche Prüfungen fühlen sich Schüler an reformpädagogischen Schulen von ihren Lehrern deutlich besser individuell gefördert und die Lehrer-Schüler-Beziehungen werden positiver eingeschätzt. Sehr klar zeigt sich auch, dass Montessori-Pädagogik an staatlichen Regelschulen kaum ihr ganzes Potenzial entfalten kann, sondern dort die eindrucksvolleren Ergebnisse erzielt, wo sie in Schulen in freier Trägerschaft z. B. auch bei der Personalrekrutierung (Lehrer mit Montessori-Diplom) weniger Abstriche machen muss. Wichtige methodische Besonderheiten wie das Klassenlehrerprinzip an Waldorfschulen oder die Freiarbeit in der Montessori-Pädagogik lassen in der Schulpraxis generell noch Optimierungspotenziale erkennen. Als echter Problembereich erscheint das Thema innere Differenzierung: Sowohl die beträchtliche Zahl derjenigen, die sich unterfordert fühlen, als auch der Anteil derjenigen, die Nachhilfe in Anspruch nehmen, können als bleibende Herausforderung für diese beiden prominentesten Konzepte aus der reformpädagogischen Tradition interpretiert werden.

22) Innenansichten: Starre Sitzordnungen werden immer wieder aufgelöst, um den Unterrichtsstoff in Bewegung umzusetzen

23) Individualisiert, digitalisiert – und von Big Brother kontrolliert? iPad-Klassen sind auf dem Vormarsch. Die ersten Steve-Jobs-Schulen in den Niederlanden befinden sich hingegen schon wieder auf dem Rückzug

Neuere Reformkonzepte

Reggio-Pädagogik

Spätestens seitdem das New Yorker Newsweek Magazine im Jahr 1991 in einer Titelgeschichte die kommunalen Kindertageseinrichtungen von Reggio Emilia als die beste »Early Childhood Education« der Welt gepriesen hat (Kantrowitz/Wingert 1991), machen sich wahre pädagogische Pilgerströme in die norditalienische Industriestadt auf. Aus Schweden und Südkorea, aus der Türkei und Island und auch aus den deutschsprachigen Ländern kommen sie zu Tausenden, um von der in den Jahren nach dem Zweiten Weltkrieg entwickelten und vor allem seit den 70er Jahren systematisch ausgebauten Vorschulkonzeption zu lernen und deren Ideen in Hunderten von Kindertagesstätten weltweit zu implementieren. In einer mit der Montessori-Konzeption durchaus verwandten, aber durch ihre eigene und unabhängige Entwicklung und ihre eigenen Schwerpunktsetzungen selbstständigen Programmatik ist der Reggio-Emilia-Ansatz inzwischen zu einer einflussreichen eigenständigen »reformpädagogischen Marke« geworden.

Vielleicht lässt sich das Besondere dieser pädagogischen Richtung auch schon daran ablesen, dass hier nicht – wie sonst so oft – eine bestimmte Gründerpersönlichkeit, sondern eben eine ganze Stadt als Namenspatron dient. Vor allem die jüngere Forschung hat dementsprechend stark die Ursprünge der Reggio-Pädagogik in der antifaschistischen Befreiungsbewegung, der Arbeiter- und der Frauenbewegung betont (vgl. Lingenauber 2018). Schon vor Kriegsende und direkt in den Jahren danach strebten ehemalige Partisaninnen danach, selbstverwaltete Einrichtungen auf kommunaler Ebene auch als »Schulen der Kindheit« zu gründen.

Das Element der Partizipation von Kindern, Eltern und Lehrern gehört denn auch zu den zentralen Säulen der Reggio-Pädagogik. Ein anderes wichtiges Element ist die hohe Bedeutung der kommunalen Einbettung durch vielfältige Kooperationen mit außerschulischen Akteuren und Organisationen. In der Perspektive auf das Kind liegt ein typisch reformpädagogischer Schwerpunkt darin, dass seine vielfältigen Kompetenzen, seine eigenständigen Entwicklungsbedürfnisse und individuellen Entwicklungsprozesse möglichst ungehindert zur Entfaltung kommen sollen.

Der italienische Pädagoge Loris Malaguzzi (1920–1994), der in den 1960er Jahren zur Reggio-Emilia-Pädagogik stieß und viel zu ihrer Verbreitung und ihrer internationalen Sichtbarkeit beigetragen hat, brachte es auf die berühmte Formel von den »100 Sprachen« des Kindes (zit. nach Dreier 1993, S. 15):

»Ein Kind ist aus hundert gemacht.
Ein Kind hat hundert Sprachen,
hundert Hände,
hundert Gedanken,
hundert Weisen zu denken,
zu spielen und zu sprechen.
Immer hundert Weisen zuzuhören,
zu staunen und zu lieben,
hundert Weisen zu singen und zu verstehen,
hundert Welten
zu entdecken,
hundert Welten
zu erfinden,
hundert Welten
zu träumen.
Ein Kind hat hundert Sprachen,
doch es werden ihm neunundneunzig geraubt.«

Das Kind wird als unbedingt lernwillig, ja forschungsaktiv gesehen, und dem Erkundungs- und Forschungsdrang soll soweit wie irgend möglich stattgegeben werden. Einen großen Stellenwert haben dementsprechend zahlreich vorhandene und immer neu ergänzte Materialien, die den Kindern zur Verfügung stehen. Dabei steht anders als bei Montessori nicht immer ein klar definierter Lernschritt im Vordergrund, sondern die Beobachtung, dass Kinder mit den verschiedenartigsten Materialien eigenständige Erfahrungen machen und selbst gewählte Bastel-, Kunst- oder Bauprojekte verwirklichen wollen. Alle erdenklichen Materialien, oft auch Natur-, Recycling- oder Abfallmaterialien, finden sich dementsprechend in den sogenannten Magazinen und Ateliers, in denen eine Kunstpädagogin oder ein Werkstattleiter die Kinder beim Ausprobieren und beim Erweitern ihrer Ausdrucksmöglichkeiten unterstützt.

Dem Gedanken der Selbstbestimmung folgend sollen die Kinder sich selbstständig für Aktivitäten entscheiden und diese dann auch dokumentieren. Das Schaffen von kommunikativen Situationen (z. B. im Morgenkreis), Freispiel, Puppenspiel und darstellendes Spiel (z. B. Verkleidungsspiele) sowie größere, sich über einen längeren Zeitraum erstreckende Projektarbeiten (z. B. Modellieren eines großen Tiers aus Pappmaschee) mit Unterstützung durch Erwachsene gehören ebenfalls zum Programm eines Reggio-Kinderhauses.

Auf einladende, offene, helle und Transparenz signalisierende Räumlichkeiten wird großer Wert gelegt – der Raum gilt gleichsam als der »dritte Pädagoge«. Eine bewusst gestaltete Eingangshalle, die verschiedenen Ateliers und auch ruhige Arbeits- und Kuschelecken gelten als typisch für Reggio-Kinderhäuser. Auch das Element des Spiegels, der neue Perspektiven auf die Welt, aber auch auf sich selbst ermöglicht, findet sich regelmäßig. Die Sichtbarmachung von Projektfortschritten oder Lernerfolgen in Form von Fotodokumentationen oder Berichtsheften ist ebenfalls ein fester Bestandteil der Reggio-Pädagogik – oft in Form von großen Papierbögen als Wanddokumentationen, die gelegentlich als »sprechende Wände« bezeichnet werden.

Summerhill und Sudbury

Mit der Studentenbewegung in den Jahren nach 1968 wurden nicht nur neue Formen der politischen Einflussnahme und internationale Solidaritätsaktionen z. B. gegen den Vietnamkrieg oder gegen das Schah-Regime im Iran populär. Nicht nur neue Experimente des Zusammenlebens als »Kommune«, neue musikalische und künstlerische Ausdrucksformen fanden weithin Verbreitung. Auch die Pädagogik wurde gründlich auf den Prüfstand gestellt und durch neue Konzepte revolutioniert. Zu den wichtigsten Anregungen für eine neue Konzeption der Erziehung zählten sicher die Schriften von Alexander Sutherland Neill, einem englischen Pädagogen, dessen freie Schule Summerhill bald als Musterbeispiel der sogenannten antiautoritären Erziehung galt. Seine Bücher »Theorie und Praxis der antiautoritären Erziehung« oder »Das Prinzip Summerhill« wurden auch in Deutschland hunderttausendfach gekauft. Sie standen vor allem in den Universitätsstädten Pate für Dutzende von »Kinderläden«, wie man die selbstorganisierten Elterninitiativgründungen mit großem theoretischem Weltverbesserungsanspruch damals nannte. Als die Kinderladenkinder ins Schulalter kamen, folgten Schulgründungen: 1972 wurde die Glocksee-Schule in Hannover als Modellversuch genehmigt, 1974 die Freie Schule Frankfurt gegründet, 1988 folgte die Gründung des Bundesverbands der Freien Alternativschulen (BFAS), der heute über 100 Mitgliedseinrichtungen zählt. Wichtige Impulse bezogen diese Schulen vor allem anfangs aus dem Konzept von Summerhill.

In Summerhill, einem Haus in der Nähe des Dorfes Leiston in der Grafschaft Suffolk, 150 Kilometer nordöstlich von London, war Neill seit 1924 mit seinem Schulprojekt ansässig. Gegründet hatte er seine »Neue Schule« übrigens 1921 in Hellerau in der Nähe von Dresden, um dann nach einer weiteren Zwischenstation in Österreich nach England überzusiedeln. Nach Neills Tod 1973 übernahm zunächst seine Frau und seit 1985 seine Tochter Zoë Readhead die Leitung. Von den einen als Prototyp eines Aufwachsens ohne äußeren Zwang gefeiert, war Summerhill auch immer wieder Gegenstand erbitterter Kontroversen – und nicht zuletzt auch von Versuchen der englischen Schulaufsicht, das Internat zu schließen. Die letzte größere Auseinandersetzung fand in den Jahren 1999 bis 2000 statt und endete überraschend mit einem für die Schule positiven Gerichtsurteil, in dem festgestellt wurde, dass Lernen nicht notwendigerweise an formalen Unterricht gebunden sein muss. Denn das wichtigste Prinzip in Summerhill ist der freiwillige Besuch der Unterrichtsangebote. Das Ziel von Neills Pädagogik ist weniger die Vermittlung von Wissen oder Fähigkeiten. Im Vordergrund steht vielmehr die Freude am Leben, die Fähigkeit »glücklich zu sein« und sich aus innerem Antrieb für das Leben, für die Welt, die Natur, die Mitmenschen zu interessieren. Etwas pointiert hat Neill das so formuliert, dass es ihm lieber sei, einer seiner ehemaligen Schüler würde ein glücklicher Straßenkehrer statt ein neurotischer Professor. Die Lehrer sollen das Interesse der Schüler durchaus wecken – aber der Stundenplan ist nur verpflichtend für den Lehrer, nicht für die Schüler.

»Tom kam als Fünfjähriger zu uns. Er verließ die Schule mit 17, ohne in all den Jahren auch nur ein einziges Mal zum Unterricht gegangen zu sein. Er verbrachte viel Zeit in der Werkstatt, wo er alles Mögliche anfertigte. Seine Eltern dachten mit Furcht und Schrecken an seine Zukunft. Tom zeigte nie das geringste Verlangen, Lesen zu lernen. Als er neun Jahre alt war, entdeckte ich ihn abends dabei, wie er im Bett ›David Copperfield‹ las. ›N'Abend‹, sagte ich. ›Wer hat dir denn das Lesen beigebracht?‹

›Ich selbst.‹ – Ein paar Jahre später kam er einmal zu mir und fragte: ›Wie zählt man ein halb und zwei Fünftel zusammen?‹ Ich erklärte es ihm. Dann fragte ich, ob er noch mehr wissen wolle. ›Nein, danke‹, war seine Antwort« (Neill 1969, S. 46).

Ein fast grenzenloses Vertrauen in die Selbststeuerungskräfte und das Bedürfnis, sich die Welt zu erschließen und einen produktiven Platz in ihr zu finden, spricht aus diesem und vielen ähnlichen Berichten. Neill, den auch eine enge Freundschaft mit dem Psychoanalytiker, Sexualwissenschaftler und umstrittenen Orgon-Theoretiker Wilhelm Reich verband, wendete sich konsequent gegen sexuelle Tabus und religiöse Indoktrination. Nacktheit oder Onanie wurden als völlig natürlich bejaht. Nur Geschlechtsverkehr konnte er nicht dulden, da sonst die Schließung der Schule gedroht hätte.

Ebenfalls zentral in Neills pädagogischem Konzept ist das Prinzip der demokratischen Selbstverwaltung – verwirklicht in der wöchentlich tagenden Schulversammlung, in der Regeln des Zusammenlebens diskutiert und verabschiedet und auch Sanktionsmaßnahmen bei Übertretungen beschlossen werden. Jedes Mitglied der Schulversammlung hat gleiches Stimmrecht – die jungen Schüler genauso wie die Lehrer oder der Schulleiter.

Den Begriff »antiautoritär« im Sinne von »laisser-faire« oder »jeder macht, was er will« hat Neill selbst übrigens nicht verwendet. Im Gegenteil: Einer seiner Wahlsprüche war »freedom – not license« (»Freiheit – nicht Zügellosigkeit«). Das bedeutet, dass die Lehrer und Erzieher durchaus ihre Ansprüche und Bedürfnisse anmelden und vertreten – und nicht etwa schulterzuckend die Beschädigung von Dingen hinnehmen.

Während die Freien Alternativschulen sich zwischenzeitlich stärker an Ideen der Umwelt- und der Friedensbewegung orientierten und sich auf Montessori-Konzepte beriefen, oft in der durch Rebecca Wild modifizierten Variante, finden sich seit der Jahrtausendwende wieder verstärkte Bezugnahmen auf die Ideen der Selbstregulation und der demokratischen Selbstverwaltung. Im Konzept der Sudbury Valley Schools finden in den letzten Jahren vermehrt Schulgründungsinitiativen auch in der Bundesrepublik Deutschland ein geeignetes neues Vorbild.

1968 entstand in den USA die Sudbury Valley School als eine gleichsam noch einmal radikalisierte Variante des Summerhill-Konzeptes. Ähnlich wie in Summerhill entscheidet die Schulversammlung unter Beteiligung aller Schülerinnen und Schüler über alle Belange der Schule – auch über Einstellung oder Kündigung der Lehrer. Für strittige Fälle gibt es ein Justizkomitee, das anhand eines formalisierten Verfahrens mit den Phasen Anzeige – Ermittlung – Anklage – Prozess – Urteil zu einer Entscheidung kommt. Die Lerninhalte sind nicht durch Lehrpläne vorgegeben, sondern die Schüler entscheiden frei, ob und wann sie etwas lernen oder sonstigen Aktivitäten nachgehen möchten. Die Schüler ergreifen gegebenenfalls die Initiative und treffen Lernverabredungen mit oder ohne Lehrer. Oftmals sind Lernaktivitäten gerade von den älteren Schülern vollständig selbst organisiert.

Der schlafende Schüler

Ein Schüler ist von einer staatlichen Schule auf eine Sudbury-Schule gewechselt. Er ist 14 Jahre alt und war an seiner alten Schule aufgefallen, weil er sehr gewalttätig war. Er wurde deshalb sogar von zwei Leibwächtern betreut. Schließlich wurde er von der staatlichen Schule abgemeldet und auf einer Sudbury-Schule angemeldet. Ein Sudbury-Pädagoge erzählt, dass es ein durchaus untypischer Fall war.

Die Leute fragten sich: »Was sollen wir von ihm halten?« Doch was passierte, war, dass er einfach nur zur Schule kam und schlafen ging. Er ging zur Couch und legte sich einfach schlafen. Der Junge kam jeden Tag, und alles, was er tat, war: schlafen zu gehen. Und pünktlich zur Heimfahrt wachte er auf und ging nach Hause. So etwas kam vorher noch nie vor. Der Pädagoge berichtet, dass es oft vorkommt, dass Schüler, die von einer öffentlichen Schule an eine Sudbury-Schule wechseln, vielleicht zwei oder drei Monate lang schlafen. Für gewöhnlich bloß ein paar Wochen, gerade lange genug, um sich vom Druck ihrer Schulerlebnisse zu entlasten.

Auch im neuen Schuljahr ging der Junge sofort schlafen. Er ging geradewegs zu dieser einen Couch und legte sich hin. Eines Tages wachte er aber auf. Er sah sich um und wurde plötzlich von einer Begeisterung für Computer ergriffen und auch dafür, neue Computer für die Schule zu beschaffen. Also begann er, dafür zu werben. Und dann entschloss er sich, Vorsitzender der Schulversammlung werden zu wollen. Es war aber nicht einfach für ihn, alle davon zu überzeugen, ihn für den nächsten Monat zu wählen. Jeder fragte sich natürlich, wie das angehen kann, dass einer nur schläft und dann plötzlich den Vorsitz bekommen will. Er bestand aber darauf und verbrachte eine halbe Stunde damit, zu erklären, dass man ihm diese Chance geben sollte und dass er sich das zutraue. Er hat es dann gemacht und nach Einschätzung des Befragten wirklich großartige Arbeit geleistet. »Es lief super mit ihm. Er ist auf einmal der aktivste Schüler und unterstützt die Schule, wo er nur kann« (nach Graner/Wilke 2005, aus Kapitel 15: Der schlafende Schüler).

In Deutschland gibt es circa ein Dutzend Gründungsinitiativen in verschiedenen Städten, von denen die Hälfte inzwischen den Schulbetrieb aufgenommen hat. 2004 eröffnete die erste Sudbury Valley Schule in Überlingen, 2005 folgte Leipzig, 2007 die in der Öffentlichkeit am stärksten beachtete Gründung der »Neuen Schule Hamburg«, was hauptsächlich an der aktiven Beteiligung der Popsängerin Nena (»99 Luftballons«) im Gründungsteam gelegen haben dürfte. Ermöglicht durch das neue und unverbrauchte

Etikett »Sudbury« wendet sich das Konzept der Alternativschulen in Deutschland offenbar wieder stärker seinen Anfängen in der antiautoritären Bewegung zu (vgl. Hofmann 2018). Wobei man angesichts der verstärkten Aktivitäten in diesem pädagogischen Segment und trotz Würdigung der durchaus positiven Evaluationsergebnisse (vgl. Randoll/Graudenz/Peters 2018) nicht vergessen darf, dass die allermeisten dieser Schulen sehr kleine Schülerzahlen aufweisen und dort nur im Ausnahmefall mehr als 100 Schüler jahrgangsübergreifend lernen. Auch Summerhill besuchten und besuchen kaum mehr als 50 Schüler.

Aus Absolventenbefragungen zu Summerhill (vgl. Ehlers 2007) ebenso wie zur Sudbury Valley School weiß man, dass die Ehemaligen ihre dortige Schulzeit und die gewährten Freiräume durchaus positiv bewerten. Von den ehemaligen Sudbury-Valley-Schülern gehen etwa 80 Prozent auf eine Universität oder ein College, davon 90 Prozent auf ein College ihrer Wahl. Die überragende Mehrheit der Sudbury-Valley-Absolventen arbeitet in ihrem Wunschberuf. Etwa 45 Prozent waren zumindest zeitweilig unternehmerisch selbstständig (Greenberg/Sadofsky/Lempka 2005).

Die interkulturelle Schule

In einem Papier der Kommission der Europäischen Gemeinschaft hieß es bereits im Jahr 1997: »Europa muss sich die Mittel an die Hand geben, zusammen mit den Mitgliedstaaten interkulturelle Modellversuche an den Schulen zu entwickeln.« Im Weiteren fand sich auch eine Beschreibung des damaligen Status quo: »Die interkulturelle Schule existiert bereits, bisher allerdings nur vereinzelt in den prestigeträchtigen internationalen Schulen und in den städtischen Quartieren mit hohem Ausländeranteil« (vgl. LAGA 2010). Inzwischen haben sich Idee und Realität der interkulturellen Pädagogik spürbar verbreitet. Im Zuge der neueren Debatten über Chancengleichheit und Fachkräftemangel wurden Schlagworte wie »interkulturelle Öffnung«, »differenzsensibler Unterricht« oder »von der Defizit- zur Ressourcenorientierung« allenthalben aufgegriffen. Auch die deutsche Kultusministerkonferenz (KMK 1996/2013) propagiert schon lange die Notwendigkeit systematischer interkultureller Schulentwicklung. Der KMK-Katalog der zentralen Merkmale umfasst dabei (vgl. Óhidy 2018):

- *Heterogenität der Schülerschaft als Normalität*: Mehrsprachigkeit als Ressource statt Problem, Wertschätzung und Potenzialentfaltung gerade auch der bildungsbenachteiligten Schüler, nicht-diskriminierender Umgang mit allen Beteiligten.
- *Interkulturelle Kompetenzentwicklung*: Gerade auch im Blick auf die Zielvorstellung eines gleichberechtigten und informierten Miteinanders der unterschiedlichen Herkünfte und Kulturtraditionen soll Multiperspektivität ermöglicht und durch angepasste Lernmaterialien gefördert werden.
- *Bildungssprachliche Kompetenzentwicklung*: Die Bedeutung von Sprachförderung als Kern- und Daueraufgabe, insbesondere in den Bereichen Deutsch als Zweitsprache und lebendige Mehrsprachigkeit, wird hier betont.

- *Elternkooperation*: Die aktive Gestaltung von Bildungs- und Erziehungspartnerschaften mit Eltern etwa durch Willkommensangebote und zielgruppengerechte Veranstaltungs- und Beratungsformate soll unterstützt werden.

Eine fast unübersehbare Fülle von einschlägigen Projekten und Förderprogrammen wurde mit den genannten Intentionen inzwischen auf Bundes-, Landes- und kommunaler Ebene ins Leben gerufen – oft unter aktiver Beteiligung von Stiftungen, die sich den Bildungserfolg gerade auch der Bildungsbenachteiligten auf die Fahnen geschrieben haben. Und mehr und mehr engagieren sich auch Migrantenorganisationen und unterstützen in Mentoren- und Lotsenprojekten Familien mit schwierigeren Startchancen. Ein Beispiel wäre das im Oktober 2017 in Berlin gegründete »Bundeselternnetzwerk der Migrantenorganisationen für Bildung & Teilhabe« (bbt), das eine Plattform für Vernetzung und Austausch der diesbezüglichen Aktivitäten darstellen will.

Während zu Recht immer wieder betont wird, dass die interkulturelle Perspektive eine Querschnittsaufgabe jeder Schule und jeder Bildungseinrichtung sein sollte, zeigen empirische Bestandsaufnahmen auch in jüngerer Zeit erhebliche Defizite. Für die in der Studie »Große Vielfalt – weniger Chancen« (Barz u. a. 2015) befragten Eltern jedenfalls zeigten sich große Differenzen zwischen dem, was sie an interkultureller Öffnung wünschen und für notwendig ansehen, und dem, was sie im Alltag ihrer Kinder erleben. Beispielsweise wünschten sich 88 Prozent der befragten Eltern die Wertschätzung kultureller Vielfalt an Schulen. Aber nur 66 Prozent gaben an, dass sie dies im Schulalltag ihres Kindes auch erlebten. Einen besonders hohen Stellenwert hatte aus Sicht der Eltern die interkulturelle Kompetenz der Lehrkräfte, die von 92 Prozent der Befragten als sehr wichtig bzw. wichtig erachtet wurde. Lediglich 60 Prozent jedoch gaben an, dass sie dies an der Schule ihrer Kinder auch so wahrnehmen (Barz u. a. 2015, S. 6 ff.).

Es finden sich aber durchaus auch Beispiele, in denen die Umsetzung des interkulturellen Auftrags von vornherein und sehr systematisch angegangen wird. Es ist sicher kein Zufall, dass sich hier gerade auch Pädagogen und Einrichtungen aus dem Umfeld der klassischen Reformpädagogik an vorderster Front finden. Zwei dieser Schulen, nämlich eine der inzwischen vielerorts projektierten interkulturellen Waldorfschulen und die Berliner Quinoa-Schule in Trägerschaft der Montessori-Stiftung, sollen deshalb kurz vorgestellt werden.

Die »Freie Interkulturelle Waldorfschule Mannheim« wurde im Jahr 2003 als Stadtteilschule im sozialen Brennpunkt Mannheim-Neckarstadt gegründet. Ihre Gründer und Sponsoren zielten mit dieser Gesamtschule für die Klassen 1 bis 12 bewusst darauf, nicht in erster Linie die sprichwörtlich bildungsbürgerliche Hauptzielgruppe der meisten Waldorfschulen zu erreichen, sondern vor allem Kinder aus sozial schwächeren Schichten, die aus Familien mit Migrationshintergrund stammen. Die Schule strebt eine ausgewogene Mischung (50:50) von Schülern mit und ohne Migrationshintergrund an, unabhängig vom Einkommen der Eltern. Die Zusammensetzung der Schüler ebenso wie der Lehrerschaft zeigt ein durchaus multikulturelles Bild: Im Jahr

2016 wurden dort ca. 300 Schüler aus 35 Nationen in den zwölf Klassen von 40 Lehrern aus 14 Ländern unterrichtet. Die Schule arbeitet nach den von Rudolf Steiner überlieferten Prinzipien der Waldorfpädagogik – und es zeigt sich, dass diese gerade auch für die interkulturelle Arbeit fruchtbare Momente beinhaltet. Etwa die starke Stellung des Klassenlehrers, der Schutz und Heimat geben kann, was gerade dort wichtig ist, wo dies zu Hause fehlt. Ein Prinzip, das aber auch die oft in Migrantenfamilien noch viel traditioneller ausgerichteten persönlichen Autoritätsstrukturen aufgreift und eine größere Nähe und höhere Verbindlichkeit schafft. Auch die vielen rhythmisch-musikalischen Elemente, die die deutsche Sprache in einer an Bewegungsabläufe gebundenen Weise im Waldorfunterricht spielerisch nahebringen, sodass eventuelle Defizite leichter kompensiert werden können, bewähren sich gerade in den multikulturell gemischten Klassen. Der stark auf Aktivität und Nachahmung setzende Umgang mit der deutschen Sprache in Gedichtrezitationen, Sprechübungen, Liedern und Theateraufführungen bietet ein reiches Übungsfeld auch für die Kinder, deren Muttersprache nicht Deutsch ist.

In den Klassen 3 bis 8 wird das Fach »Kulturunterricht« angeboten, in dem die Schüler die verschiedenen Kulturen und Traditionen kennenlernen. Eine weitere Besonderheit im Unterschied zu anderen Waldorfschulen ist der jahrgangsübergreifende »begegnungssprachliche Unterricht«. Hier werden die Sprachen Kroatisch, Polnisch, Spanisch und Türkisch in den Klassen 1 und 2 von muttersprachlichen Lehrkräften in zwei Wochenstunden unterrichtet. Das Fach »Orientalische Musik und Bewegung« wird ebenfalls zweistündig pro Woche angeboten. Auch in den von der Schule intensiv gestalteten jahreszeitlichen und religiösen Festen und Feiern (Monatsfeier, Sommerfest, Fasching, Zuckerfest etc.) wird die interkulturelle Perspektive mit Leben gefüllt. Die Ergebnisse einer wissenschaftlichen Evaluation in den Jahren 2004 bis 2006 weisen auf eine erfolgreiche erste Phase der Schulentwicklung hin. So konnten Defizite zahlreicher Migrantenkinder in der deutschen Sprache innerhalb der ersten zwei Jahre ohne besondere Sprachförderung ausgeglichen werden, und insgesamt wurde die gelingende sprachliche, kulturelle und bildungsbezogene Integration von Schülern mit Migrationshintergrund hervorgehoben (Brater u. a. 2009).

Seit 2014 arbeitet in Berlin Wedding die Integrierte Sekundarschule Quinoa für die Klassen 7 bis 10 mit dem erklärten Ziel, vor allem Kindern aus sozial benachteiligten Migrantenfamilien Bildungsperspektiven jenseits von Vernachlässigung und Resignation zu bieten. Von Dr. Fiona Brunk und Stefan Döring, zwei enthusiastischen »Sozialunternehmern«, initiiert, will Quinoa zeigen, dass mit neuen Ideen und konsequenten pädagogischen Konzepten auch Kindern aus schwierigen Verhältnissen zu erfolgreichen Schul- und Ausbildungskarrieren verholfen werden kann. Benannt wurde die Schule nach der Frucht, die der ehemalige UN-Generalsekretär Ban Ki Moon 2013 zur Pflanze des Jahres erklärte, weil sie auch in klimatisch ungünstigen Bedingungen gedeiht. Sie symbolisiert die Chance, den Hunger in der Welt nachhaltig zu reduzieren. Analog will die Quinoa-Schule den Hunger nach Bildung gerade dort stillen, wo im Normalfall Misserfolge und Scheitern auf dem Stundenplan stehen. Sie will eine Pädagogik für alle realisieren, ohne dass Herkunft, soziale Lage oder Stadtteil Hindernisse sein sollen.

In der Diskussion über die Frage, ob Freie Schulen nicht Chancenungleichheiten verfestigen statt Chancengerechtigkeit herzustellen, wird Quinoa inzwischen häufig als Musterbeispiel einer Privatschule mit hohen sozialethischen Standards angeführt. Die Süddeutsche Zeitung schreibt beispielsweise: »Kaum ein Schüler spricht zu Hause Deutsch, das Schulgeld beginnt bei 25 Euro: Die Quinoa-Schule in Berlin zeigt, dass eine Privatschule das Gegenteil von elitär sein kann« (Wiarda 2017). Tatsächlich wurde im Jahr 2016 nur für sechs der 53 Schülerinnen und Schüler von den Eltern Schulgeld gezahlt, das bei 25 Euro pro Monat anfängt. Obligatorisch ist nur der Beitrag zum Essensgeld in Höhe von 30 Euro pro Monat. Neben den staatlichen Zuschüssen, auf die Schulen in freier Trägerschaft einen gesetzlichen Anspruch haben, auch wenn sie (mit ca. einem Drittel der Aufwendungen im Fall der Quinoa-Schule) deutlich zu gering bemessen sind, um die realen Schulkosten zu decken, finanziert sich diese Schule vor allem aus Zuwendungen von privaten Spendern. Neben größeren Fördermitteln, die u. a. die Vodafone Stiftung als Anschubfinanzierung zur Verfügung stellte, hat die Schule recht erfolgreich für finanzielle Patenschaften bei Privatpersonen sowie bei kleinen und mittleren Betrieben geworben.

Das ambitionierte pädagogische Programm wirkt wie eine Mischung aus reformpädagogischen, vor allem stark praxisorientierten Bestandteilen und eher angelsächsisch inspirierten, an Wettbewerb, positiver Verstärkung und permanentem Monitoring orientierten Konzepten. Unterstrichen wird der interkulturelle Ansatz nicht zuletzt durch einen hohen Anteil an Lehrern mit Migrationshintergrund:

> »Immer wenn es zu laut wird, stellt Akaou an seinem Laptop die Stoppuhr ein, die Zahlen flimmern über den Beamer, und wenn am Ende der Stunde mehr als drei Minuten draufstehen, kriegt die ganze Klasse kein Plus. Das gleiche gilt, wenn mehr als zwei Schüler zum Schluss bei der Verhaltensampel auf ›Rot‹ stehen: kein Plus, für die ganze Klasse.
>
> Es sind Regeln, die den Schülern in allen Fächern wiederbegegnen und die ihren Ehrgeiz anstacheln: Wenn einer zu viel quatscht, wird er vom Banknachbarn ermahnt. Wenn die Schüler gut mitarbeiten, gibt es Lobpunkte. Bei 40 Punkten erhalten die Eltern einen Lobanruf. ›Normalerweise wird zu Hause angerufen, wenn es mal wieder Ärger gab‹, sagt Schulleiterin Schäfer. ›Bei uns sollen die Eltern auch wissen, wenn sie Grund haben, stolz auf ihre Kinder zu sein‹« (Wiarda 2017).

Im Schulfach »Interkulturelles Lernen« wird eine zweite Fremdsprache, oft die der eigenen Familie (Türkisch, Arabisch, Romani) gelehrt. In einem sechswöchigen Projekt zu Beginn der 7. Klasse wird »biografisches Theater« gespielt – wie überhaupt die Auseinandersetzung mit den kulturellen und familiären Traditionen der Herkunftsräume einen wichtigen Raum im pädagogischen Konzept einnimmt. Auch partizipative Elemente finden sich: Immer freitags kommt die »Assembly«, die Schulversammlung, zusammen, um – im Idealfall durch Schüler selbst vorbereitet und geleitet – über alle betreffende Angelegenheiten zu beraten.

Individuelle Förderpläne und regelmäßige Gespräche über die persönlichen Ziele und Fortschritte stellen eine weitere Säule des Konzeptes dar. Die Lernentwicklung jedes Schülers wird in einem »Logbuch« sowie durch verschiedene »Zertifikate« relativ engmaschig dokumentiert und durch individuelle Arbeits- und Förderpläne unterstützt. Dabei wird jeder Schüler von Tutoren und Mentoren begleitet – auch über die Schulzeit hinaus bis zum Ausbildungsabschluss bzw. zur Hochschulzugangsberechtigung:

> »Jeder Schüler und jede Schülerin hat einmal pro Woche 30 Minuten im verbindlichen Tutorengespräch die Zeit, über seinen/ihren individuellen schulischen Fortschritt zu sprechen. Maßgebend hierfür sind die Logbücher der Schüler/innen und das Abgleichen der Zielvereinbarungen mit ihrem Tutor/ihrer Tutorin. Darüber hinaus sollte das Tutorengespräch vor allem ein Vertrauensgespräch sein, in dem der Tutor/die Tutorin respektvoll und verbindlich ist und der Schüler/die Schülerin frei und ehrlich ansprechen kann, was ihm oder ihr persönlich und schulisch unter den Nägeln brennt« (Quinoa 2013, S. 15).

Ein eigener Schwerpunkt ist auch das Thema »Zukunft« – vor allem im Hinblick auf die Berufsorientierung. Betriebsbesichtigungen (7. Klasse), Schnupperpraktika (8. Klasse) und längere Betriebspraktika (9. Klasse) sowie in der 10. Klasse ein intensives Bewerbungstraining sollen die Schüler mit den Anforderungen der Arbeitswelt, aber auch mit ihren eigenen Stärken und Vorlieben vertraut machen. Wie wichtig für Quinoa die erfolgreiche Einmündung in eine Ausbildung oder die Oberstufe eines Gymnasiums ist, wird nicht zuletzt durch das »Factsheet Quinoa« (o. J.) unterstrichen, in dem es unter der Überschrift »Ziel« heißt: »Alle Schüler*innen haben spätestens vier Jahre nach Abschluss unserer 10. Klasse eine Ausbildung abgeschlossen oder eine Hochschulzugangsberechtigung erworben.«

Die inklusive Schule in reformpädagogischer Perspektive

Die Integration von Schülern mit Behinderung in den Regelunterricht normaler Schulen ist unter der Überschrift »Inklusion« inzwischen zum einklagbaren Menschen- bzw. Elternrecht geworden. Allerdings ist diese bildungspolitische Aufgabe alles andere als einfach. Und so findet man auch jede Menge Berichte, Stellungnahmen und Gutachten, in denen eher die Probleme, die Schwachstellen, die Fehler bei der Umsetzung thematisiert werden. Zwar gibt es auch Beispiele gelingender Inklusion, aber die öffentliche Wahrnehmung war doch oft so, dass die Auflösung der Förderschulen von vielen als voreilig und die Mittel, die für die erforderlichen zusätzlichen Stellen an Regelschulen bereitgestellt wurden, als bei Weitem nicht ausreichend erlebt wurden. In Nordrhein-Westfalen wurde die Ablösung der rot-grünen Koalitionsregierung von Hannelore Kraft und Sylvia Löhrmann im Jahr 2017 von politischen Beobachtern sogar – ob zu Recht oder zu Unrecht soll hier gar nicht entschieden werden – ganz direkt mit der »übereilten Umsetzung« der Inklusionspolitik in Zusammenhang gebracht. Meldungen über das »Scheitern der Inklusion«, die Unzufriedenheit auf allen Seiten dominierten jedenfalls eine Entwicklung, die eigentlich durchaus begrüßenswert auf die Anerkennung von Verschiedenheit, auf die Gleichwertigkeit trotz unterschiedlicher Talente und Handicaps und auf die individuelle Förderung jedes Einzelnen unabhängig von irgendwelchen Standardisierungen und Normkatalogen abzielt.

Die Umstellung der deutschen Bildungslandschaft unter den Vorzeichen einer politisch forcierten Inklusion dürfte mit die folgenreichste bildungspolitische Weichenstellung der letzten Jahrzehnte sein – vergleichbar vielleicht mit der flächendeckenden Einführung der Koedukation in den Nachkriegsjahrzehnten. Ähnlich wie bei der Koedukation erfolgt die Umsetzung in Richtung Inklusion in erster Linie als administrativer Akt, ohne dass die Lehrkräfte, die Curricula und die Didaktik ausreichend vorbereitet oder durch wissenschaftliche Expertise unterstützt würden. Die materiellen wie die ideellen Ressourcen stehen meist nicht im erforderlichen Ausmaß zur Verfügung. Während einerseits die Einführung der Inklusion als Erfolg propagiert wird, finden sich in der Berichterstattung aus der Praxis mehrheitlich kritische Stimmen. Jede einschlägige Recherche zeigt, dass Medienberichte gerade in den Anfangsjahren fast ausnahmslos Worte wie »Versagen«, »Scheitern«, »Frustration« schon im Titel führen.

Dabei gibt es gerade auch in Deutschland Schulmodelle, die inklusive Konzepte seit Jahrzehnten erfolgreich praktizieren – freilich weitgehend unbeachtet von der bildungspolitischen Öffentlichkeit. Weil beispielsweise Montessori- und Waldorfschulen in ihrer anthropologischen und pädagogischen Konzeption eine besondere Nähe zu Integration und Inklusion aufweisen, gibt es aus diesen Schultraditionen heraus viele Einrichtungen und somit viele wertvolle Erfahrungen, die für die »Inklusionsbefähigung« von Lehrkräften an unseren Schulen erschlossen werden können. Beispielhaft seien genannt: die Berücksichtigung des individuellen Lern- und Entwicklungsweges der Kinder und Jugendlichen, eine stark handlungsorientierte Lehr-Lern-Theorie, eine starke Betonung alters- und kontextsensibler Lerninhalte sowie ein Verständnis von Schule, das weit über kognitive Wissensvermittlung hinausgeht und Aspekte der sozialen, der ökologischen und der philosophischen Dimensionen einschließt.

Auf der Suche nach Konzepten für den gemeinsamen Unterricht geht der Blick oft ins Ausland, meist in die skandinavischen Länder, die seit ihren Erfolgen in den PISA-Studien als Vorreiter in Bildungsfragen gelten. Dass Inklusion bereits jahrelang in Deutschland praktiziert wird, gerät dabei oft aus dem Blick. Reformpädagogische Einrichtungen wie Waldorf- und Montessori-Schulen setzen schon lange auf das Konzept Inklusion – und das mit großem Erfolg. Maria Montessori entwickelte die Grundlagen ihrer Pädagogik nicht zufällig im Kontext der Sonderpädagogik (Gehörlosenpädagogik, Geistigbehindertenpädagogik). Rudolf Steiner erwarb seine ersten pädagogischen Erfahrungen erfolgreich als Privatlehrer für einen schweren heilpädagogischen Fall, einen an Encephalitis leidenden Jungen, der dann später sogar noch selbst Arzt werden konnte. Montessori- wie Waldorfpädagogik beinhalten sowohl in ihrer anthropologischen wie in ihrer makro- und mikrodidaktischen Grundlegung wichtige Anknüpfungspunkte für eine inklusive Öffnung von Unterricht und Schulleben. Am Beispiel der Waldorfpädagogik soll dies kurz skizziert werden, wobei sich analoge Überlegungen auch zur Montessori-Pädagogik anstellen ließen.

Es gibt eine Reihe von Waldorfschulen, die längst vor der UN-Behindertenrechtskonvention inklusive Konzepte implementiert hatten, darunter die Integrative Waldorfschule Emmendingen e.V., die Emil-Molt-Schule in Calw und die Windrather Talschule in Velbert. Dabei ist anzumerken, dass es derzeit ein Entwicklungsprojekt des Bundes der Freien Waldorfschulen gibt, an dem sich 14 weitere Schulen beteiligen, um sich der inklusiven Pädagogik zu öffnen. Weiter gibt es eine Reihe von Gründungsinitiativen für inklusive Schulen. Angesichts der dringend benötigten praxisbewährten Expertise würde sich ein intensiver Blick auf bewährte pädagogische Experimentierfelder lohnen. Reformpädagogische Konzepte von Inklusion bieten die Möglichkeit, die erworbenen Erfahrungsschätze zu dokumentieren und für die allgemeine Lehreraus- und -weiterbildung fruchtbar zu machen.

Steiners Waldorfpädagogik und seine sogenannte Heilpädagogik bieten an vielen Stellen Anknüpfungspunkte zu unserem heutigen Inklusionsverständnis (vgl. Maschke 2010). Die prägende Grundüberzeugung ist dabei, dass Erziehung sich nach den physiologischen und psychologischen Bedingungen richten müsse, die im Kind selbst liegen. Jedes Kind habe individuelle Potenziale, die es zu entfalten gelte. Eine Behinderung wird dabei als Entwicklungsbesonderheit verstanden. Um die besonderen Bedürfnisse des Einzelnen richtig zu analysieren, bedarf es einer ganzheitlichen Betrachtung, die das Kind nicht auf die Einschränkung reduziert. Ziel der Waldorfpädagogik ist es, auf dieser Grundlage geeignete Rahmenbedingungen zu schaffen, die jedem Kind den nötigen Raum für seine individuellen Lernschritte zugestehen. Daraus folgt, dass Unterrichtsmethoden nicht unterschiedlicher Natur sein müssen: Alle Kinder können durch die gleichen didaktischen Maßnahmen beschult werden und davon profitieren. In einer Unterrichtsform, in der jedem ein eigenes Maß an individueller Entfaltung zugestanden wird, kann auch jeder in der Gemeinschaft lernen. Gelernt wird gemeinschaftlich, jeder auf seine Art, nach seinen Möglichkeiten.

Eine Heuristik zu den Faktoren der Waldorfpädagogik, die als besonders günstig für die Umsetzung des inklusiven Unterrichts bewertet werden können (vgl. Maschke 2010), umfasst z. B.:

- Gesamtschulprinzip: keine Differenzierung nach Leistung, keine Trennung nach vier Grundschuljahren, die behinderte Kinder benachteiligt
- Orientierung des Unterrichts am Lebensalter: gemeinsamer Lebens- und Erfahrungsraum als Basis individueller Entwicklung und unterrichtlicher Differenzierung
- Keine Ziffernzensuren, kein Sitzenbleiben nach Leistungskriterien. Konsequenz: Jahrgangsklassen anhand eines gemeinsamen Erlebnisalters
- Klassenlehrerprinzip: hohes Maß an Sicherheit, Orientierung für den Schüler, besserer Aufbau einer Bindung möglich, Entwicklung kann besser eingeschätzt werden

- Epochenunterricht: gibt zum einen Struktur, zum anderen die Möglichkeit zur individuellen Vertiefung und zur Anwendung handlungsbetonter und erlebnisorientierter Didaktik
- Schülerbesprechungen/-konferenzen des Kollegiums zur Einschätzung der kindlichen Entwicklung und daraus resultierender Bedürfnisse
- Enge Kooperation zwischen Eltern und Lehrern

Steve-Jobs-Schulen und iPad-Klassen

Karsten D. Wolf (2018) hat das ambivalente Verhältnis der Reformpädagogen zu Medien generell und insbesondere zu den neuen digitalen Medien einer gründlichen Analyse unterzogen. Er kommt zum naheliegenden Fazit, dass die klassische Reformpädagogik den digitalen Medien gegenüber eher kritisch eingestellt sei:

> »Dies kann oberflächlich als eine rein bewahrpädagogische und medienkonservative Position interpretiert werden, ist aber häufig eher auf einen Zweifel an Zusatznutzen bei gleichzeitigem Verlust reichhaltiger Erfahrungsqualitäten und pädagogischer Betreuung zurückzuführen. [...] Eine wirklich ›digitale‹ Reformpädagogik findet sich überwiegend nur in pragmatisch-konstruktionistischen Ansätzen wie z. B. der »Quest to learn«-Schule in den USA [...], welche in der Tradition der Schulkritik [...] stehen, aber auch von neo-liberalen, technologiefreundlichen und antiakademischen Überzeugungen reicher Computer-Entrepreneure getragen werden, welche als Philanthropen ihr Stiftungsvermögen gegen ein als innovationsfeindlich wahrgenommenes staatliches Schulsystem einsetzen [...]. Digitale Medien werden hier zum Zentrum der didaktischen Neugestaltung des Unterrichts. Diese US-amerikanischen Positionen sind überwiegend von einem Glauben an die Technologie als Problemlöser der Bildung zu verstehen« (Wolf 2018, S. 101 f.).

Von Maurice de Hond, einem erfolgreichen niederländischen Wahlforscher und Internet-Guru, kann man vielerorts folgende Geschichte lesen: Er war im höheren Alter noch einmal Vater geworden und bei der Einschulung seiner jüngsten Tochter überrascht, ja entsetzt, dass sich offenbar am Schulbetrieb und an den Lernformen die letzten 30 Jahre, seitdem seine ersten Kinder zur Schule gingen, so gut wie nichts verändert hatte. Obwohl »die Welt draußen« eine ganz andere geworden war, geprägt von Digitalisierung und dem »Internet der Dinge«, hatten sich die pädagogischen Routinen dem Wandel erfolgreich entzogen. De Hond fand diese Schule als »Museum der Vergangenheit« niederschmetternd und beschloss, einen neuen Typus von Unterricht in einem neuen Schulkonzept zu verwirklichen. Seit 2013 arbeiten nun in den Niederlanden diese sogenannten Steve-Jobs-Schulen, und die Zahl der Schulen, die sich dem Konzept anschließen, wuchs zunächst in den Niederlanden, aber auch im Ausland von Jahr zu Jahr. Inzwischen scheint das Steve-Jobs-Schulkonzept wieder auf dem Rückzug zu sein. Über die Hälfte der rund 50 Schulen habe sich von dem Programm verabschiedet, meldete die Zeitung »de Volkskrant« am 9. Juni 2017.[20] Als Gründe werden die hohen Kosten genannt, die hinter den Erwartungen zurückbleibenden Lernergebnisse und die mitunter chaotischen Verhältnisse durch die Auflösung von Klassenverbänden. Initiator Maurice de Hond verweist hingegen darauf, dass man das Modell nicht halbherzig umsetzen könne, und will sich nun verstärkt auf die Expansion in anderen Ländern konzentrieren. Wobei die Voraussetzungen in den Niederlanden insofern günstig waren, als es dort – anders als Deutschland – eine Art Zwischending zwischen privaten und staatlichen Schulen gibt: Schulen, die zwar privat und mit einem alternativen pädagogischen Konzept gegründet werden können, aber dennoch die volle staatliche Finanzierung erhalten.

Zentrales Merkmal des Schulkonzeptes ist die Nutzung von iPad-Tablets in einer sehr individualisierten Form des Lernens in den verschiedenen Lernbereichen. Für jedes Kind wird auf Basis der staatlichen Lehrplanvorgaben, aber auch unter Berücksichtigung der persönlichen Talente, Interessen und Fähigkeiten ein »individueller Entwicklungsplan« erstellt und alle sechs Wochen von Eltern und Lehrern hinsichtlich der Fortschritte evaluiert und mit neuen Zielen fortgeschrieben. Das somit personalisierte Lernen erlaubt jedem Kind, auf seiner eigenen passenden Schwierigkeitsstufe zu arbeiten. Theoretisch kann also der fünf Jahre alte Hochbegabte Programme nutzen, deren Level normalerweise Kindern der Abschlussklasse vorbehalten ist. Dass das Lernen in altersgemischten Gruppen stattfindet und sich die Lehrer eher als Coaches im Hintergrund statt als Zentrum des Unterrichtsgeschehens begreifen, versteht sich von selbst.

Porträt der Steve-Jobs-Schule De Ontplooing

»Die Steve-Jobs-Schule De Ontplooing in Amsterdam wird in den Medien als ›iPad-Schule‹ bezeichnet, da alle Schüler/innen bereits in der Primarstufe ein ihnen individuell zugeordnetes Tablet nutzen. In der Schule wird das Lernen der Schülerinnen und Schüler (SuS) mittels persönlicher Entwicklungspläne (personalized development plan) organisiert, welche alle 6 Wochen in Absprache zwischen den SuS, den Lehrenden sowie den Eltern angepasst werden. Die SuS arbeiten jahrgangsübergreifend in Gruppen. Neben den Hauptfächern Sprache, Mathematik und Weltkunde stehen insbesondere Schlüsselqualifikation wie Analysieren, Entwickeln und Präsentieren von Wissen in analoger und digitaler Form, Kreativität und Problemlösefähigkeit, aber auch »soft skills« wie Flexibilität, Kritikfähigkeit und Teamwork im Fokus. Neben dem iPad stehen aber auch klassische Bücher, Montessori-Materialien und auch viel Papier und Bastelmaterial zur Verfügung. Das zu bearbeitende Curriculum bewegt sich im vorgegebenen Rahmen des holländischen Rahmenlehrplans (Kerndoelen Primair Onderwijs). [...]

---

20 Vgl. www.volkskrant.nl/binnenland/onderwijsrevolutie-maurice-de-hond-hapert-helft-betrokken-scholen-haakte-af~a4499816/ Kurzfassung in englischer Sprache: www.dutchnews.nl/news/archives/2017/06/steve-jobs-school-revolution-fails-to-catch-on-in-the-netherlands/.

> In einem Interview mit dem Schulleiter [...] wurden als Hauptziele des iPad-Einsatzes genannt: Motivation der Schüler/innen, Binnendifferenzierung, Arbeitsorganisation, selbständiges Lernen und Üben insbesondere in den Sprachen und der Mathematik, sowie das Präsentieren der eigenen Arbeitsergebnisse. [...] Aus einem weiteren Interview mit einer Lehrerin wurde deutlich, dass es durchaus große Unterschiede zwischen einzelnen Schüler/innen in der Nutzung der Tablets gibt. So bevorzugen z. B. manche Schüler/innen es, Papier und Stifte zu nutzen, andere wiederum nutzen das Tablet fast ausschließlich für Aufzeichnungen und Verschriftlichung. Eine nicht lerngerechte Nutzung der Tablets z. B. durch reine Spiele ist bei einigen Schüler/innen ein Problem, welches thematisiert und gelöst wird. Einzig die Planungs-App Tik-Tik ist verpflichtend im Einsatz für alle Schüler/innen zur gemeinsamen Organisation ihres Lernplanes mit den Lehrenden. Insgesamt ergibt sich das Bild eines pragmatischen Umganges mit analogen und digitalen Medien, wobei die Tablets deutlich weniger im Mittelpunkt stehen, als es von außen den Anschein hat« (Wolf 2018, S. 106 f.).

In Deutschland findet man als gleichsam abgespeckte Variante dieses Schultyps inzwischen eine ganze Reihe sogenannter iPad-Klassen, denen auch immer wieder recht viel Aufmerksamkeit zuteilwird. Allerdings gibt es bisher zu den Wirkungen und pädagogischen Erträgen dieser Experimente mit digitalen Unterrichtsmedien alleine aufgrund ihrer noch jungen Geschichte lediglich eher aphoristische Beobachtungen aus der Wissenschaft. Der deutsche Medienpädagoge Stefan Aufenanger hat einige Eindrücke festgehalten, die er in niederländischen Steve-Jobs-Schulen gesammelt hat:

> »Die Steve Jobs School zeichnet sich dadurch aus, dass zum einen alle Kinder ein persönliches iPad für den gesamten Schultag, aber auch für zu Hause bekommen. Zum anderen ist die gesamte Pädagogik vom Kind aus gedacht. D. h., die Kinder bestimmen ihre Lerngeschwindigkeit selbst und bekommen Aufgaben entsprechend ihrem Lernstand. Dies geschieht über entsprechende Anwendungen, die etwa in Mathematik den Kindern Aufgaben auf ihren iPad geben und je nach richtigen oder falschen Lösungen weiterführende oder wiederholende Aufgaben anbieten. Diese Lernfortschritte können die Lehrpersonen sowie die Eltern auf ihren iPads verfolgen. So kann man etwa genau erkennen, welche Aufgaben das Kind gelöst hat, ob die Lösung richtig oder falsch ist und wie lange dazu gebraucht wurde« (Aufenanger 2014).

Aufschlussreich scheint dieser Bericht, weil er einerseits auf den reformpädagogischen Topos »vom Kinde aus« abstellt. Andererseits wird deutlich, dass das Lerntempo zwar individuell variieren kann, die Lernpensen und Lernwege aber offenbar vollständig vorgegeben sind. Wahrscheinlich muss man sich die entsprechenden Apps als eine Art kindgerecht aufgemachtes Programmiertes Lernen vorstellen, nur dass hier zusätzlich zur Selbstkontrolle bzw. zur automatisierten Rückmeldung durch die Maschine noch zusätzlich Eltern und Lehrer gleichsam als Big Brother die Lernfortschritte überwachen und gegebenenfalls motivierend oder korrigierend eingreifen.

Setzen hier die zweifelhaften Segnungen des digitalen Zeitalters zu einem neuen Quantensprung an? Wir wissen, dass erste Software-Angebote auf dem Markt sind, die das Lernverhalten, das Lerntempo und die Auffassungsgabe von Menschen verfolgen und aufzeichnen, z. B. von Studierenden oder von Firmenangehörigen, die eine Online-Weiterbildung absolvieren. Welche Aufgaben der Lernende wie schnell löst, welche Hilfsmittel er verwendet, auf welchen Webseiten er sich informiert, welche Fehler und Umwege ihm unterlaufen – all das wird »getrackt«, das heißt elektronisch dokumentiert. In einer nicht allzu fernen Zukunft wird der Anwärter auf eine Beförderung, wird der Absolvent im Bewerbungsgespräch also nicht mehr Bildungszertifikate vorlegen müssen. Bachelor, Master, Zusatzqualifikationen – alles Schnee von gestern. Lerntempokoeffizienten und Lerntypprofile könnten das gute alte Zeugnis ersetzen. Selbst wenn es so etwas wie ein Recht auf informationelle Selbstbestimmung gibt – wer einen Job will, dürfte seine Learning History kaum als Privatsache behandeln können. Dass dazu auch die Bewegungsdaten aus der mit dem Smartphone gekoppelten Fitness-Armbanduhr gehören, versteht sich fast von selbst. »Wo aber Gefahr ist, wächst das Rettende auch«, wusste Hölderlin. Und so ist zu erwarten, dass der Sportmuffel die Fitness-Watch seinem Hund umbindet und clevere Studenten einen schwunghaften Handel mit getunten Lern-Profilen aufziehen werden. Schöne neue Lernwelt? Es bleibt abzuwarten, wie viele der Lernfreude-, der Effizienz- und der Beschleunigungsversprechen, die heute mit derartigen Innovationen regelmäßig einhergehen, tatsächlich auf Dauer eingelöst werden können.

Ist es paradox oder tragisch, wenn z. B. de Hond, der Gründer der Steve-Jobs-Schulen, in einem Interview betont, dass kein Schüler heute mehr Schönschrift üben müsse, weil es ausschließlich auf die Inhalte ankomme[21] – und dabei ganz offensichtlich vergessen hat, dass die einzige organisierte Lernerfahrung, die der geniale Studienabbrecher und Apple-Gründer Steve Jobs als relevant für seine späteren Erfolge beschrieben hat, ausgerechnet ein Kalligrafie-Kursus war? Auch der Englischlehrer Tobias Schnitter, der im bayrischen Gauting eine Tablet-Klasse in der 9. Klasse einer Realschule eingerichtet hat, betont, wie überflüssig viele früher als Eigenleistung der Schüler zu erledigenden Unterrichtsbestandteile seien: »Und statt den Tafelanschrieb ins Heft zu übertragen, wird er abfotografiert oder digital bereitgestellt. Im Schulalltag spart das eine Menge an Minuten. ›Wertvolle Zeit, die man zum Unterrichten nutzen kann‹, sagt Schnitter« (nach Himmer 2015).

Die lernpsychologische Forschung sagt hingegen, dass schon beim mechanischen Abtippen statt dem handschriftlichen Abschreiben von Informationen kognitive Verarbeitungsleistungen auf der Strecke bleiben. Das Durchdenken, das Verinnerlichen, das Suchen nach eigenen Worten bietet für das Verständnis und das Behalten von Zusammenhängen jedenfalls deutliche Vorteile (Mueller/Oppenheimer 2014). Wie sehr muss dann erst das Abfotografieren gegenüber der handschriftlichen Er-

---

21 Maurice de Hond in der TV-Sendung Galileo am 18. Januar 2016: www.prosieben.de/tv/galileo/themen/thema-u-a-steve-jobs-schule-vs-reformschule.

fassung im Nachteil sein? Die Möglichkeit der Zeitersparnis scheint jedenfalls nicht unbedingt das stärkste Argument für die digitale Aufrüstung schon der Grundschulen zu sein.

Ein oft diskutiertes Problem derartiger Digital-Experimente, die gerade in Deutschland immer noch einen vergleichsweise schweren Stand haben, ist die soziale Chancengleichheit – etwa wenn Tablets von den Eltern selbst finanziert werden müssen. Allerdings haben viele Schulen hier mit Fonds oder Leihgeräten versucht, soziale Benachteiligungen zu minimieren. Freilich bleibt die wirtschaftliche Dimension der digitalisierten Pädagogik zweifellos ein Stein des Anstoßes. Denn die Summen, die mit der flächendeckenden Ausrüstung mit Laptops oder Tablets nebst Lernsoftware zu verdienen sind, gehen schnell in die Milliarden Euro. Auch die Begleitung der pädagogischen Schulentwicklung kostet, bei de Honds Unternehmen z. B. je nach Schulgröße bis zu 60 000 Euro pro Jahr.

Ein erstes Zwischenfazit[22] könnte vielleicht lauten, dass man – trotz der allenthalben gemeldeten Lernerfolgsverbesserungen[23] – von der Nutzung elektronischer Medien keine Wunder erwarten darf. Auch wäre es sicher nicht verkehrt, wenn statt der oft bemerkenswert kenntnisfreien Ablehnung von »Computern im Unterricht« eine interessierte Neugier auf deren sinnvolle Einsatzmöglichkeiten in der Pädagogenzunft Platz greifen würde. Auch in den Steve-Jobs-Schulen nimmt die Arbeit am Tablet nicht mehr als 25 bis 30 Prozent der Zeit ein – und gruppenbezogene, sportliche, kulturelle oder kreative Aktivitäten haben daneben einen hohen Stellenwert. Man muss also die gerade im deutschen Pädagogen-Selbstverständnis oft anzutreffende Skepsis nicht teilen und sollte Laptops, Tablets oder auch Smartphones für bestimmte Aufgaben und Themen durchaus einen Platz auch auf der Vorderbühne des Unterrichts einräumen – auf der Hinterbühne, unter Tischen und zwischen den Schenkeln haben sie ihn ohnehin längst.

---

22 Eine eher auf technische, organisatorische, beschaffungsbezogene und infrastrukturelle Probleme abstellende Zwischenbilanz bietet Christoph Dernbach: iPads im Klassenzimmer. Zwischenbilanz nach fünf Jahren Tablet-Unterricht. www.tablet-in-der-schule.de/2016-10-15/ipads-im-klassenzimmer-zwischenbilanz-nach-fuenf-jahren-tablet-unterricht (Abruf am 15.10.2016).

23 Eine eher mit Vorsicht zu genießende Zusammenstellung von geradezu atemberaubenden Motivationssteigerungen, Lernerfolgsverbesserungen und hundertprozentigen Erfolgsquoten durch iPads bietet Apple unter der Überschrift »iPad im Bildungswesen – weltweite Ergebnisse«, darunter auch Beispiele aus Deutschland: https://webcache.googleusercontent.com/search?q=cache:QK6uf0iuoqIJ:https://images.apple.com/ae-ar/education/docs/ipad-in-education-results.pdf+&cd=1&hl=de&ct=clnk&gl=de

Neue Akteure

Unternehmen, Stiftungen, Mäzene

Das pädagogische Engagement von wirtschaftsnahen Akteuren, seien es Unternehmen, die Schulen gründen und finanzieren, seien es Stiftungen großer Konzerne, wohlhabende Einzelpersonen oder Wirtschaftsverbände, die mit Gutachten oder Denkschriften an die Öffentlichkeit treten, trifft gerade in Deutschland oft auf skeptische Reaktionen. Schnell wird der Vorwurf der »Ökonomisierung des Bildungswesens« laut und eine Einflussnahme nach dem Muster der »Produktion willfähriger Arbeitskräfte« unterstellt. Auch die überall in den Ballungszentren entstehenden Europa-Schulen und Internationalen Schulen sorgen oft für größere Diskussionen, weil sie bevorzugt eine bestimmte Klientel aus gehobenem internationalem Management, Verwaltung und Diplomatie bedienen, ohne sich jenseits ihrer zahlungskräftigen Zielgruppen, ihrer Ausrichtung auf das internationale Abitur (International Baccalaureate Diploma, IB, oder das Europäische Abitur) und ihrem intensiven Coaching und Networking deutlich vom regulären staatlichen Schulkonzept abzuheben.

Ebenfalls in den letzten Jahren neu entstanden ist eine ganze Reihe von Schulen mit teilweise anspruchsvollen Innovationsansätzen, die im Umfeld von finanzstarken Unternehmen und unternehmensnahen Stiftungen gegründet wurden. Diese neue Initiativen knüpfen nicht nur an die Anfänge der Reformpädagogik an, weil z. B. auch die erste Waldorfschule auf das Engagement des Besitzers der Waldorf Astoria Zigarettenfabrik in Stuttgart zurückging, der für die Kinder seiner Arbeiter und Angestellten eine gute Bildungsstätte von Rudolf Steiner konzipieren ließ. Hier entstehen eventuell auch Modelle neuer Schulkonzepte, in denen – großzügig und vielleicht nicht ganz uneigennützig durch Unternehmenseigentümer unterstützt – neue Lernmethoden und Arbeitsformen, neue Sozialformen und Bewertungsmaßstäbe erprobt werden.

Einige Beispiele: Seit 2006 arbeitet in Künzelsau die »Freie Schule Anna Sophie«,[24] initiiert von Bettina Würth, der Tochter des Schrauben-Magnaten Reinhold Würth. Zu den 600 Kindern, die in Künzelsau unterrichtet werden, kommen seit 2012 die 260 Schülerinnen und Schüler am zweiten Standort Berlin, wo eine bilinguale Schule eingerichtet wurde. Orientiert am Konzept des »Autonomen Lernens« des Schweizer Schulreformers Peter Fratton wird hier statt in Jahrgangsklassen in »Lernfamilien« und »Lernteams« gearbeitet. Statt Lehrern gibt es »Lernbegleiter«. Trotz der Millioneninvestitionen aus der gemeinnützigen Stiftung Würth wird ein Schulgeld in Höhe

24 Goebel, L. (2012): Wie Unternehmen Schule machen. Online verfügbar unter: www.sueddeutsche.de/bildung/konzerne-finanzieren-privatschulen-wie-unternehmen-schule-machen-1.1501700 (Abruf am 15.11.2017). Freie Schule Anne-Sophie (o. J.): Schulgründung. Online verfügbar unter: www.freie-schule-anne-sophie.de/start/schulgruendung/ (Abruf am 15.11.2017).

von 100 bis 890 Euro erhoben – für einkommensschwache Elternhäuser gibt es Stipendien.

In St. Jakob bei Salzburg hat die Paracelsus-Schule für mehrfach beeinträchtigte Kinder mit starker finanzieller Unterstützung des Porsche-Erben Peter Daniell Porsche im Jahr 2005 ein neu gestaltetes Schulareal bezogen. Ausgehend von Ideen der Waldorfpädagogik für »seelenpflegebedürftige« Kinder und Jugendliche formuliert das Konzept »Schule als Lebens- und Entwicklungsraum«, in dem die 32 Kinder (Stand Anfang 2016) lebensorientiert, fächerübergreifend und projektorientiert begleitet werden.[25] Teil der Schule ist auch ein erweiterter ehemaliger Bauernhof, der viele praktische Lernfelder u. a. für eine »tiergestützte Pädagogik« bietet.

Der Klett-Verlag aus Stuttgart hat die »Klett Schulen und Bildung gGmbH«[26] gegründet, die »Seepferdchen-Krippen«, »Villa Luna-Kindertagesstätten«, die Galileo-Grundschule in Stuttgart sowie an sechs Standorten »Swiss International Schools« betreibt.

Der Unternehmer Hans Strothoff, Erfinder der Musterhaus-Küchen und Vorstandsvorsitzender der MHK Group, hat in Dreieich bei Frankfurt am Main 2009 »seine« privat finanzierte bilinguale Ganztagsschule vom Kindergarten bis zur Hochschulreife eröffnet, mit dem Anspruch, »die beste Schule in ganz Deutschland zu schaffen.«[27]

Ebenfalls 2009 hat der Volkswagen-Konzern der Stadt Wolfsburg anlässlich des 70jährigen Jubiläums die »Neue Schule Wolfsburg gGmbH«[28] als Grundschule mit anschließender integrierter Gesamtschule geschenkt. Volkswagen übernimmt unter anderem die Kosten für die Konzepterstellung, die Lehrkräfte und wesentliche Teile der Schulausstattung. Im ersten Jahr hatte Ursula Piëch, die Gattin des langjährigen

---

25 Pretzlaff, H. (2012): Ein Porsche geht seinen Weg. Waldorfpädagogik statt Wirtschaft. Online verfügbar unter: www.stuttgarter-zeitung.de/inhalt.ein-porsche-geht-seinen-eigenen-weg-waldorfpaedagogik-statt-wirtschaft.260122f3-3cf1-45e1-bc2b-31d89eccdf9e.html (Abruf am 15.11.2017). Paracelsus-Schule (o. J.): Entwicklung der Paracelsus-Schule Salzburg. Online verfügbar unter: www.paracelsusschule.at/entwicklung.php (Abruf am 15.11.2017).

26 Klett Gruppe (2011): Klettgruppe investiert in Bildungsdienstleistungen. Online verfügbar unter: www.klett-gruppe.de/presse/pressemitteilungen/klett+gruppe+investiert+in+bildungsdienstleistungen.2996.htm (Abruf am 15.11.2017).
Eckert, A. (2010): Klett: Eigene Schule. Pauker, Penne und Penunzen. Online verfügbar unter: www.sueddeutsche.de/wirtschaft/klett-eigene-schule-pauker-penne-und-penunzen-1.296108 (Abruf am 15.11.2017).

27 Leppin, J. (2009): Die Firma. In Dreieich eröffnet ein Küchenunternehmer eine Schule, die die beste Deutschlands werden soll. Online verfügbar unter: www.spiegel.de/spiegel/a-646121.html (Abruf am 15.11.2017). Becker, L. (2009): Eine Schule wie ein Unternehmen. Online verfügbar unter: www.faz.net/aktuell/wirtschaft/privatschule-eine-schule-wie-ein-unternehmen-1853760.html (Abruf am 15.11.2017).

28 Kahl, R. (2009): 20 Kinder pro Klasse + Einzelunterricht. Der VW-Konzern spendiert Wolfsburg eine integrierte Gesamtschule. Online verfügbar unter: www.zeit.de/2009/44/C-VW-Schule (Abruf am 15.11.2017). Neue Schule Wolfsburg (o. J.): Der Ideengeber. Online verfügbar unter: www.neue-schule-wolfsburg.de/unsere-schule/ideengeber.html (Abruf am 15.11.2017).

VW-Vorstands- und Aufsichtsratsvorsitzenden Ferdinand Piëch, den Vorsitz im Kuratorium der Schule inne, das den Aufbauprozess maßgeblich mitgestaltet. 2016 besuchen diese Ganztagsschule ca. 900 Schüler. Schulgeld wird nicht erhoben, allerdings ist das (auch finanzielle) Engagement der Eltern im Schul-Förderverein erwünscht. Die Neue Schule Wolfsburg arbeitet mit kleinen Lerngruppen und will Begabungen individuell fördern. Gearbeitet wird in bewusst heterogenen Lerngruppen. Individualisierung und das Konzept der Schule als Lebensraum, das Sichtbarmachen von individuellen Lernwegen und Lernerfolgen sind Prinzipien, die gelebt werden sollen. Betont werden auch die Einbindung außerschulischer Lernorte und Fachleute in den Unterricht sowie eine innovative Ausstattung der Unterrichtsräume. Dass die VW-Schule sich durchaus der reformpädagogischen Bewegung zugehörig fuhlt, zeigt z. B. die Mitwirkung der Schulleiterin auf reformpädagogischen Tagungen (Fitzner/Kalb/Risse 2012) und der dort formulierte Anspruch: »Der Bildungslandschaft in Deutschland Impulse zu geben, auch diesem Ziel, das der Träger Volkswagen bei der Gründung formulierte, soll und will die Schule gerecht werden« (Boldt 2012, S. 264).

Während einzelne Schulen mit innovativen Konzepten durchaus Vorbildcharakter und damit weit über die dort unterrichteten Schüler hinaus Breitenwirkung erlangen können, zielen die Aktivitäten vieler Stiftungen von vornherein auf strukturelle, flächendeckend wirksame Innovationsprozesse. Dabei ist die Zahl der Stiftungen in der BRD drastisch angestiegen: Im Jahr 2004 gab es 12 760 Stiftungen, 2015 waren es 21 301. Nach dem Bereich »Soziales« (55 Prozent der Stiftungen geben an, hier aktiv zu sein) ist der Bereich »Bildung und Erziehung« mit 37 Prozent zum zweitgrößten Sektor der Stiftungsaktivitäten geworden (vgl. Höhne 2018, S. 566). Zu den großen und bekannten bildungsaktiven Stiftungen dürften die Bertelsmann Stiftung, die Stiftung Mercator, die Robert Bosch Stiftung, die Software AG Stiftung, die Körber Stiftung, die Zukunftsstiftung Bildung der GLS[29] Treuhand (mit dem bekannten Projekt »Jedem Kind ein Instrument«) oder die Wübben-Stiftung zählen. Wer sich näher mit ihrer Stiftungsphilosophie, ihren Programmen und Projekten beschäftigt, stellt schnell fest, dass sie sich sehr stark den Ideen der Chancengleichheit und Bildungsgerechtigkeit verpflichtet fühlen. Unterstützung von Schulsozialarbeit durch neue Konzepte (Stichwort »Familienklassen«; Wübben-Stiftung), bessere Förderung von Schülern mit Migrationshintergrund, stärkere Aktivierung von elterlichen Ressourcen (Stiftung Mercator), gerechtere Finanzierungsmodelle für Schulen in freier Trägerschaft (Software AG Stiftung) oder Förderung von Schulentwicklungsprozessen durch Selbstevaluation (Bertelsmann Stiftung) sind nur einige Beispiele für die Handlungsfelder. Inwieweit die angestoßenen Entwicklungsprozesse tatsächlich dauerhafte Verbesserungen bewirken oder nach Projektende versanden, ist immer wieder Gegenstand der Diskussion. Klar ist indessen, dass sich der Anspruch von derartigem Stiftungsengagement längst nicht mehr auf die punktuelle Vergabe von Stipendien oder Forschungsfördermitteln beschränkt und ebenso wenig als Versuch der Reichen und Mächtigen

29 GLS: Gemeinschaftsbank für Leihen und Schenken, ein anthroposophisches Finanzinstitut.

diskreditiert werden kann, Macht und Einfluss im Sinne des Neoliberalismus auszuüben. Auch dezidiert reformpädagogische Initiativen sind immer wieder für die Unterstützung von Stiftungen dankbar. So fördert etwa die Software AG Stiftung die reformpädagogische Lehrerausbildung an privaten Hochschulen. Die Vodafone Stiftung hat sich im interkulturellen Berliner Projekt Quinoa engagiert. Und ein Großteil der musischen und kulturellen Angebote, also Tanzprojekte, Gesang- und Instrumentalmusik, Theater und Bildende Kunst, die es mittlerweile landauf und landab in großer Zahl gibt, dürfte ohne die Zuwendungen privater, aber auch öffentlicher Stiftungen kaum lebensfähig sein.

Gülen-Bewegung

Mit der Gülen-Bewegung ist auch in Deutschland seit der Jahrtausendwende ein neuer Player auf dem Markt der Bildungsangebote in Erscheinung getreten. Sie wird auch als Hizmet-Bewegung (von Hizmet = Dienst) bezeichnet und tritt für konsequentes Bildungsengagement ein. Gleichwohl ist diese zivilgesellschaftliche Bewegung in der Tradition des Islam verwurzelt und eröffnet einen Weg, muslimische Glaubenspraxis und Integration in die moderne Leistungsgesellschaft produktiv zu vereinbaren.

Seit dem Putschversuch in der Türkei am 15. Juli 2016 steht die Bewegung international unter Druck, weil Erdogan Fethullah Gülen zum Drahtzieher des Komplotts und somit zum willkommenen Feindbild und Sündenbock erklärt hat (vgl. Barz 2017). Die Türkei konnte seither zahlreiche Regierungen dazu bewegen, man könnte auch sagen, durch die Drohung mit dem Abbruch der Zusammenarbeit dahingehend erpressen, dass sie Gülen-nahe Schulen und auch Hochschulen geschlossen haben (Hermann 2016, Martens 2017). In der Türkei selbst waren die »Fethullahcis« ohnehin ab 2013 einer starken Verfolgungswelle ausgesetzt, weil das Stillhalteabkommen zwischen Gülen und Erdogan seit den Ermittlungen türkischer Staatsanwälte gegen Familie und Regierungsmitglieder Erdogans wegen Korruption aufgekündigt war. Auch in Deutschland steht die Bewegung seit Sommer 2016 massiv unter Druck, und die türkische Regierung versuchte über diverse Kanäle, z. B. auch auf die Landesregierungen in Baden-Württemberg und in Berlin Einfluss zu nehmen. Obwohl dieses Ansinnen von Ministerpräsident Kretschmann und Berlins Regierendem Bürgermeister Müller entschieden zurückgewiesen wurde, hat sich das öffentliche Interesse an den Aktivitäten der Gülen-Bewegung in Deutschland massiv verstärkt.

Die Bewegung scheint ein enormes Mobilisierungspotenzial insbesondere in der muslimischen akademischen Bevölkerung zu besitzen. Sie ist durch Nachhilfeangebote, Privatschulgründungen, Kindertagesstätten und Studierendenwohngemeinschaften (sogenannte »Lichthäuser«) im Bildungsbereich sehr aktiv. An die 30 allgemeinbildende private Schulen werden ihr heute in Deutschland zugerechnet. Finanzielle Unterstützung erhält die Bewegung durch Spenden von Unternehmen und Einzelpersonen, auch wenn diese Spendenbereitschaft durch die Androhung von Sanktionen und Strafmaßnahmen für die türkischstämmigen Spender im Falle der Rückkehr in die Türkei massiv eingebrochen ist.

In der Studie »Große Vielfalt, weniger Chancen« (Barz u. a. 2015) wurde auch nach dem Interesse türkischstämmiger Migranten an Gülen-Schulen gefragt. Das Ergebnis: 6 Prozent der Befragten mit türkischem Migrationshintergrund konnten sich vorstellen, ihr Kind dort anzumelden; weitere 17 Prozent würden gerne mehr über diese Schulen wissen. Das ergibt ein Gesamtpotenzial von 23 Prozent. Hochgerechnet auf die Gesamtzahl der türkischstämmigen Kinder und Jugendlichen in der BRD ergibt sich daraus ein Potenzial von (konservativ) geschätzten 200 000 Schülerinnen und Schülern (vgl. Barz 2016).

»Baut Schulen statt Moscheen«, lautet ein oft zitiertes Motto von Fethullah Gülen, dem wahrscheinlich prominentesten türkischen Prediger der islamischen Moderne, der seit 1999 in den USA im – damals zunächst selbstgewählten – Exil lebt. Seine türkisch-sunnitisch verankerten und konservativ geprägten Leitgedanken mit Elementen des Sufismus beeinflussten im Laufe der letzten 30 Jahre Millionen von Menschen. Heute gibt es weltweit hunderte namhafte Organisationen in Wirtschaft, Medien und Bildung, die sich auf Gülen berufen. Insgesamt sollen der Gülen-Bewegung ca. 10 Millionen Personen angehören. Das Time Magazine bezeichnete Fethullah Gülen als einen der 100 einflussreichsten Menschen der Welt (vgl. Neshitov 2013). In der Türkei hat nach Jahren der Gemeinsamkeit zwischen AKP und Hizmet schon seit 2013 eine Kampagne gegen von Gülen inspirierte Intellektuelle, Staatsbedienstete, Medien und Journalisten eingesetzt. Deren Anhänger hatten ihrerseits Mitglieder von Erdoğans Kabinett durch Korruptionsermittlungen massiv in Schwierigkeiten gebracht.

Schon die Titel der Bücher, die sich mit der Gülen-Bewegung auseinandersetzen, signalisieren produktive Spannungsfelder: »Zwischen Tradition und Moderne« (Homolka u. a. 2010), »Zwischen Predigt und Praxis« (Boos-Nünning u. a. 2011), »Zwischen Netzwerk und Diskurs« (Agai 2008). Gülen wird als der »Gandhi des Islam«, als muslimischer Erneuerer wie einst Luther, seine Lehre als islamischer Calvinismus, seine Bildungsrevolution als Versöhnung von Islam und moderner Leistungsgesellschaft gepriesen. Der baden-württembergische Ministerpräsident, die Bundesforschungsministerin, Rita Süßmuth, Bill Clinton – um nur einige zu nennen – treten auf Veranstaltungen der Gülen-Bewegung auf und würdigen deren zivilgesellschaftliches Engagement als wichtigen Beitrag zur Integration der muslimischen Bevölkerungsminderheit.

Gleichzeitig ist die Gülen-Bewegung in Deutschland auch schon vor dem Putschversuch teilweise mit einer äußerst kritischen Reaktion in Wissenschaft und Öffentlichkeit konfrontiert, die ihr eine sektenhafte zielstrebige Unterwanderung der westlichen Gesellschaften unterstellt. Hierzu zählen Medienberichte, in denen eine geheimbundartige Untergrundtätigkeit, Manipulation und Gehirnwäsche der Mitglieder und Weltherrschaftsfantasien einer Art »Scharia im Schafspelz« beschworen werden. Vergleiche gehen in Richtung Opus Dei oder Ajatollah Chomeini – angeheizt insbesondere durch türkischstämmige Kritikerinnen wie Lale Akgün oder Necla Kelek, die etwa in der FAZ (2008) die Bewegung als »undurchsichtige islamistische Sekte mit Konzernstruktur« bezeichnete. In einer weiteren Interpretationsrichtung werfen türkische Nationalisten Gülen seit langem vor, ein Verbündeter des Westens, der USA, der EU und »der Juden« zu sein.

Es muss verwundern, dass sich die seriöse wissenschaftliche Auseinandersetzung mit dieser transnational verfassten zivilgesellschaftlichen Strömung bestenfalls am Anfang befindet (vgl. Geier/Frank 2018). Es findet sich für Deutschland heute lediglich eine erste Pilotstudie, in der die Kommunikations- und Interaktionsstrukturen der sogenannten »Lichthäuser« dokumentiert wurden. Die Bezeichnung »Lichthaus« wird innerhalb der Bewegung übrigens weniger verwendet; die Akteure selbst sprechen eher von »Haus« oder »Wohnung«. Mittels teilnehmender Beobachtung wurden in der Pilotstudie, die seit Herbst 2016 in einem DFG-Projekt weitergeführt wird, auch die dort zirkulierenden weltanschaulich-spirituellen Inhalte eingeordnet. Das Zwischenfazit: »Keinesfalls kann auf der Grundlage unserer bisherigen Forschung von einer Indoktrination in den sohbetler, wie es durch den öffentlichen Diskurs nahegelegt wird, gesprochen werden« (Geier/Frank 2016).[30]

Auch eine Studie der amerikanischen Soziologin Helen Rose Ebaugh (2012), die auf der Basis zahlreicher Befragungen in verschiedenen Ländern erstellt wurde, kommt insgesamt zur Bewertung der Gülen-Bewegung als einer bedeutenden zivilgesellschaftlichen Strömung. Ein für die Stiftung Wissenschaft und Politik erstelltes Gutachten betont, »dass die nach außen gerichteten zivilgesellschaftlichen Aktivitäten der Bewegung in Deutschland, ihr Engagement im Bereich der Bildung und des interreligiösen bzw. interkulturellen Dialogs, objektiv der Integration von Migranten in die deutsche Gesellschaft dienen. Es wäre abwegig, dem Teil der Muslime in Deutschland, die – und sei es aus religiöser Motivation – Integrationsarbeit betreiben und selbst auf den gesellschaftlichen Aufstieg in Deutschland orientiert sind, die Zusammenarbeit zu verweigern« (Seufert 2013, S. 30).

Über die konkreten Aktivitäten im Bildungsbereich gibt es zwar gelegentlich journalistische Schilderungen und vorsichtige wissenschaftliche Würdigungen (vgl. z. B. Boos-Nünning u. a. 2011) – eine empirische sozialwissenschaftliche Untersuchung der zahlreichen inzwischen auch in Deutschland arbeitenden privaten Schulinitiativen im Primar- und Sekundarbereich stellt aber ein Desiderat der Forschung dar. Was man indessen bereits heute sagen kann: Die sogenannten Gülen-Schulen stellen unter mindestens drei Gesichtspunkten ein äußerst relevantes bildungspolitisches Novum dar:

- Erstens stellen sie den in Deutschland sichtbarsten Ausdruck dieser wohl einflussreichsten transnationalen zivilgesellschaftlichen Bildungsbewegung in der islamischen Welt dar.
- Zweitens bereichern sie die Landschaft der Schulen in freier Trägerschaft in Deutschland um eine weitere Variante mit spezifischer Prägung.

30 »Sohbetler« ist Plural von türkisch »sohbet« = Gespräch; also: »religiöse Gesprächsgruppen«.

- Und drittens stellen sie eine Art Selbsthilfeinitiative von türkisch-muslimischen Migranten dar, denen die interkulturelle Öffnung des deutschen Bildungssystems nicht schnell genug Erfolge in Richtung der erstrebten Verbesserung der Bildungschancen für ihre Kinder bringt.

Eine der zentralen Herausforderungen des deutschen Bildungssystems ist die Bildungsintegration von Kindern und Jugendlichen mit Migrationshintergrund (vgl. Barz u. a. 2015). Zahlreiche Studien belegen, dass Kinder mit Zuwanderungsgeschichte nicht die gleichen Chancen im deutschen Bildungssystem haben wie ihre Mitschüler ohne Migrationshintergrund. Besonders die fehlende Wertschätzung für kulturelle Vielfalt und die Herkunftskultur wird von Schülern und Eltern – insbesondere mit türkischem Hintergrund – bemängelt.

Genau hier setzen die Schulen und Nachhilfezentren der Gülen-Bewegung an, indem sie individuelle Förderung von Kindern besonders, aber nicht nur mit türkischen Wurzeln versprechen. Durch den spirituellen Hintergrund wird eine besondere Wertschätzung der türkischen Kultur und auch des Islams deutlich, auch wenn dieser im Schulalltag offenbar keine sichtbare Rolle spielt und z. B. kein islamischer Religionsunterricht angeboten wird. Beim Fremdsprachenunterricht bieten die Gülen-Schulen aber oft Türkisch an – und fungieren so vielleicht als Vorreiter des Konzeptes »Lebendige Mehrsprachigkeit«, das schon länger von Migrationsexperten gefordert wird und die diskriminierende Unterscheidung in »Fremdsprachen erster und zweiter Klasse« (z. B. Englisch, Französisch versus Türkisch, Arabisch) aufheben soll.

Inwieweit die Ansprüche auf eine bessere Pädagogik ohne weltanschaulich-religiöse Färbung real eingelöst werden, ist eine offene Frage. In den vielfältigen kulturellen, sportlichen und naturwissenschaftlichen Aktionen und Events, an denen Gülen-Schulen erfolgreich teilnehmen (Mathe-Olympiade, Kultur-Festival etc.), deutet sich freilich an, dass es ihnen gelingt, gerade für türkischstämmige Schülerinnen und Schüler eine überzeugende Alternative zum staatlichen Angebot zu etablieren (vgl. Spiewak 2010).

Die Schulen verfolgen dabei keine explizit alternative pädagogische Konzeption, sondern halten sich an die geltenden staatlichen Lehrpläne. Abweichungen finden sich höchstens insofern, als sie keinen islamischen Religionsunterricht, aber oft Türkisch als Fremdsprache anbieten. Es scheint vor allem den besonderen Anstrengungen und dem hohen Engagement von Eltern und Lehrern geschuldet, dass den Schulen bisher ausnahmslos sehr gute Zeugnisse ausgestellt werden. Wobei der Faktor Elternkooperation von den Schulen – z. B. durch Aufenthaltsräume für Eltern, durch Sport- oder Bildungsangebote für Eltern, durch Hausbesuche bei den Familien – auch deutlich stärker gewichtet wird, als das in der Regel an deutschen Schulen der Fall ist. Der Paradigmenwechsel von der Defizit- zur Ressourcenorientierung im Blick auf die Potenziale der meist türkischstämmigen Schüler ist die eine unter bildungssoziologischen Aspekten relevante Perspektive. Die zweite ist die sich hier faktisch vollziehende Emanzipation der muslimischen Einwanderer, die sich nicht länger mit ihrer traditionellen Klientelrolle arrangieren, sondern entschlossen in die durchaus anspruchsvolle Akteursrolle drängen, die mit den aufwendigen Genehmigungsprozeduren, der schwierigen Finanzierung und der Rekrutierung von Lehrpersonal, der Anmietung oder dem Bau von Schulgebäuden etc. bei Schulen in freier Trägerschaft verbunden ist.

Es bleibt zu wünschen, dass die Diskussion um die Gülen-Bewegung durch sachliche Information und belastbare Daten auf eine solide Grundlage gestellt und damit dem bloßen Widerstreit der unterschiedlichen Meinungen und Vorurteile entzogen wird. Eine realistische Bewertung der Bildungsoffensiven mit islamischem Hintergrund ist nicht zuletzt deshalb von großer Bedeutung, um Fehlentwicklungen vorzubeugen, wie sie etwa aus Großbritannien berichtet werden (vgl. Funkschmidt 2014), wo die islamistische Majorisierung öffentlicher Schulverwaltungsorgane befürchtet wird.

Reformpädagogik am Pranger: Positionen der Privatschulkritik

In den letzten Jahren häufen sich die Angriffe auf Bildungseinrichtungen in freier Trägerschaft. Erziehungswissenschaften und Publizistik machen auf breiter Front Stimmung gegen Privatschulen als vermeintliche Eliteeinrichtungen. Bildungspolitiker blicken »mit Sorge« auf die wachsende Popularität von nicht-staatlichen Bildungsangeboten.[31] Die Tageszeitung titelte am 9. März 2011: »Der Kampf gegen Privatschulen beginnt«. Klein (2013, S. 246) sieht »eine neue Qualität« in der publizistischen Polemik von Weiß, Avenarius, GEW und Co. Von der GEW und der Friedrich-Ebert-Stiftung argumentativ unterstützt, wird die Zunahme an Alternativen zur staatlichen Regelpädagogik als vermeintlich wachsende Chancenungleichheit kritisiert. Bei Licht betrachtet handelt es sich dabei allerdings geradezu um einen »Missbrauch des Arguments der Chancengleichheit«. In geradezu grotesker Umkehrung der grundgesetzlichen Privatschulgarantie behauptet eine Studie, die 2017 vom Wissenschaftszentrum Berlin für Sozialforschung unter Leitung des SPD-Mitglieds Prof. Jutta Almendinger erstellt wurde, dass die Genehmigung von freien Schulen durch die Bundesländer gegen die Verfassung verstoßen würde (Wrase/Jung/Helbig 2017). Als Argument wird die soziale Selektion angeführt, die durch die Schulgelder entstehe.

Während im Zuge der Internationalisierung die nationalen Märkte zunehmend entgrenzt und liberalisiert werden, kommt es parallel dazu zu einer verschärften Regulierung und Standardisierung. Der Druck zur Vereinheitlichung von Systemen und Ideen wächst – auch im Bildungsbereich. Entsprechend schwer haben es derzeit Konzepte, die auf Bildungspluralismus und Deregulierung setzen.

Dass Schulen in freier Trägerschaft eine zentrale Säule des deutschen Bildungssystems darstellen und gerade in puncto Innovationspotenzial eine wichtige Schrittmacherfunktion haben, droht dabei in Vergessenheit zu geraten. Dass ihre Schülerinnen und Schüler meist bessere Leistungen in internationalen Vergleichstests erzielen und ihnen auch unter ökonomischen Gesichtspunkten immer wieder eine höhere Effizienz bescheinigt wird, muss demgegenüber betont werden. Dass der viel zitierte Elitevorwurf bestenfalls auf einen kleinen Teil der Schulen in freier Trägerschaft zutrifft und gerade dem staatlichen gegliederten Schulsystem unverändert deutliche Segregationstendenzen zu bescheinigen sind, ist kaum zu bestreiten.

Es gibt in den letzten Jahren immerhin empirische Studien zu einzelnen Schulmodellen (Waldorfschulen, Montessori-Schulen; vgl. Liebenwein/Barz/Randoll 2012, 2013) oder die in mancherlei Hinsicht zu Recht kritisierten Daten einer repräsentati-

---

31 Vgl. www.rp-online.de/politik/erfolg-der-privatschulen-macht-der-politik-sorgen-aid-1.5033185

ven Erhebung zur Privatschulfinanzierung des Statistischen Bundesamtes.[32] Jenseits derartiger Studien zu Spezialthemen fehlen breiter angelegte Analysen, auch wenn der sozialwissenschaftliche Buchmarkt auf den ersten Blick vielleicht einen anderen Eindruck vermittelt. Die zuletzt erschienenen erziehungswissenschaftlichen Sammelbände zu privaten Schulen in Deutschland (vgl. Ullrich/Strunck 2012, Gürlevik/Palentien/Heyer 2013, Kraul 2015) erschöpfen sich aus der Nähe betrachtet weitgehend darin, den Elite-Vorwurf zu variieren und das Forschungsdesiderat zu beklagen.

Auch die im Auftrag von der Gewerkschaft Erziehung und Wissenschaft (GEW) oder der Friedrich-Ebert-Stiftung (FES) vorgelegten Expertisen der letzten Jahre (Avenarius 2011, Weiß 2011, GEW 2006–2015) können kaum beanspruchen, objektive Analysen auf belastbarer Datenbasis zu liefern. Zu offensichtlich sind diese Publikationen von einem Soupçon gegen nicht-staatliche Akteure im Bildungsbereich geprägt. Dabei suggeriert die Frage »privat oder Staat?« eine falsche Alternative: Ein zeitgemäßes Bildungswesen braucht private wie staatliche Schulen in einem produktiven Ergänzungs- und Kooperationsmodus.

Dimensionen der Kritik an nicht-staatlichen reformpädagogischen Schulen

Um die Schulen in freier Trägerschaft wird selten in direktem Schlagabtausch gestritten.[33] Eher wird über Bande gespielt, indem unter dem Deckmantel des obligatorischen Einerseits-Andererseits massive Parteinahmen durchschimmern. Ein Beispiel: Koinzer und Gruehn (2013) legen eine Bestandsaufnahme für die allgemeinbildenden Privatschulen zu »pädagogischer Innovation und rechtlichen/wirtschaftlichen Bedingungen« vor (das verspricht zumindest der Titel) – um dann aber hinsichtlich der Dimension Innovation nur auszuführen, dass es hier zwar nicht verifizierte Erwartungshaltungen bei uninformierten Eltern gebe, dass aber ansonsten pädagogische Innovation kein Privileg von privaten Schulen sei. Jegliches Aufgreifen von Innovationsbeispielen an freien Schulen unterbleibt. Der erziehungswissenschaftliche Mainstream hat sich offenbar im Geiste schrankenloser Machbarkeits- und Planbarkeitsutopien dem Ideal einer staatlich normierten Einheitsschule verschrieben. Jedenfalls legt das

32 Vgl. Bundesarbeitsgemeinschaft Freier Schulen (AGFS): Erhebung des Statistischen Bundesamtes zu Einnahmen und Ausgaben von Schulen in freier Trägerschaft. Privatschulfinanzierung weiterhin unzureichend – Studienergebnisse sind erklärungsbedürftig. Wiesbaden/Hamburg 12.06.2012.

33 Eine Ausnahme bildet etwa das Streitgespräch Weiss versus Barz in DIE ZEIT; vgl. Otto/Spiewak 2012. Auch die expressis verbis formulierte kritische Haltung ist eher die Ausnahme: »Jedoch vertreten wir die These, dass eine zunehmende Privatisierung des Bildungssystems mit einer Verschiebung im Verhältnis privater und öffentlicher Interessen verbunden ist, in deren Gefolge soziale Segregationsprozesse im Bildungssystem weiter vorangetrieben werden und damit faktisch Bildungsungleichheit befördert wird« (Schütz/Idel 2013, S. 300).

die Durchsicht der einschlägigen Expertisen und Sammelbände nahe, in denen freie Schulen fast durchgängig mit Vokabeln wie Segregation, Partikularinteressen, Neoliberalismus und Ökonomisierung belegt und damit desavouiert werden. Der Bildungsdiskurs in Deutschland hat sich in maßgeblichen Teilen darauf verständigt, private Initiative im Bildungswesen als Störfall statt als strukturelle Voraussetzung für Innovation zu sehen.

Versucht man die Bewertungsmaßstäbe und Streitfragen in der Debatte »Privatschule versus Staatsschule« zu systematisieren, dann stehen vor allem die folgenden sechs Dimensionen immer wieder im Blickpunkt:

Schulwahlmotive

Wenn der damalige niedersächsische Kultusminister Rolf Wernstedt im Vorwort einer Expertise (Weiß 2011), die in der Schriftenreihe der Friedrich-Ebert-Stiftung erschien, schreibt: »Es ist offensichtlich, dass das Hauptmotiv der Eltern, ihre Kinder an Privatschulen anzumelden, der Wille zur Milieunähe und Distinktion ist« (Wernstedt 2011, S. 6), dann ist das fast so etwas wie ideologisch motivierter Datenmissbrauch. Denn die dieser Behauptung zugrunde liegende Elternbefragung im Auftrag der Zeitschrift »Für Sie« enthielt – neben der Milieunähe – als gleich oft genanntes Motiv (mit ebenfalls 42 Prozent) die Hoffnung auf Persönlichkeitsentwicklung, und auch andere pädagogische Erwartungen wie mehr Kreativität oder engagiertere Lehrer spielten eine große Rolle (Siegert 2006, S. 56). Wenn man zusätzlich berücksichtigt, dass an dieser Befragung nicht Eltern teilgenommen haben, deren Kinder tatsächlich eine private Schule besuchen, sondern größtenteils (projektiv!) die Elternschaft staatlicher Schulen, dann muss der oben zitierte vermeintlich offensichtliche Befund nicht mehr nur als problematische Verkürzung, sondern als gezieltes Schüren von Stimmungen gewertet werden. Zahlreiche weitere Elternbefragungen zeigen jedenfalls eindeutig, wie wichtig die Hoffnung auf eine individuellere, ganzheitlichere Förderung und auf engagierte und zugewandte Pädagogen als Motiv für die Wahl freier Schulen ist (vgl. Merkle/Wippermann 2008, Keller 2008, Liebenwein/Barz/Randoll 2012). Natürlich kommt privaten Schulen auch immer eine Auffangfunktion für im staatlichen System scheiternde Schulkarrieren zu. Interessant ist, dass die konfessionelle oder weltanschauliche Dimension unter den Schulwahlmotiven keine besondere Rolle spielt. Nur für die wenigen jüdischen Schulen gilt hier eine Ausnahme. Gerade für die Anmeldungen an katholischen Schulen, die nach wie vor den größten Anteil an Schülern jenseits der staatlichen Schulen binden, spielt eher die Signalwirkung in Richtung Tradition und Leistungsorientierung – und nicht etwa das religiöse Profil – eine bedeutende Rolle.

Selektivität von Schule

Nur wohlhabende Familien können sich den Besuch einer Privatschule leisten – so ein gängiges Wahrnehmungsmuster. Es greift allerdings zu kurz, wenn man allein die Kosten der freien Schulen als Barrieren verantwortlich macht. Denn die allermeisten privaten Schulen erheben die notwendigen Elternbeiträge gestaffelt nach Einkommen und gewähren Stipendien. Man kann nicht bestreiten, dass freie Schulen meist einen gewissen Milieuschwerpunkt haben. Es gibt aber gerade unter den freien Schulen und den dort arbeitenden Pädagogen viele, die das am stärksten kritisieren und die entsprechend nach Mitteln und Wegen suchen, dies zu verändern. Eine Reihe von Schulneugründungen der letzten Jahre weist hier in eine neue Richtung. Ein Beispiel wäre etwa die Freie interkulturelle Waldorfschule Mannheim-Neckarstadt, ein anderes die Schulgründung Quinoa der Berliner Montessori-Stiftung. Private Schulgründungen also, die gezielt auf Chancengerechtigkeit für Benachteiligte ausgerichtet sind und die – ermöglicht durch Stiftungsengagement und Sponsoring-Modelle – auf Schulgeld weitgehend verzichten.

Übrigens zeigen sich in den wenigen vorliegenden Analysen (Standfest u. a. 2005, Weiß/Preuschoff 2006) – je nach Analysestrategie – entweder keine oder nur geringe Selektionseffekte zugunsten der Privatschulen, die über schulformspezifische Selektionseffekte hinausgehen. Wie der Bildungsökonom Ludger Wößman anhand von aufwendigen Sekundäranalysen mit internationalen Daten gezeigt hat, profitieren Kinder aus niedrigen sozioökonomischen Schichten weit mehr als Kinder aus besser gestellten Schichten, wenn in einem Land Schulen in privater Trägerschaft denen in staatlicher Trägerschaft in Bezug auf die staatliche Finanzierung gleichgestellt werden (Wößmann 2011, S. 15).

Qualität von Schule

Oft wird den privaten Schulen auch von ihren Kritikern ein Bonus in puncto Schulqualität eingeräumt – der allerdings sofort mit dem Nachsatz entkräftet wird, dass ja die bessere finanzielle Ausstattung, die gehobene Schichtzugehörigkeit der Elternhäuser, die besseren Lehrer-Schüler-Relationen etc. nichts anderes erwarten ließen. Es finden sich jedoch auch gelegentlich Infragestellungen der Leistungsfähigkeit von privaten Schulen. Beispielsweise kritisiert der Schulpädagoge Heiner Ullrich eine positive Stellungnahme von PISA-Koordinator Andreas Schleicher, indem er behauptet, dass die Waldorfschulen sich den PISA-Tests verweigern würden: »Herr Schleicher lobt hier sehr blauäugig die Waldorfpädagogik. Eigentlich müsste er fordern, dass sich die Waldorfschulen dem Pisa-Test unterwerfen.«[34]

---

34 Bernd Kramer: Wiedergeboren im Waldorfschul-Leib. TAZ vom 02.10.2012. Online verfügbar: www.taz.de/!553755/.

Es ist natürlich nicht richtig, dass sich die Waldorfschulen nicht an PISA beteiligt hätten. Richtig ist vielmehr, dass eine Waldorf-Sonderstichprobenziehung, die vom PISA-Konsortium erwogen worden war, an der Finanzierung scheiterte – aber nicht am Widerstand der Waldorfschulen. In Österreich, wo es 2006 eine Waldorf-Sonderauswertung gab, schnitten die Waldorfschulen erwartungsgemäß überdurchschnittlich ab.[35]

Natürlich sind Indikatoren von Schulqualität sinnvollerweise nicht vorrangig in PISA-kompatiblen Kompetenzen zu sehen. Aspekte wie Schulklima, Persönlichkeitsentwicklung, Ängste und gesundheitliche Beeinträchtigungen durch den Schulbesuch sind mindestens ebenso relevant. Dort, wo Schüler von privaten Schulen in Leistungsvergleichstests wie PISA oder in Lernstandserhebungen einbezogen wurden, erzielen sie regelmäßig bessere Resultate als Schüler staatlicher Schulen. Weil nicht zu bestreiten ist, dass sich die besseren Leistungen der Schüler an freien Schulen zum Teil durch den höheren Sozialstatus der Eltern erklären lassen, ist dies sicher nicht das stärkste Argument für diese Schulen. Deutlich zeigen Forschungsbefunde aber auch, dass hinsichtlich Zufriedenheit von Eltern und Schülern mit ihrer Schule, hinsichtlich der Dimension »Sich-in-der-Schule-wohlfühlen« oder auch hinsichtlich des Schulklimas die Werte der freien Schulen fast durchgängig deutlich besser als an staatlichen Regelschulen sind. Eindeutige Ergebnisse finden sich für den Bereich des Schulklimas und der Elternzufriedenheit auch bei konfessionellen Schulen: Die Schülerinnen und Schüler nehmen ihre Lehrkräfte fürsorglicher und ihnen zugewandter wahr, und die Eltern sind in ihrer überwiegenden Mehrheit mit der Schule und dem Engagement der Lehrkräfte (sehr) zufrieden (vgl. Standfest u. a. 2005, S. 69 ff.).

Innovationsfähigkeit von Schule

Zu Recht wird immer wieder darauf hingewiesen, dass Reformimpulse oftmals aus den Schulen in freier Trägerschaft stammen: Freiarbeit mit ihrem Ursprung in der Montessori-Pädagogik, fächerübergreifende Kooperation mit dem Bezug zum Epochenunterricht der Waldorfschulen, Projekttage unter Rückgriff auf die Projektmethode der Arbeitsschulbewegung. Auch Ganztagsangebote gab es zunächst vor allem von freien Trägern. Höhere Mädchenbildung, Koedukation, Integration von beruflicher und allgemeiner Bildung, wie sie die Hibernia-Schule oder die Odenwaldschule seit Jahrzehnten praktizieren – alles zuerst verwirklicht in nicht-staatlichen Schulmodellen. Auch früher Fremdsprachenunterricht, der heute mehr oder weniger flächendeckend Einzug gehalten hat, wurde bereits vor Jahrzehnten an reformpädagogischen Schulen erprobt. Der Verzicht aufs pädagogisch sinnlose und ökonomisch teure Sitzenbleiben oder der Abschied vom 45-Minuten-Takt sind weitere Stichworte, die aktuelle Veränderungstendenzen im staatlichen Schulwesen markieren, bei denen den

35 www.waldorfschule.de/waldorfpaedagogik/waldorfschulen-und-pisa/

Schulen in freier Trägerschaft, etwa Waldorf- und Montessori-Schulen, fraglos eine Vorreiterrolle zukommt. Und schließlich sind inklusive Unterrichtsmodelle in vielen reformpädagogischen Schulen seit Jahrzehnten selbstverständlich implementiert.

An reformpädagogisch geprägten Schulen wie den Waldorfschulen oder der Odenwaldschule wurde lange vor der Hochphase der Bildungsreform das Prinzip der Gesamtschule erfolgreich erprobt. Auch die Oberstufenreform mit der Wahlmöglichkeit von Leistungskursen war in der Odenwaldschule von pädagogischen Reformern schon in den 1950er Jahren vorweggenommen worden. Der Gründungsdirektor des Berliner Max-Planck-Instituts für Bildungsforschung, Hellmut Becker, sah denn auch in der Odenwaldschule das Modell für staatliche Schulen, weil hier die Reformen der sechziger und siebziger Jahre in den fünfziger Jahren vorweggenommen worden seien (vgl. Ullrich 2016). Auch der einflussreiche Bildungstheoretiker Wolfgang Klafki, als Vertreter der sogenannten kritisch-emanzipatorischen Pädagogik jeglicher Sympathien für Privatschulen unverdächtig, formulierte: »Wer sich in der Geschichte der Reformpädagogik einigermaßen auskennt, stellt fest, dass der größte Teil heutiger Initiativen für innere Schul- und Unterrichtsreform direkt oder indirekt auf Ideen der Reformpädagogik des ersten Jahrhundertdrittels zurückgeht oder als Wiederentdeckung solcher Ideen anzusprechen ist« (Klafki 1986).

Der Schulpädagoge Ehrenhardt Skiera hat detailliert nachgezeichnet, inwiefern gerade die heutige Grundschulpädagogik mit der Betonung der Schule als Lebens- und Erfahrungsraum, mit der Ermöglichung von Kreativität und Fantasie, die längst auch in den staatlichen Richtlinien und Lehrplänen ihren Niederschlag gefunden haben, sich aus den Experimentierschulen der freien Träger speist: »Das Leitbild für die Arbeit in der Grundschule in Deutschland darf heute zweifellos als ein solches angesehen werden, das in einem hohen Maße didaktische und methodische Grundanliegen der Reformpädagogik artikuliert« (Skiera 2013, S. 147).

Kosten von Schule

In Berichten und Stellungnahmen über Schulen in freier Trägerschaft wird häufig der Eindruck erweckt, dass der Staat mit dem Geld aller Steuerzahler auch noch die Eliteschulen der Privilegierten finanziere. Dass der Staat demgegenüber für jeden Schüler einer privaten Schule einen staatlichen Schüler weniger als Kostenfaktor auf der Rechnung hat, fällt dabei gerne unter den Tisch. Und: Dass die Schulen in freier Trägerschaft den Staat deutlich weniger kosten als die staatlichen Schulen, sagt schon die amtliche Statistik. Dass sie den Staat im Vergleich sogar noch viel weniger kosten, weiß man aus den Steinbeis-Gutachten, weil die staatlichen Schulen in Wirklichkeit teurer sind, als die unvollständige amtliche Statistik ausweist (vgl. Barz 2014). Je nach Radikalität des Ansatzes sind Zahlen von mindestens 1,3 Milliarden Euro pro Jahr im Umlauf, die durch die freien Schulen im Staatshaushalt eingespart werden. Die letzte diesbezügliche Hochrechnung des Instituts der deutschen Wirtschaft von 2011 hält fest:

»Hochgerechnet auf die gesamte Schülerschaft ergibt sich eine Entlastung von insgesamt rund 2,4 Milliarden Euro – einschließlich der privaten beruflichen Schulen erreichte dieser Wert einen Effekt von 3,2 Milliarden Euro« (Klein 2011, S. 13).

Die Finanzierungsmodalitäten und die Höhe der staatlichen »Finanzhilfe« gestalten sich in den verschiedenen Bundesländern uneinheitlich. Stark vereinfacht lassen sich Modelle einer eher pauschalen Pro-Kopf-Zuweisung und Modelle nach dem Ausgaben-Deckungsprinzip unterscheiden. Sind die Formeln zur Berechnung der staatlichen Zuschüsse auch kompliziert und verschieden, so haben sie aus der Sicht der freien Schulträger doch eine Gemeinsamkeit: Unter dem Strich bleibt eine erhebliche Deckungslücke, die die Schulen irgendwie schließen müssen. Die drei wichtigsten Quellen dürften dabei sein: a) die Elternbeiträge zu den Schulkosten, b) die Bereitschaft zum Gehaltsverzicht der Lehrkräfte, die in der Regel weniger als ihre Kolleginnen und Kollegen an staatlichen Schulen verdienen, c) eine höhere Wirtschaftlichkeit durch schlankere Verwaltungsstrukturen und effizienteres Haushalten. Dass die Deckungslücke deutlich größer ist, als es einem arglosen Blick in die Bundesbildungsfinanzstatistik zunächst erscheint, ist inzwischen vielfach belegt und weitgehend Konsens in der Bildungsfinanzdiskussion. So haben etwa die vom Steinbeis-Transferzentrum im Auftrag der Software AG Stiftung erstellten Schulkosten-Gutachten, die für alle 16 Bundesländer vorliegen, gezeigt, dass je nach Bundesland und Schulart die staatliche Finanzhilfe nur 50 bis 60 Prozent der tatsächlichen Schulkosten abdeckt.

Wettbewerbsaspekte

Dass Konkurrenz ein belebendes Element sein kann, gilt unter Ökonomen als unstrittig. Strittig ist, inwiefern sich im Bildungsbereich Wahlmöglichkeiten qualitätsfördernd auswirken. Der Bildungsökonom Ludger Wößmann begründet auf Basis einer Reihe von Sekundäranalysen von internationalen Leistungsvergleichsstudien (u. a. TIMSS 1995, PISA 2000, PISA 2003) die These, dass der Anteil der privaten Schüler in einem Land sich auch auf die Leistungsfähigkeit des gesamten staatlichen Bildungssystems auswirke: Je mehr Schüler eine private Schule besuchen, desto besser schneidet das betreffende Land bei Leistungsvergleichstests ab.[36] Während die zumeist besseren Schulleistungen von Schülern an privaten Schulen sich zumindest teilweise auch auf sozioökonomische Auswahlprozesse zurückführen lassen (Weiß 2011), belegt Wößmann, dass ein Großteil der positiven Auswirkungen des Privatschulanteils gerade Schülerinnen und Schülern in öffentlichen Schulen zugutekommt. Die auf systemische Wettbewerbseffekte zielende These besagt, dass auch die staatlich geleiteten Schulen dort besser werden, wo die Konkurrenz durch private Schulen stärker zum Tragen kommt (Wößmann 2011, S. 12). In einer Sonderauswertung der PISA-Daten von 2009 kommt die OECD (2012, S. 47) zu dem Ergebnis, dass für die systemischen

36 Manfred Weiß (2011) bestreitet diesen Zusammenhang und kritisiert ihn als Artefakt.

Effekte des Schulwettbewerbs insbesondere auch die Finanzierungsmodalitäten eine wichtige Rolle spielen: In Ländern, in denen die Schulen in freier Trägerschaft höhere staatliche Finanzzuschüsse erhalten, schwächt sich für das gesamte Bildungssystem der Zusammenhang zwischen sozialer Herkunft und Schulerfolg ab. Das zeigt eindeutig, dass nicht die bloße Existenz von privaten Schulen zu sozialer Ungleichheit führt, sondern dass es vor allem auf die staatliche Bildungsfinanzierungspolitik ankommt.

Ein Blick ins europäische Ausland

Auch in England findet man die ideologische Bildungsdiskussion privat versus staatlich. So lautet die Titelschlagzeile im Daily Telegraph vom 21. August 2015: »State pupils put private schools in the shade – Analysis of A-level results shows fee-paying students were outclassed by top performing state schools in league tables« (Espinoza 2015). Die 500 besten staatlichen Schulen hätten in den A-Level-Results (vergleichbar dem deutschen Abitur) die 500 besten privaten Schulen übertroffen. Im Kleingedruckten findet der Leser dann auch die Stellungnahme des Verbandes der unabhängigen Schulen. Sie besagt, dass der Vergleich ziemlich unfair ist, weil es insgesamt nur ca. 500 freie Schulen gibt, die A-Level anbieten – während von der viel größeren Zahl staatlicher Schulen eben nur die besten 500 in diesem Vergleich berücksichtigt wurden. Würde man nur die besten 200 Schulen jeweils vergleichen, fiele das Ergebnis klar zugunsten der privaten Schulen aus. Unabhängig davon, in welcher statistischen Zahlenspielerei man, je nach persönlichen Vorlieben, die Wirklichkeit besser widergespiegelt finden möchte – dass sich eine solche Schlagzeile selbst in der als konservativ geltenden Tageszeitung Daily Telegraph findet, zeigt, dass man auch in Großbritannien hart über die Frage diskutiert, wie Chancengleichheit durch das Bildungssystem am besten zu gewährleisten ist.

Dass auch Ex-Premierminister David Cameron keine Gelegenheit auslässt, zu betonen, dass sein Sprössling eine staatliche Schule besucht, zeigt, dass auch das konservative Establishment den Anschein vermeiden will, Bildungsprivilegien über private Eliteschulen zu vererben. Was Cameron dabei freilich nicht sagt, ist, dass es solche und solche staatlichen Schulen gibt. Und dass es schwieriger (und teurer!) sein kann, einen Platz in einer der begehrten staatlichen Schulen zu bekommen als in einer privaten. Obwohl die staatlichen kein Schulgeld verlangen. Wieso das so ist, erklärt der Herausgeber des ebenfalls als konservativ geltenden Spectator.[37] Dass man nämlich im Einzugsbereich der staatlichen Eliteschulen wohnen muss, ist eine erste, zum Teil mit sehr viel Geld verbundene Hürde. Weiter ist die Rede von gefakten Scheidungen, von Blitz-Taufen und dem, was auf Deutsch Vitamin B oder auch Bestechung der richtigen Leute heißt – alles, um für den Nachwuchs einen Platz in einer staatlichen Schule der besseren Wohnbezirke zu bekommen. Von der Journalistin Kelly Rose Bradford gibt

---

37 In einer Kolumne in derselben Telegraph-Ausgabe.

es eine ausführliche Begründung bzw. Rechtfertigung, warum sie ihren Sohn an einer privaten Schule angemeldet hat. Eine Begründung, in der sie auch die gegenwärtige Stimmung der upper class bezüglich Schulwahlentscheidungen geißelt und erklärt, dass nicht alle Kinder ins staatliche System passen:

> »Es ist ein heißes Eisen auf Dinnerpartys. Ich bin schon von Kollegen geradeheraus gefragt worden (und auch von Freunden, wenn sie sich auf gesellschaftlichen Events in der Gruppe sicher fühlten), ob ich glaube, mein Kind verdiene etwas Besseres als ihres, oder ob ich es vor sozialer Vielfalt schützen will. [...] Doch ja, ich glaube tatsächlich, dass mein Sohn anders ist, weshalb ich die Entscheidung, ihn auf eine Vorschule zu geben, überhaupt erst getroffen habe. Er war ein schüchterner, sensibler Vierjähriger, der sich nie wirklich in der Kita eingelebt hat oder entspannt in größeren Kindergruppen war. Er war ein begeisterter Lerner, einer, der in ruhiger, stiller Umgebung und im Kleingruppensetting regelrecht aufblühte. Aber der Staat sorgt ja nicht für die, die ›anders‹ sind« (Bradford 2015, eigene Übersetzung).

Bildnachweise

1) Weltbund für Erneuerung der Erziehung
2) Wikipedia
3) Lepp u. a. 1999, S. 16
4) © Stephan Haeger/Deltawerk
5) © Stephan Haeger/Deltawerk
6) Association Montessori Internationale
7) Wikipedia
8) © Association Montessori Internationale
9) © Association Montessori Internationale
10) private Aufnahme
11) © Nienhuis Montessori
12) © Nienhuis Montessori
13) © Nienhuis Montessori
14) Magdalene Becker (Rudolf Steiner Archiv, Dornach)
15) © Bund der Freien Waldorfschulen/Charlotte Fischer
16) © Bund der Freien Waldorfschulen/Charlotte Fischer
17) © Bund der Freien Waldorfschulen/Charlotte Fischer
18) © Bund der Freien Waldorfschulen/Charlotte Fischer
19) © Bund der Freien Waldorfschulen/Charlotte Fischer
20) © Bund der Freien Waldorfschulen/Charlotte Fischer
21) © Bund der Freien Waldorfschulen/Charlotte Fischer
22) © Bund der Freien Waldorfschulen/Charlotte Fischer
23) Pixabay

Literatur

Agai, B. (2008): Zwischen Netzwerk und Diskurs. Das Bildungsnetzwerk um Fethullah Gülen (geb. 1938): die flexible Umsetzung modernen islamischen Gedankenguts. Schenefeld: EB-Verlag.

Aufenanger, S. (2014): Besuch der Steve Jobs-Schulen in den Niederlanden. Blog Medienpädagogik. Online verfügbar unter: https://aufenanger.de/besuch-der-steve-jobs-schulen-in-den-niederlanden/ (Abruf am 02.02.2018).

Autorengruppe Bildungsberichterstattung (Hrsg.) (2014): Bildung in Deutschland 2014. Ein indikatorengestützter Bericht mit einer Analyse zur Bildung von Menschen mit Behinderungen. Bielefeld: W. Bertelsmann (zitiert als »Bildungsbericht 2014«).

Badewin, J. (1987): Waldorfpädagogik – eine christliche Erziehung? Konstanz: Christliche Verlagsanstalt.

Badry, E. (^{2}1991): Die Gründer der Landerziehungsheime. In: Scheuerl, H. (Hrsg.): Klassiker der Pädagogik II. München: C. H. Beck, S. 152–169.

Barth, U./Maschke, T. (2013): Neue Methoden und Inhalte sind gefragt. Lehrerbildung für inklusive Schulen. In: Erziehungskunst. Waldorfpädagogik heute. Spezial 77, Heft 5, S. 45–46.

Barz, H. (1991): Peter Petersen (26.6.1884–21.3.1952). In: Killy, W. (Hrsg.): Literaturlexikon. Autoren und Werke deutscher Sprache. Band 9. Gütersloh/München: Bertelsmann Lexikon Verlag.

Barz, H. (1994): Anthroposophie im Spiegel von Wissenschaftstheorie und Lebensweltforschung. Zwischen lebendigem Goetheanismus und latenter Militanz. Weinheim: Beltz.

Barz, H. (1996): Kindgemäßes Lernen. Was die Waldorfschule anders macht. Freiburg i. Br.: Herder.

Barz, H. (2010): Pädagogik groß gedacht: Montessori und Steiner im Vergleich. In: Erziehungskunst. Online verfügbar unter: https://www.erziehungskunst.de/artikel/forum/paedagogik-gross-gedacht-montessori-und-steiner-im-vergleich/ (Abruf am 02.02.2018).

Barz, H. (2013): Vom Puritanismus zum Pragmatismus? Metamorphosen im Selbstverständnis der Waldorfpädagogen. In: Barz, H. (Hrsg.): Unterrichten an Waldorfschulen. Berufsbild Waldorflehrer. Neue Perspektiven zu Praxis, Forschung, Ausbildung. Wiesbaden: Springer VS, S. 303–320.

Barz, H. (2014): Waldorfpädagogik, interkulturell und innovativ? In: Pädagogische Rundschau 68, Heft 5, S. 612–616.

Barz, H. (2016): Die Schulen der sogenannten Gülen-Bewegung. In: Schulverwaltung NRW. Heft 10/2016, S. 281–283.

Barz, H. (2017) (Hrsg.): Handbuch Reformpädagogik und Bildungsreform. Wiesbaden: Springer VS.

Barz, H. (2017): Feindbild Gülen. In: Merkur. Deutsche Zeitschrift für europäisches Denken 71, Nr. 812, S. 31–43.

Barz, H. (Hrsg.) (2018): Handbuch Bildungsreform und Reformpädagogik. Wiesbaden: Springer VS.

Barz, H./Barth, K./Cerci-Thoms, M./Dereköy, Z./Först, M./Le, T. T./Mitchnik, I. (2015): Große Vielfalt, weniger Chancen. Eine Studie über die Bildungserfahrungen und Bildungsziele von Menschen mit Migrationshintergrund in Deutschland. Online abrufbar unter: www.stiftung-mercator.de/media/downloads/3_Publikationen/Barz_Heiner_et_al_Grosse_Vielfalt_weniger_Chancen_Abschlusspublikation.pdf (Abruf am 07.11.2017).

Barz, H./Randoll, D. (Hrsg.) (2007): Absolventen von Waldorfschulen. Eine empirische Studie zu Bildung und Lebensgestaltung. Wiesbaden: Springer VS.

Bast, R. (1996): Kurt Zeidler. In: Ders.: Kulturkritik und Erziehung. Dortmund: Projekt-Verlag. S. 217–221.

Belyj, A. /Geier, S. (1990): Verwandeln des Lebens. Basel: Zbinden.

Benner, D./Kemper, H. (2001) (Hrsg.): Quellentexte zur Theorie und Geschichte der Reformpädagogik. Teil 2: Die pädagogische Bewegung von der Jahrhundertwende bis zum Ende der Weimarer Republik. Weinheim: Deutscher Studienverlag.

Berg, C./Herrmann, U. (1991): Industriegesellschaft und Kulturkrise. Ambivalenzen der Epoche des Zweiten Deutschen Kaiserreichs 1870–1918. In: Berg, C. (Hrsg.): Handbuch der deutschen Bildungsgeschichte. Band IV: 1870–1918. Munchen: C. H. Beck, S. 3–56.

Blom, P. (2009): Der taumelnde Kontinent. Europa 1900–1914. München: Carl Hanser.

BMFSFJ [Bundesministerium für Familie, Senioren, Frauen und Jugend] (Hrsg.) (2017): Familienreport. Leistungen, Wirkungen, Trends. Berlin 2017.

Böhm, W. (1969): Maria Montessori. Hintergrund und Prinzipien ihres pädagogischen Denkens. Bad Heilbrunn: Klinkhardt.

Böhm, W. (Hrsg.) (1996): Maria Montessori. Texte und Gegenwartsdiskussion. 5. Auflage. Bad Heilbrunn: Klinkhardt.

Böhm, W./Harth-Peter, W./Rydl, K./Weigand, G./Winkler, M. (Hrsg.) (1994): Schnee vom vergangenen Jahrhundert. Neue Aspekte der Reformpädagogik. 2. unveränderte Auflage. Würzburg: Ergon-Verlag.

Böhm, W./Oelkers, J. (Hrsg.) (1995): Reformpädagogik kontrovers. Würzburg: Egon-Verlag.

Boldt, H. (2012): Gegründet 2009: Die Neue Schule Wolfsburg. In: Fitzner, T./Kalb, P. E./Risse, E. (Hrsg.): Reformpädagogik in der Schulpraxis. Bad Heilbrunn: Klinkhardt, S. 263–269.

Boos-Nünning, U./Bultmann, C./Ucar, B. (Hrsg.) (2011): Die Gülen-Bewegung. Zwischen Predigt und Praxis. Münster: Aschendorff.

Bradford, K. R. (2015): Why should I be embarrassed about sending my son to private school? In: Daily Telegraph vom 07.09.2015. Online verfügbar unter: www.telegraph.co.uk/education/educationopinion/11848643/Why-should-I-be-embarrassed-about-sending-my-son-to-private-school.html (Abruf am 12.11.2017).

Brater, M./Hemmer-Schanze, C./Schmelzer, A. (2009): Interkulturelle Waldorfschule – Evaluation zur schulischen Integration von Migrantenkindern. Wiesbaden: Springer VS.

Bundesarbeitsgemeinschaft Freier Schulen (2012): Pressemitteilung. Erhebung des Statistischen Bundesamtes zu Einnahmen und Ausgaben von Schulen in freier Trägerschaft. Privatschulfinanzierung weiterhin unzureichend – Studienergebnisse sind erklärungsbedürftig. Online verfügbar unter: www.privatschulverband-nrw.de/_data/20120612_agfs_pm_destatis.pdf (Abruf am 07.11.2017).

Bundeszentrale für politische Bildung (2009): Was ist kulturelle Bildung? Online verfügbar unter: www.bpb.de/gesellschaft/kultur/kulturelle-bildung/59910/was-ist-kulturelle-bildung?p=all (Abruf am 07.11.2017).

Burgsmüller, C./Tilmann, B. (2010): Abschlussbericht über die bisherigen Mitteilungen über sexuelle Ausbeutung von Schülern und Schülerinnen an der Odenwaldschule im Zeitraum 1960 bis 2010. Online verfügbar unter: http://www2.ibw.uni-heidelberg.de/~gerstner/120430-Odenwaldschule-Abschlussbericht.pdf (Abruf am 07.11.2017).

Dick, L. v. (1979): Alternativschulen. Information – Probleme – Erfahrungen. Reinbek bei Hamburg: Rowohlt Taschenbuch Verlag.

Dietrich, T. (Hrsg.) (1967): Die Landerziehungsheimbewegung. Bad Heilbrunn: Klinkhardt.

Dietrich, T. (Hrsg.) ([4]1982): Die pädagogische Bewegung »Vom Kinde aus«. Bad Heilbrunn: Klinkhardt.

Drebes, J. (2015): Öffentliche Schule unter Druck. Erfolg der Privatschulen macht der Politik Sorgen. Online verfügbar unter: www.rp-online.de/politik/erfolg-der-privatschulen-macht-der-politik-sorgen-aid-1.5033185 (Abruf am 07.11.2017).

Dreier, A. (1993): Was tut der Wind, wenn er nicht weht? Berlin: Fipp 1993.

Dudek, P. (2012): Liebevolle Züchtigung. Ein Mißbrauch der Autorität im Namen der Reformpädagogik. Bad Heilbrunn: Klinkhardt.

Dudek, P. (2018): Reformpädagogik und Nationalsozialismus. In: Barz, H. (Hrsg.): Handbuch Bildungsreform und Reformpädagogik. Wiesbaden: Springer VS, S. 55–64.

Ebaugh, H. R. (2012): Die Gülen-Bewegung – Eine empirische Studie. Freiburg im Breisgau: Verlag Herder.

Eckert, E. (2007): Maria und Mario Montessoris kosmische Erziehung – Vision und Konkretion. Reihe: Impulse der Reformpädagogik, Band 15. Berlin: Lit Verlag.

Eckert, E./Fehrer, M. (Hrsg.) (2015): Kosmische Erzählungen in der Montessori-Pädagogik. Berlin: LIT Verlag.

Ehlers, F. (2007): Die Weltverbesserungsanstalt. Online verfügbar unter: www.spiegel.de/spiegel/a-481792.html (Abruf am 07.11.2017).

Elsner, H. (2008): Die Montessori-Grundschule. In: Oswald, P./Schulz-Benesch, G. (Hrsg.): Grundgedanken der Montessori-Pädagogik. Freiburg i. Br.: Herder, S. 223–231.

Erlinghagen, K. (1991): Maria Montessori. In: Scheuerl, H. (Hrsg.): Klassiker der Pädagogik II. München: C. H. Beck, S. 140–151.

Espinoza, J. (2015): State pupils put private schools in the shade. Online verfügbar unter: www.telegraph.co.uk/education/educationnews/11815341/State-schools-outperforming-average-private-schools.html (Abruf am 07.11.2017).

Feuser, G./Maschke, T. (Hrsg.) (2013): Lehrerbildung auf dem Prüfstand: Welche Qualifikationen braucht die inklusive Schule? Gießen: Psychosozial-Verlag.

Fitzner, T./Kalb, P. E./Risse, E. (Hrsg.) (2012): Reformpädagogik in der Schulpraxis. Bad Heilbrunn: Klinkhardt.

Flitner, W./Kudritzki, G. (Hrsg.) (1961): Die deutsche Reformpädagogik. Band 1: Die Pioniere der pädagogischen Bewegung. Pädagogische Texte. Düsseldorf/München: Küpper.

Flitner, W./Kudritzki, G. (Hrsg.) (1967): Die deutsche Reformpädagogik. Band 2: Ausbau und Selbstkritik. Düsseldorf/München: Küpper.

Friedell, E. (1979): Kulturgeschichte der Neuzeit: Die Krisis der europäischen Seele von der schwarzen Pest bis zum 1. Weltkrieg. München: C. H. Beck.

Fthenakis, W. E. (2013): Auf Spurensuche. In: didacta-magazin 1, S. 42–48.

Funkschmidt, K. (2014): »Operation Trojan Horse«. Ein Plan zur Islamisierung zahlreicher staatlicher Schulen in England? In: Materialdienst der Evangelischen Zentralstelle für Weltanschauungsfragen. Heft 7/2014. S. 261–266.

Geier, T./Frank, M. (2016): Sozialisationsprozesse in studentischen sohbetler der »Gülen-Bewegung«. Zur sozialen Hervorbringung eines muslimischen Bildungssubjektes. In: Hößl, S./Blaschke, G.: Islam und Sozialisation, Wiesbaden: Springer VS, S. 101–124.

Geier, T./Frank, M. (2018): Die Bildungsinitiativen der Gülen-Bewegung in Deutschland. Sozialwissenschaftliche Perspektiven. In: Barz, H./Spenlen, K. (Hrsg.): Islam und Bildung. Auf dem Weg zur Selbstverständlichkeit. Wiesbaden: Springer VS, S. 53–78.

Gerecht, M./Steinert, B./Klieme, E./Döbrich, P. (2007): Skalen zur Schulqualität: Dokumentation der Erhebungsinstrumente, Pädagogische Entwicklungsbilanzen mit Schulen (PEB). Online verfügbar unter: www.pedocs.de/volltexte/2010/3121/pdf/MatBild_Bd17_D_A.pdf (Abruf am 07.11.2017).

Götte, W. M./Loebell, P. /Maurer, K. M. (2009): Entwicklungsaufgaben und Kompetenzen – Zum Bildungsplan der Waldorfschulen. Stuttgart: Verlag Freies Geistesleben.

Grandt, M. (2008): Schwarzbuch Waldorf. Gütersloh: Gütersloher Verlagshaus.

Graner, H./Wilke, M. (2005): Sudbury-Schulen. Interviews mit Schülern, Mitarbeitern, Eltern und Absolventen. DVD 187 Min. Leipzig: tologo Verlag.

Greenberg, D./Sadofsky, M./Lempka, J. (2005): The Pursuit of Happiness. The Lives of Sudbury Valley Alumni. Framingham: Sudbury Valley School Press.

Gronert, M./Schraut, A. (Hrsg.) (2016): Sicht-Weisen der Reformpädagogik. Reihe: Erziehung, Schule, Gesellschaft. Würzburg: Ergon-Verlag.

Gronert, M./Schraut, A. (Hrsg.) (2018): Handbuch Verein(t)e Reformpädagogik. Reformpädagogische Vereinigungen und Institutionen in Deutschland, Österreich, der Schweiz, Südtirol und Liechtenstein. Würzburg: Ergon-Verlag. (in Vorbereitung).

Gürlevik, A./Palentien, C./Heyer, R. (Hrsg.) (2013): Privatschulen vs. staatliche Schulen. Wiesbaden: Springer VS.

Heiland, H. (1992): Maria Montessori mit Selbstzeugnissen und Bilddokumenten. Reinbek bei Hamburg: Rowohlt Taschenbuch Verlag.

Helsper, W./Ullrich, H./Stelmaszyk, B./Höblich, D./Graßhoff, G./Jung, D. (2007): Autorität und Schule. Die empirische Rekonstruktion der Klassenlehrer-Schüler-Beziehung an Waldorfschulen. Wiesbaden: Springer VS.

Hentig, v. H. (2016): Noch immer Mein Leben. Erinnerungen und Kommentare aus den Jahren 2005 bis 2015. Berlin: Wamiki.

Hermann, R. (2016): Gejagt in aller Welt. Der türkische Staat verfolgt die Gülen-Bewegung – mit fatalen Folgen. In: Frankfurter Allgemeine Zeitung vom 15.08.2016, S. 8.

Herrmann, U. (1991): Pädagogisches Denken und Anfänge der Reformpädagogik. In: Berg, C. (Hrsg.): Handbuch der deutschen Bildungsgeschichte. Band IV: 1870–1918. München: C. H. Beck, S. 147–178.

Himmer, N. (2015): Unterricht mit dem Tablet: Das wischende Klassenzimmer. In: Frankfurter Allgemeine Zeitung. 10.02.2015. Online verfügbar unter: www.faz.net/aktuell/beruf-chance/campus/unterricht-mit-dem-tablet-13412364.html?printPagedArticle=true#pageIndex_0 (Abruf am 17.11.2017).

Hofmann, M. (2018): Alexander S. Neills pädagogischer Reformimpuls und die Alternativschulen der Gegenwart. In: Barz, H. (Hrsg.): Bildungsreform und Reformpädagogik. Wiesbaden: Springer VS, S. 217–228.

Höhne, T. (2018): Stiftungen als Agenten der Bildungsreform. In: Barz, H. (Hrsg.): Handbuch Bildungsreform und Reformpädagogik. Wiesbaden: Springer VS, S. 565–570.

Homolka, W./Hafner, J./Admiel, K./Karakoyun, E. (Hrsg.) (2010): Muslime zwischen Tradition und Moderne. Die Gülen-Bewegung als Brücke zwischen den Kulturen. Freiburg, Basel, Wien: Herder.

Horn, E. (2017): Die Internationalität der Reformpädagogik zu Beginn des 20. Jahrhunderts. In: Idel, T.-S./Ullrich, H. (Hrsg.) (2017): Handbuch Reformpädagogik. Weinheim: Beltz, S. 76–88.

Horn, E. (2018): Reformpädagogik und Orientalismus. In: Barz, H. (Hrsg.): Handbuch Reformpädagogik und Bildungsreform. Wiesbaden: Springer VS, S. 87–98.

Idel, T.-S. (2013): Der Waldorfschülerhabitus – Kulturelle Passungen im Feld reformpädagogischer Privatschulen am Beispiel der anthroposophischen Schulkultur. In: Helsper, W./Kramer, R.-T./Thiersch, S. (Hrsg.): Schülerhabitus. Theoretische und empirische Analysen zum Bourdieu'schen Theorem der kulturellen Passung. Wiesbaden: Springer VS, S. 293–306.

Idel, T.-S. (2018): Empirische Forschung zur Reformpädagogik: Waldorfschulen. In: Barz, H. (Hrsg.): Handbuch Reformpädagogik und Bildungsreform. Wiesbaden: Springer VS, S. 327–334.

Idel, T.-S./Ullrich, H. (Hrsg.) (2017): Handbuch Reformpädagogik. Weinheim: Beltz.

Iwan, R. (2005): Zeig, was du kannst. Portfolioarbeit als zentrales Anliegen der Waldorfpädagogik. Heidelberg: Menon.

Iwan, R. (2007): Die neue Waldorfschule. Ein Erfolgsmodell wird renoviert. Reinbek bei Hamburg: Rowohlt Taschenbuch Verlag.

Kalthoff, H. (1997): Wohlerzogenheit. Eine Ethnographie deutscher Internatsschulen. Frankfurt am Main: Campus.

Kalthoff, H. (2001): Die kulturelle Praxis des Erziehens. Ethnografische Beobachtungen des internatsschulischen Alltags. In: Zeitschrift für Pädagogik und Theologie 53, S. 38–50.

Kantrowitz, B./Wingert, P.: The 10 Best Schools in the World. In: Newsweek Magazine. 2. Dezember 1991.

Keim, W. (2016): 10 Jahre Reformpädagogik-Rezeption in Deutschland im Spannungsfeld von Konstruktion, De-Konstruktion und Re-Konstruktion – Versuch einer Bilanzierung. In: Keim, W./Schwerdt, U./Reh, S. (Hrsg.): Reformpädagogik und Reformpädagogik-Rezeption in neuer Sicht. Perspektiven und Impulse. Bad Heilbrunn: Klinkhardt. S. 19–69.

Keim, W./Schwerdt, U. (Hrsg.) (2013): Handbuch der Reformpädagogik in Deutschland (1890–1933). Teil 1: Gesellschaftliche Kontexte, Leitideen und Diskurse; Teil 2: Praxisfelder und pädagogische Handlungssituationen. Frankfurt am Main: Peter Lang.

Kelek, N. (2008): Türkischer Islamismus. Die Anhänger des Fethullah Gülen. In: Frankfurter Allgemeine Zeitung vom 21.07.2008.

Keller, U. L. (2008): Quereinsteiger. Wechsel von der staatlichen Regelgrundschule in die Waldorfschule. Wiesbaden: Springer VS.

Klafki, W. (1986): Aufgaben der Grundschule und der Grundschulreform. In: Erziehungswissenschaft – Erziehungspraxis, Heft 1, S. 3–10.

Klein, H. E. (2011): Privatschulfinanzierung im Kalkül staatlicher Unterfinanzierung und der Wettbewerbsbeschränkung. In: IW-Trends 2/2011.

Klein, H. E. (2013): Leistung und Effizienz – wie Privatschulen ihre Wettbewerbsfähigkeit trotz staatlicher Unterfinanzierung unter Beweis stellen (müssen). In: Gürlevik, A./Palentien, C./Heyer, R. (Hrsg.): Privatschulen versus staatliche Schulen. Wiesbaden: Springer VS, S. 241–258.

Kleinau, E.: Reformpädagogik und Geschlecht. In: Barz, H. (Hrsg.) (2018): Handbuch Bildungsreform und Reformpädagogik. Wiesbaden: Springer VS, S. 79–86.

Klönne, A. (1957): Geschichte der Jugendbewegung. Münster: Deutscher Jugend-Verlag.

Knoll, M. (1996): John Dewey über Maria Montessori. Ein unbekannter Brief. In: Pädagogische Rundschau 50, Heft 2, S. 209–219. Online verfügbar unter: www.mi-knoll.de/41135/41210.html (Abruf am 17.11.2017).

Knoll, M. (2001): Kurt Hahn – ein wirkungsmächtiger Pädagoge. In: Pädagogisches Handeln. Wissenschaft und Praxis im Dialog 5, Heft 2, S. 65–76.

Koinzer, T./Gruehn, S. (2013): Allgemeinbildende Privatschulen in Deutschland im Spannungsfeld von pädagogischer Innovation und rechtlichen sowie wirtschaftlichen Bedingungen – wo »die pädagogischen Wünsche auf das wirtschaftlich Machbare treffen«. In: Gürlevik, A./Palentien, C./Heyer, R. (Hrsg.): Privatschulen versus staatliche Schulen. Wiesbaden: Springer VS, S. 21–40.

Kramer, R. (1977): Maria Montessori. Leben und Werk einer großen Frau. München: Kindler.

Kraul, M. (Hrsg.) (2015): Private Schulen. Bedrohung oder Herausforderung für öffentliche Schulen? Wiesbaden: Springer VS.

Kuhn, T. S. (1996): Die Struktur wissenschaftlicher Revolutionen. 13. Auflage. Frankfurt am Main: Suhrkamp.

Kultusministerkonferenz (2007): Empfehlung der KMK zur kulturellen Kinder- und Jugendbildung. Beschluss der KMK vom 01.02.2007. Bonn, www.kmk.org/fileadmin/veroeffentlichungen_beschluesse/2007/2007_02_01-Empfehlung-Jugendbildung.pdf.

Landesarbeitsgemeinschaft der kommunalen Migrantenvertretungen Nordrhein-Westfalen (LAGA NRW; Hrsg.) (2010): Die interkulturelle Schule als Regelschule durchsetzen! Vorschläge der LAGA Nordrhein-Westfalen für eine interkulturelle Reform der Schule. Düsseldorf. Online verfügbar unter: http://landesintegrationsrat-nrw.de/wp-content/uploads/2014/10/Interkulturelle-Schule-als-Regelschule.pdf (Abruf am 07.11.2017).

Langbehn, A. J. (1966): Rembrandt als Erzieher. In: Lorenzen, H. (Hrsg.): Die Kunsterziehungsbewegung. Bad Heilbrunn: Klinkhardt, S. 7–17.

Lange, K.: Zeichen und Formen. In: Kunsterziehung, Ergebnisse und Anregungen des Kunsterziehertages in Dresden am 28. und 29. September 1901, Leipzig 1902

Leber, S. (1987): Die Waldorfschule – eine Weltanschauungsschule? In: Schroeder, H.-W./Debus, M./Suckau, A./Haug, H./Leber, S./von Kügelgen, H./Schad, W. (Hrsg.): Christentum, Anthroposophie, Waldorfschule. Waldorfpädagogik im Umfeld konfessioneller Kritik. Stuttgart: Verlag Freies Geistesleben, S. 51–79.

Leber, S. (1991): Die Sozialgestalt der Waldorfschule: Ein Beitrag zu den sozialwissenschaftlichen Anschauungen Rudolf Steiners. Stuttgart: Verlag Freies Geistesleben.

Lepp, N./Roth, M./Vogel, K. (1999): Der Neue Mensch. Obsessionen des 20. Jahrhunderts. Katalog zur Ausstellung im Deutschen Hygiene-Museum Dresden 1999. Ostfildern-Ruit: Cantz.

Leven, I./Quenzel, G./Hurrelmann, K. (2010): Familie, Schule, Freizeit: Kontinuität im Wandel. In: Shell Deutschland Holding (Hrsg.): Jugend 2010. Eine pragmatische Generation behauptet sich. Frankfurt am Main: Fischer Taschenbuchverlag.

Lichtwark, A. (1995): Der Deutsche der Zukunft. In: Flitner, W./Kudritzki, G. (Hrsg.): Die deutsche Reformpädagogik. Stuttgart: Klett-Cotta, S. 101–111.

Liebenwein, S./Barz, H./Randoll, D. (2012): Bildungserfahrungen an Waldorfschulen. Empirische Studie zu Schulqualität und Lernerfahrungen. Wiesbaden: Springer VS.

Liebenwein, S./Barz, H./Randoll, D. (2013): Bildungserfahrungen an Montessorischulen. Empirische Studie zu Schulqualität und Lernerfahrungen. Wiesbaden: Springer VS.

Lindenberg, C. (1992): Rudolf Steiner. Mit Selbstzeugnissen und Bilddokumenten. Hamburg: Rowohlt Taschenbuch Verlag.

Lingenauber, S.: Der Reggio Emilia Approach. In: Barz, H. (Hrsg.) (2018): Handbuch Bildungsreform und Reformpädagogik. Wiesbaden: Springer VS, S. 535–541.

Lischewski, A./Fengler, J.: New Schools – Écoles Nouvelles – Landerziehungsheime. Zum historischen Auftakt reformpädagogisch motivierter Schulversuche. In: Barz, H. (Hrsg.) (2018): Handbuch Bildungsreform und Reformpädagogik. Wiesbaden: Springer VS, S. 229–241.

MacDonald, G. (2005): Die fachübergreifende Funktion der Kosmischen Erziehung. In: Das Kind. Kosmische Erziehung IV: Deutsche Montessori Gesellschaft, S. 114–135.

Margonis, F. (2009). John Dewey's Racialized Visions of the Student and Classroom Community. In: Educational Theory 59, S. 17–39.

Martens, M. (2017): Jagd auf die Gülenisten. In: Frankfurter Allgemeine Zeitung vom 11.11.2017, S. 6.

Maschke, T. (Hrsg.) (2010): ... auf dem Weg zu einer Schule für alle. Integrative Praxis an Waldorfschulen. Stuttgart: Verlag Freies Geistesleben.

Matthes, E./Schütze, S. (2018): Reformpädagogik vor der Reformpädagogik. In: Barz, H. (Hrsg.): Handbuch Reformpädagogik und Bildungsreform. Wiesbaden: Springer VS, S. 31–42.

Merkle, T./Wippermann, C. (2008): Eltern unter Druck. Selbstverständnisse, Befindlichkeiten und Bedürfnisse von Eltern in verschiedenen Lebenswelten. Stuttgart: Lucius.

Microsoft Deutschland GmbH/FOCUS Magazin Verlag GmbH (Hrsg.) (2007): Bildungsstudie Deutschland 2007. Schule aus Sicht von Eltern, Lehrern und Personalverantwortlichen. Online abrufbar unter: http://download.microsoft.com/download/4/b/d/4bdc8f02-0b58-46ca-bcfe-833315844305/Bildungsstudie_Folder.pdf. (Abruf am 09.11.2017).

Miller, D./Oelkers, J. (2014): Reformpädagogik nach der Odenwaldschule – Wie weiter? In: Dies. (Hrsg.): Reformpädagogik nach der Odenwaldschule – Wie weiter? Weinheim: Beltz, S. 7–30.

Mogge, W. (2013): Jugendbewegung. In: Keim, W./Schwerdt, U. (Hrsg.): Handbuch der Reformpädagogik in Deutschland (1890–1933). Teil 1: Gesellschaftliche Kontexte, Leitideen und Diskurse. Frankfurt am Main: Peter Lang, S. 215–256.

Montessori, M. (1971): Kinder sind anders. Stuttgart: Klett-Cotta.

Montessori, M. (1972): Das kreative Kind. Der absorbierende Geist. Freiburg i. Br.: Herder.

Montessori, M. (1979): Spannungsfeld Kind – Gesellschaft – Welt. Freiburg i. Br.: Herder.

Montessori, M. (1988): Kosmische Erziehung. Menschliche Potenzialität und Erziehung. Freiburg i. Br.: Herder.

Montessori, M. (1995): Schule des Kindes. Montessori-Erziehung in der Grundschule. Freiburg i. Br.: Herder.

Montessori, M. (2010): Kinder sind anders. Stuttgart: Klett-Cotta.

Montessori, M. (2015): Vom Papier, das sprechen konnte. Eine kleine Erzählung aus dem Bereich Lesen lernen. In: Eckert, E./Fehrer, M. (Hrsg.): Kosmische Erzählungen in der Montessori-Pädagogik. Impulse der Reformpädagogik. Band 14. Berlin: Lit Verlag, S. 231 f.

Mueller, P./Oppenheimer, D. (2014): The Pen Is Mightier than the Keyboard: Advantages of Longhand Over Laptop Note Taking. Psychological Science. Online verfügbar unter: www.alltagsforschung.de/handschriftliche-notizen-bleiben-besser-im-gedaechtnis/

Näf, M. (2003): Paul Geheeb. In: Tenorth, H.-E. (Hrsg.): Klassiker der Pädagogik 2. München: C. H. Beck, S. 89–98.

Neill, A. S. (1969): Theorie und Praxis der antiautoritären Erziehung. Reinbek bei Hamburg: Rowohlt Taschenbuch Verlag.

Neshitov, T.: Prediger Gülen versus Erdoğan. Beifall für einen Leuchtkäfer. In: Süddeutsche Zeitung 2013. Online verfügbar unter: www.sueddeutsche.de/politik/prediger-guelen-vs-erdoan-beifall-fuer-einen-leuchtkaefer-1.1851381 (Abruf am 07.11.2017).

News4teachers (2015): Nach fünf Jahren Schweigen – Hartmut von Hentig äußert sich zum Odenwald-Skandal: »Schweres Unrecht«. Online verfügbar unter: www.news4teachers.de/2015/09/nach-fuenf-jahren-schweigen-hartmut-von-hentig-aeussert-sich-zum-odenwald-skandal-schweres-unrecht/ (Abruf am 07.11.2017).

Nienhuis Montessori (2015): Montessori Katalog 2015–16. Online verfügbar unter: www.nienhuis.com/de/home/katalog-herunterladen/ (Abruf am 07.11.2017).

Nietzsche, F. (1988): Die fröhliche Wissenschaft. Kritische Studienausgabe, Band 3. München: Deutscher Taschenbuch Verlag.

Nietzsche, F. (1988a): Götzen-Dämmerung. Kritische Studienausgabe, Band 6. München: Deutscher Taschenbuch Verlag.

Nohl, H. (2002) (Erstausgabe: 1935): Die pädagogische Bewegung in Deutschland und ihre Theorie. Frankfurt am Main: Klostermann.

OECD (2012): Public and Private Schools. How Management and Funding Relate to their Socio-economic Profile. Paris: OECD Publishing.

Oelkers, J. (1989): Reformpädagogik. Eine kritische Dogmengeschichte. Weinheim/München: Beltz Juventa.

Oelkers, J. (1996): Reformpädagogik. Eine kritische Dogmengeschichte. 3., vollständig überarbeitete und. erweiterte Auflage. Weinheim/München: Juventa.

Oelkers, J. (2005): Reformpädagogik. Eine kritische Dogmengeschichte. 4. Auflage. Weinheim/München: Juventa.

Oelkers, J. (2010): Landerziehungsheime. Was bleibt von der Reformpädagogik? Online verfügbar unter: www.faz.net/aktuell/feuilleton/debatten/landerziehungsheime-was-bleibt-von-der-reformpaedagogik-1954571.html?printPagedArticle=true#pageIndex_2 (Abruf am 07.11.2017).

Oelkers, J. (2010a): Es gibt kein Monopol auf gute Ideen. In: Zeit Online vom 14.10.2010. Online verfügbar unter: www.zeit.de/2010/42/C-Reformpaedagogik-Streit (Abruf am 17.11.2017).

Oelkers, J. (2011): Eros und Herrschaft. Die dunklen Seiten der Reformpädagogik. Weinheim/Basel: Beltz.

Oelkers, J. (2016): Pädagogik, Elite, Missbrauch. Die »Karriere« des Gerold Becker. Weinheim: Beltz Juventa.

Oelkers, J./Miller, D. (Hrsg.) (2014): Reformpädagogik nach der Odenwaldschule – Wie weiter? Weinheim: Beltz Juventa.

Óhidy, A. (2018): Interkulturelle Reformschulen. In: Barz, H. (Hrsg.): Handbuch Bildungsreform und Reformpädagogik. Wiesbaden: Springer VS, S. 315–324.

Ortmeyer, B. (2009): Mythos und Pathos statt Logos und Ethos. Zu den Publikationen führender Erziehungswissenschaftler in der NS-Zeit: Eduard Spranger, Herman Nohl, Erich Weniger und Peter Petersen. Weinheim: Beltz.

Osterwalder, F. (1995): Pestalozzi – ein pädagogischer Kult. Pestalozzis Wirkungsgeschichte in der Herausbildung der modernen Pädagogik. Weinheim/Basel: Beltz.

Oswald, P. (1985): Die Pädagogik Maria Montessoris und Rudolf Steiners. In: Zeitschrift für Pädagogik 31, S. 385–396.

Oswald, P. (1985a): »Montessori- bzw. Waldorfpädagogik«? (Gemeinsames und Unterschiedliches in zwei pädagogischen Konzeptionen). In: Vierteljahresschrift für wissenschaftliche Pädagogik 61, S. 139–159.
Prange, K. (2000): Erziehung zur Anthroposophie: Darstellung und Kritik der Waldorfpädagogik. Bad Heilbrunn: Klinkhardt.
Quinoa (2013): Bildung für hervorragende Lebensperspektiven. Schulprogramm. Stand: Mai 2013. Online verfügbar unter: http://quinoa-bildung.de/files/inhaltsbilder/dateien/quinoa-schulprogramm.pdf (Abruf am 07.11.2017).
Quinoa (o. J.): Eine innovative Schule für den Wedding. Online verfügbar unter: www.quinoa-bildung.de/files/inhaltsbilder/Dateien/161026fh_Factsheet.pdf (Abruf am 07.11.2017).
Raidt, Tabea (2010): Bildungsreformen nach PISA. Paradigmenwechsel und Wertewandel. Dissertation am Sozialwissenschaftlichen Institut, Universität Düsseldorf.
Randoll, D./Graudenz, I./Peters, J. (2018): Empirische Forschung zu Freien Alternativ-Schulen. In: Barz, H. (Hrsg.) (2018): Handbuch Bildungsreform und Reformpädagogik. Wiesbaden: Springer VS, S. 345–352.
Rasfeld, M. (2018): Reformpädagogik an katholischen und evangelischen Schulen. In: Barz, H. (Hrsg.): Handbuch Bildungsreform und Reformpädagogik. Wiesbaden: Springer VS, S. 287–300.
Reble, A. (1992): Geschichte der Pädagogik. Dokumentationsband. Stuttgart: Klett Cotta.
Retter, H. (2010): Klassische Reformpädagogik im aktuellen Diskurs. Gera: Garamond.
Retter, H. (2015): Dilemmata der Pädagogik John Deweys im Kontext von Rasse, Erfahrung und Erziehung. In: Pädagogische Rundschau 69, S. 45–64.
Retter, H. (2016): Religion, Toleranz, Rassismus im Wirkungsspektrum der Philosophie John Deweys – mit einem Seitenblick auf 100 Jahre »Demokratie und Erziehung«. In: International Dialogues on Education: Present and Past. IDE – Online-Journal 3, No. 2.
Ritchel, M. (2011): A Silicon Valley School That Doesn´t Compute. Online verfügbar unter: www.nytimes.com/2011/10/23/technology/at-waldorf-school-in-silicon-valley-technology-can-wait.html?_r=0 (Abruf am 08.11.2017).
Röhrs, H. (1980): Die Reformpädagogik. Ursprung und Verlauf in Europa. Hannover: Schroedel.
Röhrs, H. (1994): Die Internationalität der Reformpädagogik und die Ansätze zu einer Welterziehungsbewegung. In: Ders./Lenhart, V. (Hrsg.): Die Reformpädagogik auf den Kontinenten. Ein Handbuch. Frankfurt am Main: Peter Lang. S. 11–26.
Röhrs, H. (Hrsg.) (1986): Die Schulen der Reformpädagogik heute. Handbuch reformpädagogischer Schulideen und Schulwirklichkeit. Düsseldorf: Schwann.
Röhrs, H./Lenhart, V. (Hrsg.) (1994): Die Reformpädagogik auf den Kontinenten. Ein Handbuch. Frankfurt am Main: Peter Lang.
Scheibe, W. (2010) (Erstveröffentlichung: 1969): Die reformpädagogische Bewegung. Eine einführende Darstellung. Weinheim/Basel: Beltz.
Schirlbauer, A. (1988): Comeback des redenden Lehrers? Einige Überlegungen zur Rolle des Lehrers aus Anlaß zweier Neuerscheinungen zum Frontalunterricht. In: Vierteljahresschrift für wissenschaftliche Pädagogik 64, S. 318–327.
Schütz, A./Idel, T.-S. (2013): Schule und das Verhältnis privater und öffentlicher Interessen – ein schultheoretischer Kommentar zu diesem Band. In: Gürlevik, A./Palentien, C./Heyer, R. (Hrsg.): Privatschulen versus staatliche Schulen. Wiesbaden: Springer VS, S. 297–308.
Schwarz, K. (1967): Die Vorgeschichte der Kurzschulbewegung. In: Neue Sammlung 1966, S. 266–274. Wiederabdruck in Dietrich (1967), S. 154–160.
Schwenk, B. (1974): Reformpädagogik. In: Wulf, Ch. (Hrsg.): Wörterbuch der Erziehung. München: Piper, S. 487–491.
Seufert, G. (2013): Überdehnt sich die Bewegung von Fethullah Gülen? Eine türkische Religionsgemeinde als nationaler und internationaler Akteur. SWP-Studie S 23 (Dezember 2013). Berlin: SWP.

Seyfahrth-Stubenrauch, M./Skiera, E. (Hrsg.) (1996): Reformpädagogik und Schulreform in Europa: Grundlagen, Geschichte, Aktualität. Band 1: Historisch-systematische Grundlagen. Band 2: Schulkonzeptionen und Länderstudien. Baltmannsweiler: Schneider-Verlag Hohengehren.

Siegert, A. (2006): Privatschulen. Besser fürs Kind? In: Für Sie 4, S. 56–59.

Skiera, E. (1996): Einleitung: Anmerkungen zur historischen Rekonstruktion der Reformpädagogik und zum inhaltlichen Spektrum des Begriffs. In: Seyfahrth-Stubenrauch, M./Skiera, E. (Hrsg.): Reformpädagogik und Schulreform in Europa: Grundlagen, Geschichte, Aktualität. Band 1: Historisch-systematische Grundlagen. Baltmannsweiler: Schneider-Verlag Hohengehren, (ohne Seitenzahlen).

Skiera, E. (²2010): Reformpädagogik in Geschichte und Gegenwart. Eine kritische Einführung. München: Oldenbourg.

Skiera, E. (2013): Reformpädagogische Schulmodelle und ihr Einfluss auf die Schulreform der Gegenwart in internationaler Sicht. In: Gürlevik, A./Palentien, C./Heyer, R. (Hrsg.): Privatschulen versus staatliche Schulen. Wiesbaden: Springer VS, S. 137–153.

Skiera, E. (2015): Das Kind als Baumeister einer lichten Zukunft – Totalitäre Rettungsphantasien im pädagogischen Denken von Maria Montessori und Pavel Petrovič Blonskij. In: Historia Scholastika 1, S. 81–93.

Spiewak, M. (2010): Deutsch-Türkische Privatschulen. Die Streber Allahs. In: DIE ZEIT 2010, 18.02.2010.

Standfest, C./Köller, O./Scheunpflug, A. (2005): leben – lernen – glauben. Zur Qualität evangelischer Schulen. Eine empirische Untersuchung über die Leistungsfähigkeit von Schulen in evangelischer Trägerschaft. Münster: Waxmann.

Statistisches Bundesamt (2014): Schulen auf einen Blick. Wiesbaden: Statistisches Bundesamt.

Statistisches Bundesamt (Hrsg.) (2010): Bildung und Kultur. Private Schulen. Schuljahr 2009/10. Wiesbaden: Statistisches Bundesamt.

Steiner, R. (1962): Theosophie. Einführung in übersinnliche Welterkenntnisse und Menschenbestimmung. Dornach/Schweiz: Rudolf Steiner Verlag.

Steiner, R. (1979): Goethes Weltanschauung. Dornach/Schweiz: Rudolf-Steiner Verlag.

Steiner, R. (1988): »Die Erziehung des Kindes vom Gesichtspunkte der Geisteswissenschaft«. Dornach/Schweiz: Rudolf Steiner Verlag.

Tenorth, H.-E. (⁵2010) (Erstveröffentlichung: 1992): Geschichte der Erziehung. Einführung in die Grundzüge ihrer neuzeitlichen Entwicklung. Weinheim/Basel: Juventa.

Ullrich, H. (1990): Die Reformpädagogik. Modernisierung der Erziehung oder Weg aus der Moderne? In: Zeitschrift für Pädagogik 36, S. 893–918.

Ullrich, H. (1991): Waldorfpädagogik und okkulte Weltanschauung. Weinheim: Juventa.

Ullrich, H. (1999): Das Kind als schöpferischer Ursprung. Studien zur Genese des romantischen Kindbildes und zu seiner Wirkung auf das pädagogische Denken. Bad Heilbrunn: Klinkhardt.

Ullrich, H. (2007): Die Freie Waldorfschule. Ein anthroposophisches Schulmodell aus erziehungswissenschaftlicher Sicht. In: Materialdienst der Evangelischen Zentralstelle für Weltanschauungsfragen, Heft 2, S. 43–60.

Ullrich, H. (2012): Reformpädagogische Schulkultur mit weltanschaulicher Prägung – Pädagogische Prinzipien und Formen der Waldorfschule. In: Hansen-Schaberg, I. (Hrsg.): Waldorfpädagogik. Neuausgabe. Baltmannsweiler: Schneider-Verlag Hohengehren, S. 142–180.

Ullrich, H. (2015): Waldorfpädagogik. Eine kritische Einführung. Weinheim: Beltz.

Ullrich, H. (2018): Reformpädagogik im Zwielicht. Sexueller Missbrauch an der Odenwaldschule. In: Barz, H. (Hrsg.): Handbuch Bildungsreform und Reformpädagogik. Wiesbaden: Springer VS, S. 409–416.

Ullrich, H./Helsper, W./Stelmaszyk, B./Höblich, D./Graßhoff, G./Jung, D. (2007): Autorität und Schule. Die empirische Rekonstruktion der Klassenlehrer-Schüler-Beziehungen an Waldorfschulen. Wiesbaden: Springer VS.

Ullrich, H./Strunck, S. (Hrsg.) (2012): Private Schulen in Deutschland. Entwicklungen – Profile – Kontroversen. Wiesbaden: Springer VS.

Unger-Leistner, C. (o. J.): Waldorfschulen im PISA-Test. Online verfügbar unter: www.waldorfschule.de/waldorfpaedagogik/waldorfschulen-und-pisa/ (Abruf am 07.11.2017).

Valle, M. (2015): Ansichten eines Wissenschaftlers zu Maria Montessoris kosmischer Erzählung von ›Gott, der keine Hände hat‹. In: Eckert, E./Fehrer, M. (Hrsg.): Kosmische Erzählungen in der Montessori-Pädagogik. Impulse der Reformpädagogik. Band 14. Berlin: Lit Verlag, S. 57–70.

Waldschmidt, I. (2010): Maria Montessori. Leben und Werk. 3. aktualisierte Auflage. München: C. H. Beck.

Weickmann, D. (2008): Dilettant auf Steiners Spuren. Online verfügbar unter: www.zeit.de/2008/38/Waldorf-Schwarzbuch (Abruf am 07.11.2017).

Weiß, M. (2011): Allgemeinbildende Privatschulen in Deutschland. Bereicherung oder Gefährdung des öffentlichen Schulwesens? Online verfügbar unter: www.deutschlandfunk.de/studie-manfred-weiss.media.695279f36ccbc84abea61447363621e5.pdf (Abruf am 07.11.2017).

Wernstedt, R. (2011): Vorwort. In: Weiß, M.: Allgemeinbildende Privatschulen in Deutschland. Bereicherung oder Gefährdung des öffentlichen Schulwesens? Berlin: Friedrich-Ebert-Stiftung. S. 5 f.

Wiarda, J.-M. (2017): Aufgeschlossene Gesellschaft. Online verfügbar unter: www.sueddeutsche.de/bildung/berlin-aufgeschlossene-gesellschaft-1.3679741 (Abruf am 07.11.2017).

Winands, G. (2014): Der Schulversuch. Historische Entwicklung und geltendes Recht. Berlin: Duncker & Humblot.

Wößmann, L. (2011): Wettbewerb durch öffentliche Finanzierung von Schulen in freier Trägerschaft als wichtiger Ansatzpunkt zur Verbesserung des Schulsystems. In: ifo Schnelldienst 64, Heft 1, S. 9–18.

Wolf, K. D. (2018): Reformpädagogik und Medien. Innovationsimpulse durch digitale Medien? In: Barz, H. (2018): Handbuch Bildungsreform und Reformpädagogik. Wiesbaden: Springer VS, S. 99–112.

Wong, H./Hughes, T./Koetsch, R. (o. J.): Waldorf is Booming in China. Online verfügbar unter: www.waldorftoday.com/2011/07/waldorf-is-booming-in-china/ (Abruf am 07.11.2017).

Wrase, M./Jung, L./Helbig, M. (2017): Defizite der Regulierung und Aufsicht von privaten Ersatzschulen in Bezug auf das Sonderungsverbot nach Art. 7 Abs. 4 Satz 3 GG. Rechtliche und empirische Analyse der Regelungen in den Bundesländern Berlin und Hessen unter Berücksichtigung des aktuellen Gesetzentwurfs der Landesregierung in Baden-Württemberg. Online verfügbar unter: https://bibliothek.wzb.eu/pdf/2017/p17-003.pdf (Abruf am 07.11.2017).

Wunder, E. (o. J.): Das Skeptiker-Syndrom. Online verfügbar unter: www.skeptizismus.de/syndrom.html (Abruf am 07.11.2017).

Zander, H. (2007): Anthroposophie in Deutschland. Göttingen: Vandenhoeck & Ruprecht.

Zech, M. M. (2013): Die Gründungsidee der Waldorfschulen und das Problem der Schul- bzw. Lehrerautonomie im internationalen Kontext. In: Barz, H. (Hrsg.): Unterrichten an Waldorfschulen. Berufsbild Waldorflehrer. Neue Perspektiven zu Praxis, Forschung, Ausbildung. Wiesbaden: Springer VS, S. 19–52.

Zeidler, K. (1985): Die Wiederentdeckung der Grenze. Beiträge zur Formgebung der werdenden Schule. Hildesheim/New York: Georg Olms Verlag. [Nachdruck der Ausgabe von 1926 bei Eugen Diederichs in Jena]